베트남 & 인도네시아

주식투자 실전 가이드북

초고령화,
초고세금,
초저금리 시대,
악순환의 고리를 끊는
대안투자는?
VIETNAM
INDONESIA
시간이 돈을 벌어주는
신흥국 가치투자,
이제 선택이 아닌 필수입니다!

베트남 & 인도네시아
주식투자 실전 가이드북

김재욱 지음

Sb
smart business

• 머리말 •

이제, 신흥국 주식 투자는 '선택이 아닌 필수다!'

최근 한국예탁결제원에서 발표한 국내 투자자의 해외 주식 매수액 현황에 따르면 해외 주식 투자 인구가 과거에 비해 급증하고 있다는 것을 확인할 수 있다. 해외 주식 투자 중 특히 신흥국에 대한 투자가 많이 늘어났다는 소식에 이 업계에서 일하는 한 사람으로서 뿌듯함을 느낀다.

필자가 처음 인도네시아 투자서를 출간했던 2015년만 하더라도 신흥국에 투자하는 것은 마치 금지된 도박을 하는 것이나 다름없이 여기는 분위기였다. 책 출간 이후 "인도네시아처럼 정보가 전혀 없는 신흥국에 투자를 해도 되는 것이냐?" "2007년에 베트남 주식이 폭락했던 것처럼 또 그런 일이 벌어지는 것 아니냐?"라는 질문을 가장 많이 받은 것만 봐도 알 수 있다.

이러한 통념을 깨보고 싶은 바람에서 첫 번째 책을 썼었고, 출간 이후에도 강연과 방송 등 여러 다양한 활동을 통해 인도네시아를 중심으로 한 신흥국 투자 정보를 알리는 데 힘써 왔다.

고백하자면 당시 필자는 지금처럼 신흥국 투자에 대한 전문 지식과 깊이 있는 정보를 많이 갖고 있는 제대로 된 전문가는 아니었다. 당시 직장을 다니고 있던 필자는 책을 쓰기 위해 1년간 주말을 모두 반납해야 했고, 평일에도 야근이 없으면 새벽까지 영문 자료를 뒤지는 생활을 반복했다. 바쁜 업무로 인해 출장을 오가는 비행기 안에서도 자료와 리뷰를 확인하고 수정을 반복해야 했다. 그렇게 많은 공을 들여서 책을 내놓았지만 지금 냉정하게 돌이켜보면 당시 필자가 일하고 있던 분야는 진정한 해외 투자와는 거리가 있는 곳이었다. 그나마 첫 책을 쓸 때 다니던 직장이 신흥국에 진출하려는 기업들을 컨설팅해주는 회사였고, 그때 업무를 진행하며 파악했던 시장 조사 자료와 현지에서 실제 경험했던 것들이 책을 쓰는 데 큰 도움이 되었던 것 같다.

당시 한국에는 신흥국, 특히 인도네시아에 대한 정보가 전무했기 때문에 그때 책을 쓰기 위해 필자가 찾아 봤던 현지 자료와 해외 보고서만 해도 책으로 치면 수십 권 분량이었다. 실제로 이사하면서 방을 한가득 채운 그때의 서류들을 다 모아 쌓았더니 내 키보다 훨씬 클 정도였다. '정말 많은 자료를 읽고 책을 썼구나' 하는 생각이 절로 들었다.

필자의 첫 번째 책, 《인도네시아 주식 투자로 인생에 한 번은 돈 걱정 없이 살아라》는 당시 신흥국 투자를 다룬 서적, 특히 인도네시아 관련 투자 서적이 전무했던 상황에서 새로운 해외 투자처를 찾던 독자들로부터 많은 사랑을 받았다. 덕분에 주요 온라인 서점과 오프라인 서점

경제경영 분야에서 모두 베스트셀러에 오르기도 했다.

첫 번째 책을 쓴 이후 다양한 매체로부터 신흥국 투자에 관한 강연과 방송 출연 요청이 쏟아졌다. 뿐만 아니라 수많은 독자 분들이 직접 전화나 이메일로 궁금한 점을 문의하거나 조언을 얻고 싶어 연락해 오기도 했다. 필자는 강연과 방송 출연을 열심히 하는 와중에도 〈베트남 인도네시아 주식 투자 연구소(cafe.naver.com/innistock)〉라는 카페를 개설해 활발히 활동했다. 빠르게 변하는 인도네시아, 베트남의 투자 환경을 제대로 파악하기 위해서는 현지 기업 탐방과 시장 조사가 필수였기에 운영하던 카페 회원을 대상으로 참가자를 모집해 현지의 여러 기업을 실제 찾아가보는 소규모 탐방단 활동을 벌이기도 했다.

첫 책을 집필했던 이유는 퇴사를 대비하며 필자가 준비했던 장기 계획 중 하나를 실행하려는 의도가 컸다. 필자의 첫 직장이 인도네시아 현지의 증권 회사였던 것도, 그다음 회사로 신흥국에 진출하려는 기업을 컨설팅하는 회사를 선택했던 것도 모두 미래의 비즈니스를 최우선 기준으로 따졌기 때문이었다.

인도네시아 현지에서 다니던 증권 회사에서 퇴사한 가장 큰 이유는 한국에 계신 어머님이 매우 편찮으셨기 때문이었다. 결국 어머님은 필자의 첫 책이 출간되는 것을 보시지 못하고 돌아가셨다. 그 후 필자는 〈헥사곤〉이라는 인베스트먼트 컨설팅 회사를 차리며 독립했다. 독립을 결정하고 도전할 수 있기까지 필자에게 가장 큰 힘이 되었던 것은 돌아가신 어머님께서 생전에 남기신 말씀이었다.

"아들아, 세상은 넓고 할 수 있는 일은 많단다. 생각보다 시간은 그리 많지 않더라. 너는 나중에 후회하지 말고 네가 정말 하고 싶은 일을 하면서 살아라."

그렇게 개인사업자로 시작했던 〈헥사곤〉은 현재 법인으로 전환해 인도네시아 해외 지사까지 설립했을 정도로 빠르게 성장하고 있다. 이제 어느 정도 회사가 안정되었다는 판단이 들자, 지금까지 신흥국 투자의 길을 개척하면서 알게 된 정보와 지식을 더 많은 사람들과 나누고 싶다는 사명감이 불타오르기 시작했다. 그래서 인도네시아와 베트남에 투자하려는 분들에게 도움을 줄 수 있는 정보가 담긴 책을 집필해야겠다는 결심을 하게 되었다.

지금 현재 필자는 헥사곤의 연구원들과 함께 가치투자 지표에 대한 다양한 실험을 인도네시아와 베트남 시장에 적용하면서 이를 주간보고서 형태로 발간하고 있다. 고생하며 만든 알짜 정보를 기존 고객들에게만 공유하는 것이 아깝다는 생각에, 회사에서 운영 중인 유튜브 채널 〈머니머신〉을 통해서도 많은 내용을 공개하고 있다.

다행인 것은 과거 첫 책을 출간하던 시점보다 현재 한국의 해외 투자 환경이 훨씬 좋아졌다는 점이다. 당시만 하더라도 증권사 플랫폼을 통해 인도네시아와 베트남 증권을 온라인 매수하는 일은 불가능했다. 해외 증권은 오로지 유선전화로만 주문이 가능했고, 수수료도 매우 비쌌다. 그나마 거래가 좀 있는 해외 시장인 미국, 중국 정도만 온라인 매수가 가능했다.

지금 해외 투자 환경이 이전보다 좋아진 데는 필자가 기여한 바도 있다고 생각한다. 당시 필자는 일반인 대상의 신흥국 투자 교육뿐만 아니라 여러 증권사에서 주최하는 직원 교육 또한 열심히 진행했다. 해외 주식(당시 투자자들은 미국, 중국, 일본 주식 투자에 주로 관심을 가졌다) 관련 담당자를 대상으로 신흥국 투자의 장점을 알리면서 신흥국 투자 환경이 미진한 현실을 계속 어필했다. 더 나아가 필자가 투자권유대행인으로 소속되어 있는 증권사에도 지속적으로 신흥국 투자 플랫폼 개발을 요청했다. 모든 증권사 플랫폼을 조사한 다음 비교표를 만들어 인도네시아, 베트남 증권은 온라인 거래가 되는 곳이 한 곳도 없으니 충분히 경쟁력이 있을 거라고 설득하기도 했다.

그런데도 플랫폼 개발이 진행되지 않자, 증권사 담당 직원을 통해 거래하던 베트남과 인도네시아 매수, 매도 주문을 해외 주식부로 전화해 넣기 시작했다. 신흥국 투자에 불편을 겪던 몇몇 고객들과 함께 고의로 해외 주식부에 전화 주문을 넣어 다른 업무가 불가능할 정도로 괴롭혔던 것이다. 그 때문인지 얼마 지나지 않아 해당 증권사는 국내 최초로 인도네시아, 베트남 실시간 온라인 거래가 가능한 플랫폼을 런칭했다. 이후 대형 증권사를 중심으로 경쟁적으로 같은 서비스를 내놓았으며, 지금은 대부분의 대형 증권사에서 인도네시아, 베트남 온라인 거래 업무를 취급하고 있다.

그럼에도 불구하고 여전히 한국에서는 인도네시아 및 베트남 등 신흥국 투자에 대한 이해도가 많이 떨어지는 상황이며, 이를 알면서도 공부할 수 있는 자료 자체가 부족한 실정이다. 이를 보완하기 위해 필자는 분기별로 발간하던 회사 내부 고객용 보고서를 주간보고서 형태로 전환했으며, 지금은 베트남 기업 정보 위주로 발간하고 있지만 향후 구

독자 증가에 맞춰 지속적인 투자를 통해 인도네시아를 비롯한 다른 아세안 시장 정보까지 확대할 예정이다.

아직도 아세안 시장을 면밀히 분석한 정보는 턱없이 부족한 실정이다. 특히 투자 정보는 '카더라' 정보가 더 큰 비중을 차지하고 있다. 서로 잘 모르는 사람들끼리 단체 채팅방이나 여러 SNS 커뮤니티 등에서 정체를 숨기고 익명으로 어떤 종목이 좋다는 정보를 공유하기도 하고, 증권사에서 일 년에 한 번 마케팅용으로 발간하는 자료를 서로 돌려보며 갑론을박을 벌이기도 한다. 심지어 어떻게 거래 가능한 계좌를 개설해야 하는지도 몰라서 서로 잘못된 질문과 답변을 해주는 일도 비일비재하다.

이번 책, 《베트남 & 인도네시아 주식 투자 실전 가이드북》에서는 신흥국 시장 투자에 관심 있는 분들의 다양한 궁금증과 애로사항을 최대한 해결할 수 있는 내용을 담으려고 노력했다. 책을 찬찬히 읽다 보면 왜 가치투자를 기본으로 해야 하고 거기에 신흥국 투자를 더해야 하는지, 지금 시작해도 남들보다 10년이 빠른 이유는 무엇인지, 왜 신흥국 투자는 선택이 아닌 필수인지 확인할 수 있을 것이다.

필자는 이 책과 〈헥사곤〉에서 발간하는 주간보고서, 그리고 필자가 직접 운영 중인 카페, 블로그, 유튜브 등의 SNS 채널을 통해 신흥국 투자 시장 확대에 조금이나마 기여할 수 있었으면 하는 바람을 갖고 있다.

이 책을 내기 위해 함께 애써준 〈헥사곤〉 리서치팀의 마해경, 노태진 연구원에게 감사의 마음을 전한다. 독자 여러분의 성공 투자를 기원한다.

차례

LESSON 2

베트남 & 인도네시아 주식 투자, '원칙과 실천 테크닉!'

LESSON 3

베트남 & 인도네시아 실전 주식 투자, '이제 시작이다!'

LESSON 4

베트남 & 인도네시아 주식 투자, 'A부터 Z까지'

부록

인도네시아 주식 투자로
인생에 한 번은
돈 걱정 없이 살아라

LESSON 01

가치투자에 '신흥국 투자'를 더하라!

준비된 자는 시장의 폭락을 즐긴다

올해 들어 두 번째 장단기 금리 역전 현상이 일어나고 있다. 바로 미국 채권 10년물과 3개월물의 역전이 일어난 것인데, 이번 금리 역전의 경우 그 폭이 커서 오랜 기간 지속될 거라는 전망이 나오고 있다. 이 때문에 주식과 부동산 시장에 투자하는 많은 분들이 벌써부터 투자를 꺼리는 일이 생기고 있다. 이런 현상에 가장 큰 영향을 주는 것은 바로 미·중 무역 전쟁이다. 이러한 사태가 장기화될 우려가 커서인지 최근 시중의 현금성 부동자금이 1,000조 원에 이른다는 말도 들린다.

여기서 현금성 자금이란 현금통화, 요구불예금, 수시입출식 저축성 예금, 머니마켓펀드(MMF), 종합자산관리계좌(CMA) 등을 말한다. 원하면 즉시 찾아서 현금화할 수 있는 모든 자산을 의미하는 것이다.

2018년 강연에서 필자는 중국과 미국의 전면전을 언급한 바 있고 이런 현상이 장기화할 것이라 예상했기 때문에, 개인적으로 큰 충격을 받지는 않았다. 다만 이렇게 많은 자금이 투자되지 못하고 현금 상태로 있는 현실이 안타까울 따름이다. 현금은 종이 쪼가리에 불과하다는 것을 너무나 잘 알고 있기 때문이다.

여기에서 필자는 많은 대중이 걱정하는 것처럼, 장단기 금리 현상이 오래 지속되면 금융 위기가 올 것인지 함께 고민해보고 싶다. 장단기 금리 역전이 의미하는 바는 무엇일까?

여기서 말하는 장단기 금리 역전의 주인공인 '금리'는 '미국의 금리'를 말하는데, 실제로는 미국 정부에서 발행하는 3개월 국채와 10년 국채를 의미한다.

원래 정상적인 상황이라면 3개월 국채의 금리가 10년 국채 금리보다 높을 수가 없다. 3개월물이란 당장 3개월 안에 갚는다는 의미이며 10년 뒤에 갚아도 되는 채권보다 갚지 못할 불확실성이 훨씬 낮기 때문에 더 싼 이자로 거래된다. 그런데 이렇게 금리가 역전되는 일이 벌어졌다는 것은 3개월 국채를 갚지 못할 가능성이 매우 높아지면서, 너도나도 이를 매각하기 위해 시장에 내놓는 바람에 3개월 채권의 가격이 하락했다는 것을 의미한다. 3개월물의 매력도를 높이기 위해 3개월 단기 채권의 이자율이 계속 높아지고 있는 상황인 것이다.

반대로 오랫동안 안정적인 이자를 받을 수 있는 10년짜리 국채는 계속 매입이 이어지면서 가격이 올라가고 이자는 떨어지는 상황이 벌어지고 있다. 이런 일이 지속되다 보니 장기 10년물과 단기 3개월물의 역전이 일어나는 시장 왜곡 현상이 발생했다고 하는 것이다.

이런 역전이 일어나면 3개월물의 매도는 더 늘어날 것이고, 이를 받아줄 사람이 없어지면 채권의 기능을 상실하게 될 것이다. 채권이 휴지 조각이 되는 것이다. 그렇게 되면 당장 3개월 채권에 투자한 사람은 3개월이 지나도 원금을 받을 수 없고 시장에 판매도 할 수 없다. 시장에는 이미 3개월물 채권을 살 사람이 거의 없어졌을 것이기 때문이다.

이런 현상이 올해 들어 벌써 두 번째나 일어났다. 그렇다면 여러 가지 형태의 위기가 발생할 수 있다. 과거 2000년대에 발생한 두 번의 금융위기 때도 3개월물과 10년물의 역전 현상이 두 차례씩 일어났었고, 이후에는 여지없이 경기 침체가 찾아왔다. 뿐만 아니라 장단기 금리 역전 현상 이후 1년 내외로 경기 침체가 찾아 왔었는데, 그 어떤 전문가도 그 시점을 정확하게 예측하지 못했다. 때문에 지금 안전자산인 달러와 금의 가격이 번갈아 가며 급등하고 있는 것이다.

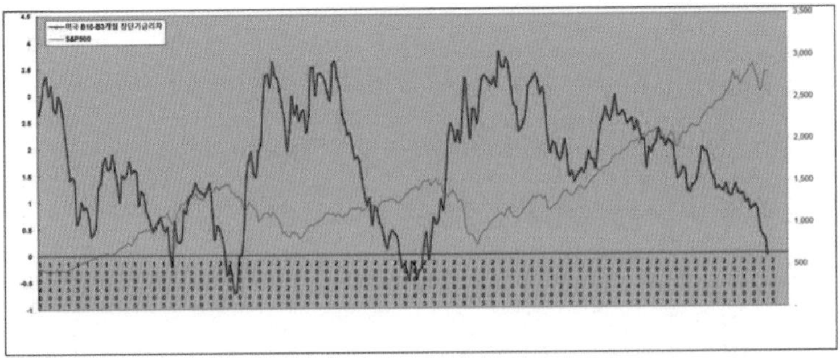

출처 : Macrotrends, gurufokus.com, 혁사곤

그렇다면 지금처럼 시중에 많은 부동자금이 있는 것도 이해가 된다. 조만간 시장 폭락이 올 수 있으니 미리 대비하려는 것이다.

이를 다른 관점에서 한번 바라보자. 실제로 과거 데이터를 보면 2000년도 이후에 장단기 금리 역전은 매우 반복되는 패턴처럼 보이기도 한다. 그런데 스케일을 좀 더 확대해보면 1960년 이전에는 장단기 금리 역전 현상 자체가 없었다. 좀 더 대상을 확대해서 금리 차가 최대한 좁혀진 구간까지 확인해보면 주가의 변동 추이와 장단기 금리 역전(혹은 금리 차가 매우 좁혀진 구간) 간의 유의미한 상관관계가 있다고 보기는 어렵다는 것을 알 수 있다. 오히려 주가가 올라간 경우도 있었기 때문이다.

최근에 몇 번 들어맞았다는 이유로 10년 주기 위기설이 유행하고 있는데, 이 또한 맞지 않는 주장이라고 생각한다. 10년 주기설은 투자자의 불안 심리 때문에 만들어진 것일 뿐이다. 실제로 매년 위기론이 반복해서 나오고 있지만, 이중 정확하게 위기를 맞춘 일은 그다지 많지

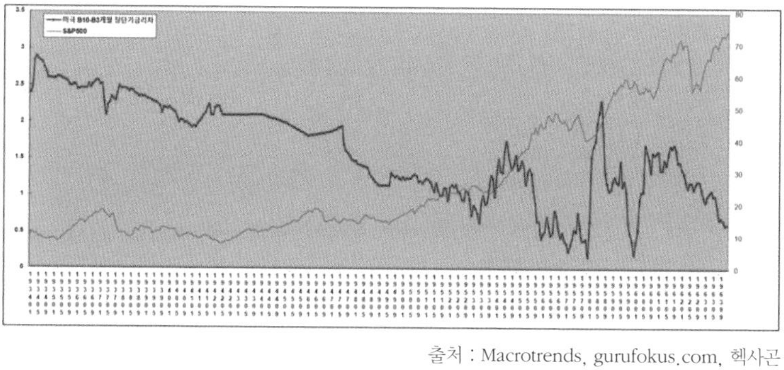

출처 : Macrotrends, gurufokus.com, 혁사곤

않았고 대개 큰 사건이 한 번씩 일어났던 것뿐이었다.

오히려 IMF 이전의 과거를 살펴보면 1987년에는 3저 효과(저달러, 저유가, 저금리)로 호황이 왔고, 1977년에는 중동 건설 붐으로 전 세계가 큰 성장을 했다.

2000년 이후로 한정해서 보더라도 3개월물 금리 역전 이후, 경기 침체가 오는 데 1년에서 1년 6개월 정도가 걸렸다. 오히려 이 기간에 주가지수는 더 급등하는 모습을 보였다는 것을 확인할 수 있다. 장단기 금리 역전 현상이 경기 침체의 시그널일 수 있다는 판단에 오히려 경기 부양책을 적극적으로 실시했기 때문이다.

그러니 장단기 금리가 역전되면 경기 침체가 온다는 주장 또한 100% 신뢰할 수 있는 것은 아니라는 것을 알 수 있다. 유의미한 지표이기는 하지만 절대적일 수는 없는 것이다. 비교적 최근의 패턴을 볼 때 그럴 수도 있다는 것이지 앞으로 발생할 수 있는 경기 침체가 과거와 같은 패턴으로 나타날 것이라는 보장은 없다.

미국 국채 10년물~3개월물, 10년물~2년물 금리 차

출처 : FRED

더군다나 2000년대 이후를 보면 미국 국채의 3개월물, 10년물 마이너스 외에도 2년물과 10년물의 역전 현상도 함께 발생하고 있다. 그런데 현재 2년물의 역전은 아직 확실하게 발생하지 않았다(역전이 발생했으나 다시 플러스 구간으로 회복했다).

또한 역전 현상 이후 바로 경기 침체와 주가 폭락이 오는 것이 아니라, 오히려 주가 급등이 먼저 발생하는 것을 볼 수 있다. 금리 역전 현상을 우려해 금리를 인하하면서 자산 시장으로 돈이 흘러들어가기 때문에 주가가 급등하는 것이다. 실제로 글로벌 무역 전쟁으로 경기 침체의 기미가 보이자 각국에서는 다시 금리 인하를 요구하는 목소리가 터져 나오고 있다.

이런 데이터를 앞세워 분석해보자면 과거 3개월물과 2년물 금리 역전 현상이 일어난 이후 주가 급등 현상이 일어났고, 그 이후에 경기 침체가 왔으니 앞으로 1년~1년 6개월 이후에는 주가지수 폭등 현상이 나타날 수도 있다고 주장할 수도 있을 것이다.

그렇다면 오히려 지금 주식을 매수해야 하는 것은 아닐까?

지금까지 이렇게 장황하게 금리 역전과 경제 위기의 상관관계에 대해 이야기한 이유는 어떤 현상을 통해 미래를 예측하려는 시도는 사실 큰 의미가 없다고 말하기 위해서다. 우리는 과연 몇몇 지표로 이런 위기를 정확히 예측할 수 있을까?

실제로 첫 책이 나왔던 2015년에도 곧 경제 위기가 온다는 의식이 팽배해 있었고 대부분의 주가지수는 조정을 받았다. 심지어 부동산 시장도 경직되어 서울에서도 몇천만 원만 있으면 전세를 끼고 집을 살 수 있을 정도였다.

이때도 필자는 매우 적극적으로 자산을 매입하여 자산을 늘렸다. 공격적인 투자를 한 덕분에 자산 규모를 한층 업그레이드할 수 있었다. 필자는 지금도 매우 다양한 자산에 적극적으로 투자하고 있다. 그렇다면 필자는 이런 불안한 시장에서 어떻게 과감한 투자를 실행할 결심을 할 수 있었던 것일까? 어딘가에 숨겨둔 혼자만 알고 있는 비기라도 있는 것일까?

혹시 그 비기가 궁금한 분들에게 필자의 투자 원칙을 이야기해 드리도록 하겠다. 필자가 가진 가장 확실한 비기는 바로 '인플레이션' 효과를 믿는 것이다.

이 세상 모든 종류의 현금 양은 지속적으로 늘어나고 있고, 이 때문에 현금의 가치는 지속적으로 떨어지고 있다. 이에 반해 가치가 떨어진 현금으로 살 수 있는 자산의 가치는 상대적으로 계속 높아지고 있는 실정이다. 앞서 이야기한 장단기 금리 차를 다시 예로 들어보자.

장기적으로 봤을 때 채권의 금리는 3개월물이든 10년물이든 할 것 없이 지속적으로 하락하고 있다. 채권 가격은 상대적으로 계속 상승하고 있었다는 얘기인데, 주가지수가 최고치를 경신하는 시점에도 채권 가격이 상승하는 것은 이상한 현상이다. 일반적으로 채권은 안전자산이고 주식은 위험자산으로 인식된다. 때문에 주가지수가 올라가면 채권 가격은 하락하고, 주가지수가 하락하면 채권 가격은 상승하는 것이 정상이다. 그런데 서로 상반되는 자산의 가격이 모두 상승하고 있는 모습을 보이고 있다. 이는 그동안 벌어진 전 세계적인 양적완화 조치로 인해 시중에 현금이 계속 풀리고 있기 때문이다. 이러한 인플레이션 유발 효과 때문에 현금을 제외한 모든 자산의 가격이 상승하고 있다(현금의 가치가 떨어지면서 상대적으로 자산의 가격이 상승한 것이지 자산의 실제 가치가 상승한 것은 아니다).

지금은 초과 공급의 시대다. 없어서 못 입고 못 먹던 시대는 지났다. 어떤 물건이든 초과 공급이 지속되면 가격이 내려갈 수밖에 없다. 이를 방지하려면 경제가 꾸준히 발전하는 선순환 구조가 만들어지거나 그게 안 된다면 인위적으로 소비를 촉진하거나, 물건의 가격을 강제적으로 높일 수밖에 없다. 인위적으로 물건의 가격을 높이기 위해서는 화폐를 늘리면 된다. 화폐가 계속 늘어나면 물건(=자산)의 가격은 높아질

M2 기준 주요국 통화량 증가

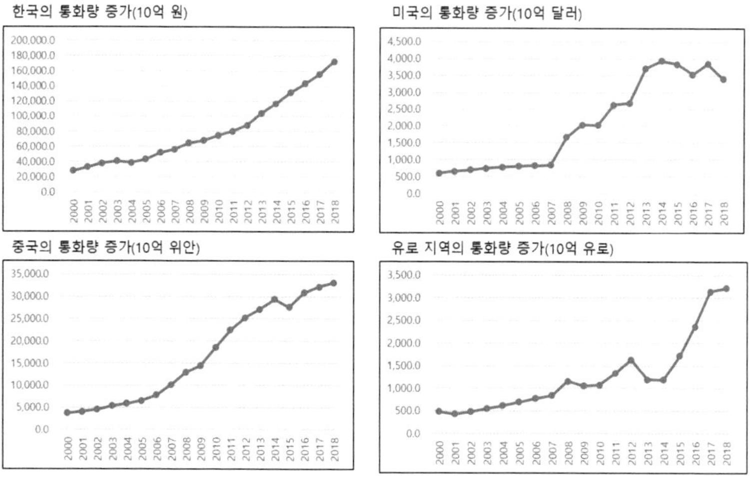

출처 : 한국은행, 헥사곤

수밖에 없다.

자산의 가격이 인위적으로 높아지도록 만드는 현상, 이것이 바로 지금 발생하고 있는 인플레이션의 실제 모습이다. 하지만 그 어떤 지도자도 이 인플레이션을 때려잡아 물가가 떨어지도록 만들지는 않을 것이다. 이를 디플레이션이라고 하는데, 디플레이션이 지속되면 소비가 일어나지 않아 경기 침체가 오기 쉽기 때문이다.

언뜻 2007년 금융 위기 이후 시행된 양적완화의 영향이라고 생각할 수도 있지만, 이미 아주 오랜 과거부터 진행되어 온 현상이다. 1980년대의 100만 원과 현재의 100만 원의 가치를 생각해보면 쉽게 이해가 갈 것이다.

한국은행의 설립 목적 중에는 '물가 안정'을 목표로 한다는 항목이 있다. 여기서 물가 안정이란 지나치게 높이 올라가는 물가는 물론이거니와 지나치게 떨어지는 물가 또한 방지한다는 것을 의미한다.

실제로 물가 상승률을 2%대만 유지하더라도 물가가 안정되었다고 말한다. 그런데 이 또한 매년 2%씩 상승한다는 이야기다. 기본적인 전제에 따르면 경제가 성장하면 할수록 물가는 안정적으로 '상승'해야 한다. 이 물가 상승률이 마이너스가 되면 디플레이션이고 이는 경기 침체를 의미한다. 때문에 물가가 0으로 수렴할수록 대부분의 정부는 물가를 인위적으로 높이기 위해 노력할 수밖에 없다. 이는 한국은행뿐만 아니라 모든 국가의 국책은행이 고민하는 부분이다.

그렇다면 내가 가진 자산은 어떨까? 기본적으로 물가 상승률 이상으로 올라가야 정상이다. 그런데 다른 자산은 하나도 없이 모두 현금으로

자산과 돈의 가치 변화

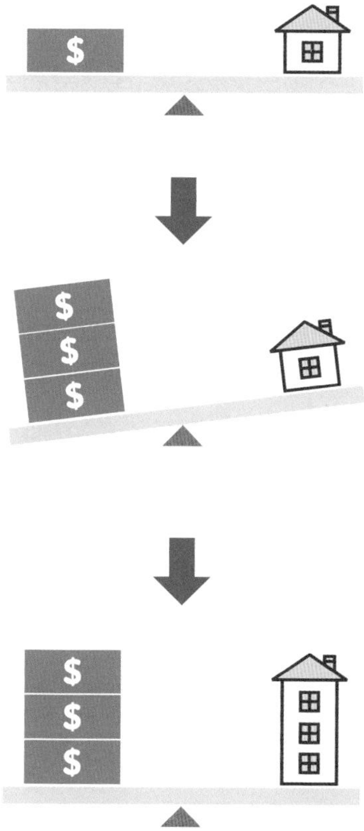

만 보유하고 있다면? 예금 이자율 정도의 이익만 발생한다면 수익이 없는 것이나 마찬가지다. 상대적으로 다른 자산의 가격이 계속 상승했다면 오히려 손해를 보고 있는 셈이다. 부동산 가격이 장기적으로 떨어져야 정상이라고? 주식 시장 폭락이 온다고?

폭락론자는 우리 경제가 파탄 나기를 바라며 고사를 지내는 것처럼 보인다. 정상적인 성장을 하는 국가의 모든 물가와 자산 가치는 지속해서 우상향하는 것이 맞다. 그래도 '나는 경기 침체가 올 것에 대비해 현금화해서 가지고 있겠다'라고 고집을 부린다면 어쩔 수 없다. 그러면 그 현금을 보유하고 있다가 진짜 경기 침체가 왔을 때 값이 싸진 자산을 매입할 수 있는 용기가 생길까? 과연 지금이 최악의 침체 상황이 아니라는 것을 자신할 수 있을까?

바로 이러한 고민들이 여러분들의 시간과 사고를 좀먹고 있다. 위에서 설명한 장단기 금리 역전이나 경기 침체 등과 같이 외부적인 요인에서 기인하는 위험을 '체계적 위험 = 외부 요인'이라고 한다. 내가 컨트롤할 수 없는, 있는 그대로 당해야만 하는 위험을 말한다. 나뿐만 아니라 모든 사람이 똑같이 당하는 위험이다.

그리고 이와 반대되는 개념이 바로 '비체계적 위험 = 내부 요인'인데, 분산 투자를 통해 방어가 가능한 위험을 말한다. 실제로 부자가 된 사람들은 위기가 오면 더 적극적으로 투자에 임해 높은 수익을 얻었으며, 향후에도 계속 공격적인 투자를 진행할 것이라고 말한다.

부자들은 비체계적인 위험을 통제하면서 투자에 임하고 있다. 이러한 투자가 가능한 이유는 내가 손대지 못하는 '외부 요인'은 잊어버리고 직접 컨트롤이 가능한 '내부 요인'에만 집중하기 때문이다. 이 내부 요인은 바로 '나 자신'을 의미한다. 어차피 '외부 요인'은 내가 컨트롤할 수 없다. 지금까지 스스로 통제할 수 없는 위험을 걱정하는 데 쓸데없는 힘을 쏟고 있지는 않았는지 돌아보도록 하자. 그럴 시간에 투자를 바라보는 시각을 넓히고 새로운 분야를 공부해 '나 자신'을 업그레이드하도록 하자.

특히 필자는 베트남, 인도네시아와 같은 신흥국에 투자한다면 이런 위기 상황에서도 높은 투자 수익을 얻을 수 있을 것이라 생각한다. 성장 엔진이 멈춰 잃어버린 20년에 빠졌던 일본과 비슷한 전철을 밟을 수도 있는 한국 시장에만 목매고 있는 것은 어리석은 일이다. 연평균 GDP 성장률이 높은 신흥국에 투자하는 것이 가장 올바른 투자 해법이다.

경제가 성장하면 물가는 올라가고 자산 가격은 자연스럽게 높아진다. 성장성이 높고 역동성이 강한 이 두 나라는 외부 요인에 의해 흔들리더라도 매우 빠르게 회복하는 특성을 보이고 있다. 심지어 인도네시아의 경우 2007년 금융 위기 이후 매우 빠르게 성장한 사례도 있다. 당시 인도네시아는 불황을 모른다고 할 정도로 투자 환경이 좋았다. 이처럼 신흥국 투자에 대해 미리 공부해둔다면 위기가 왔을 때 적극적으로 투자할 수 있을 것이다.

위기라 할 수 있는 불황의 지속 기간

기간	심각한 불안 빈도	심각한 불안 지속 기간(개월)
1969-78년	4회	8.5
1979-88년	16회	6.8
1989-98년	6회	8.0
1999-08년	11회	4.9
계(평균)	총 37회(0.9회/연)	평균 5.3개월
최장 기간		1.5년(서브프라임 사태)

출처 : 삼성경제연구소, 헥사곤

그렇다면 진짜 폭락이 오면 어떻게 해야 할까? 걱정하지 말자. 과거 데이터를 보면 평균적으로 심각한 불안이 지속되었던 기간은 최장 1년을 넘지 않았다. 내가 투자한 자산이 폭락했다고 하더라도 눈 딱 감고 1년에서 최대 1년 6개월 정도만 기다리면 된다. 현금화할 수 있는 자산이 있다면 그간 공부해둔 지식과 정보를 활용해 저평가된 자산에 투자하는 쇼핑을 즐기면 된다.

진짜 위기는 '외부 요인'이 아닌 실력 없는 나, 그리고 스스로 컨트롤하지 못하는 '내부 요인 = 나 자신'으로부터 오는 것이다. 위기에 수익을 내는 것이 진짜 실력자다. 가장 큰 위기 요인인 '나 자신'을 통제할 수 있다면 불황이나 경제 위기에도 자산을 늘릴 수 있는 방법이 눈에 보일 것이다.

과거 불황(Recession) 발생 시 지속된 기간과 주가 하락폭

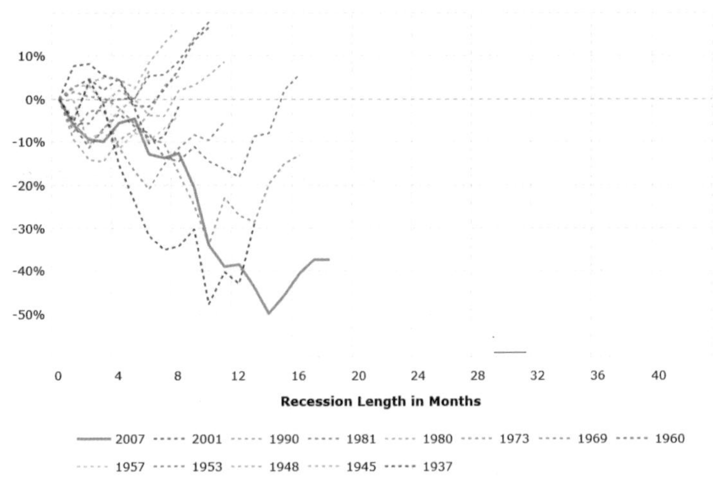

출처 : Macrotrends

가치투자에 '신흥국 투자'를 더하라

첫 책을 출간한 이후 필자는 투자 철학이나 투자 방법에 대해 더 많이 고민했다. 가장 먼저 시작한 것은 기본적 분석에 대해 더 깊이 있는 공부를 한 것이고, 이러한 분석 방법을 신흥국인 인도네시아, 베트남에 적용하면서 부족했던 점을 보완했다.

신흥국보다 앞서 선진국에 진입한 일본이나 한국과 유사하게 접근하면 된다고 생각했지만, 일부는 그렇지 못했다. 이미 성장한 기존 국가와 앞으로 성장을 기대하는 국가의 문화나 산업 환경이 매우 달랐기 때문이다. 그래서 이를 미세하게 조정하는 것이 필요했고, 이를 검증하기 위한 다양한 조사 활동이 필요했다.

사전에 다양한 스터디 그룹을 조직해 공부했고, 현지 탐방단을 모집해 분기별로 이를 진행했다. 이 과정에서 얻어진 지식과 통찰력은 책에서는 배울 수 없는 값진 것들이었다.

탐방단에 참가한 이들의 직업은 대학교수, 의사, 회계사, 세무사, 투자회사 임원, 대기업 재무팀, 전업 투자자, 사업가 등 다양했다. 이들이 갖고 있는 지식으로부터 얻은 것들도 많았다. 다른 분들은 필자가 갖고 있는 신흥국에 대한 정보를 이용해 새로운 해답을 도출해냈고, 필자는 그들의 과거 경험을 신흥국에 적용함으로써 흥미로운 결과물들을 도출할 수 있었다.

이런 과정 중에 생긴 에피소드 하나를 가치투자와 연계해 소개해보고자 한다.

한번은 탐방에 참여한 한 분이 필자에게 이렇게 말했다.

"저는 가치투자를 해서 돈을 꽤 벌기도 했지만 그렇다고 해도 큰돈을 벌지는 못했어요. 가치투자도 적성에 맞는 사람이 따로 있나 봐요. 저에게 가치투자는 좀 안 맞는 것 같아요."

필자에게 이렇게 말한 그분은 남들보다 어린 나이에 성공해 강남에 건물을 소유하고 있었다. 사업체 또한 15여 년 이상 성실히 운영하면서 현금 흐름도 안정적으로 유지하고 있었다. 그런 분인데도 자신이 가진 자산에 만족하지 못하고 끊임없이 노력하고 있는 모습을 보고 감탄했다.

이후로도 지속적으로 그분과 만나서 이야기를 들어 보니 그분은 사업을 통해 큰돈을 벌기는 했지만, 그가 말한 것과 다르게 실제 투자 방법은 가치투자와는 거리가 있었다. 그럼에도 본인 스스로는 가치투자를 하고 있다고 생각하고 있었다. 그때 필자는 '인간은 만족할 줄 모르는 존재구나'라는 것과 '대부분의 투자자는 스스로 가치투자를 하고 있다고 생각하는구나'라는 것을 느꼈다. 필자 또한 나중에 그렇게 될 수 있다는 생각에 초심으로 돌아가 보기로 마음먹고 과거에 읽었던 여러 가치투자 서적을 다시 한번 정독하기 시작했다.

처음 책을 읽었을 때는 캐치하지 못했던 것들이 금세 눈에 띄었다. 빠르게 책을 정독하면서 정말 좋다고 생각하는 책은 몇 번이고 다시 읽었다. 이를 바탕으로 인도네시아, 베트남 기업의 연간보고서와 분기별 재무제표들을 찾아보며 나보다 먼저 가치투자의 길을 걸었던 성공한 대가들의 생각과 사상을 검증해 나갔다.

이 과정을 끝내면서 내린 결론은 다음 두 가지다.

1. 사람들의 관심으로부터 멀어진 소외된 종목을 찾자!
2. 싼 주식을 찾자!

이러한 과정은 필자의 과거 투자 성향을 반성하는 계기가 되기도 했다. 필자의 과거 경험이 주로 시장 조사에 치우쳐 있다 보니 자신도 모르게 톱다운(top-down) 방식의 분석에 굉장히 집착하는 경향이 강했다. 그래서 숲을 보고 난 뒤에는 나무를 봐야 제대로 된 대응이 가능하다는 생각을 하게 됐고, 그러다 보니 이런저런 생각할 거리가 많아지는 바람에 시장을 분석하는 데 너무 많은 시간을 할애해야 했다.

복잡한 마음을 다잡고 시장 상황을 예측하는 와중에도 매일매일 생각지도 못했던 다양한 오류가 발생했다. 늘 불안한 마음을 안고 투자까지 해야 하는 처지라 금요일 아시아 장이 마감하고 나면 미국이나 유럽 시장의 상황까지 살펴야 하는 상황까지 발생했다. 그러다가 유럽, 미국 시장이 안 좋게 끝나면 다음 월요일에 대응하기 위한 고민을 하느라 주말에도 편하게 쉬지 못하는 상황이 반복됐다.

이처럼 필자 역시도 '외부 요인 = 비체계적 위험'을 예측하고 통제하려는 시도를 했었다는 것을 깨닫게 되었다. 그런데 투자의 대가들이 쓴 책을 여러 번 정독하고 이를 실제 시장에 적용시키며 검증해 나가는 과정에서 이런 고민이 점차 사라졌다. 그리고 '외부 요인'이 아닌 '나 자신'을 통제해야 돈을 벌 수 있다는 확신을 갖게 되었다.

투자자들은 '시장의 흐름'에 정말 많은 관심을 갖고 있다. 그런데 실제 투자에서는 사람들이 관심을 두는 시장의 흐름은 크게 의미가 없다는 사실을 깨닫게 된 것이다. 지금도 미·중 무역 전쟁이나 한·일 경제 전쟁에 대한 뉴스가 연일 흘러나오고 있다. 과거 미국이나 유럽발 금융위기, 브렉시트 소식에 출렁이는 시장을 우리는 몇 번이나 경험했다. 나도 그랬고 시장도 그랬다. 그러나 우리는 정작 중요한 질문은 잊어버리고 있었다.

"내가 투자하는 회사가 정말 훌륭한 회사일까?"

필자는 이런 생각을 실제 사례를 통해 검증하기 위해 여러 그룹의 스터디 팀과 함께 현지 탐방단을 이끌었고, 스스로도 한층 성장하는 계기가 되었다. 이 과정을 거치는 동안 인도네시아 증시에 상장된 거래할 만한 기업은 대부분 살펴보았고 이를 통해 인도네시아 상장 회사들에 대한 이해도가 그 누구보다 높아지게 되었다. 필자는 그동안 현지 탐방단 활동을 이끌어오면서 인도네시아의 전 산업, 전 종목에 대한 리뷰를 반복해서 진행했다. 지금도 우리 회사의 연구원들과 함께 연 1회 베트남과 인도네시아 양 국가의 전 산업 리뷰를 목표로 하고 있다.

더 나아가 인도네시아 시장을 통해 검증한 여러 가지 기본 분석과 가치투자 이론들을 베트남 시장에도 적용해 나가고 있다. 베트남 시장도 이미 한 차례의 기본 조사와 산업 추가 심층 분석이 완료된 상태다.

이제 인도네시아 시장은 우리 회사에서만 활용하는 지표들에 의거한 분석과 스코어링(Scoring) 방법 등에 대한 정리가 모두 끝났으며, 이를 베트남에 적용하는 과정을 밟고 있다. 아마 이 책이 나올 때쯤이면 베트남 시장에 대한 정리 과정도 모두 끝났을 것이다. 지금까지 분석한 자료를 통해 얻은 모든 정보들은 이 책에 수록될 것이고, 유튜브 채널 〈머니머신〉을 통해 업데이트될 예정이다.

이러한 과정의 반복을 통해 깨달은 것은 '모든 연구나 스터디 과정이 고도화될수록 핵심 내용은 매우 심플해진다'는 것이었다. 개인은 통제할 수 없는 다양한 리스크 요소와 시장의 불확실성에 불안해하고 두려워한다. 뿐만 아니라 어떻게 해야 불확실성에 대응할 수 있을지에 대해서도 수없이 고민을 반복한다. 심지어 이를 이용한 불안 마케팅(마케팅에서는 이를 '공포 소구에 의한 마케팅'이라고 하는데 마케팅 방법 중에 가장 강력한 영향력을 미친다)을 통해 자신의 존재감을 과시하거나, 이런 내용을 담은 유튜브 채널을 개설해 사람들을 끌어 모으는 사람들까지도 등장하고 있다.

하지만 필자가 지금까지 수백 번에 걸친 기업 검증 과정을 통해 내린 결론은 단 하나다.

"싼 주식을 찾아라!"

이는 필자가 내린 결론이 아니라, 투자의 대가 워런 버핏이 실제 투자를 통해 내린 결론이다. 또한 역발상투자의 대가 존 템플턴 또한 이를 매우 적극적으로 투자에 활용했다. 대부분의 투자 대가들이나, 국내외 유명한 투자자들 또한 모두 동의하는 내용이다. 아직 이런 원칙을 어떻게 적용해서 투자해야 할지 잘 모르겠다면 필자와 함께 신흥국 투자를 공부하면서 적용해 나가면 된다.

국가의 발전 단계와 신흥국의 위치

필자는 먼저 신흥국, 특히 아세안 국가들의 발전 단계를 분석했다. 모든 국가가 똑같은 진행 과정을 통해 발전하고 있는 것은 아니지만, 일반적으로 경영학에서 통용되고 있는 '국가의 발전 단계와 경쟁력 구조'를 통해 분석했다.

한 국가의 경제가 성장하기 시작하면 첫 번째 단계인 '성장기'에 진입한다. 성장기에는 경제 개발이 본격화되면서 투자가 활발하게 일어난다. 이때의 투자는 대부분 외자 유치를 통해 이루어지는데, 특히 저렴한 노동력을 활용한 외국인 직접투자(FDI, Foregin Direct Investment)가 많이 이루어진다. 이 시점에는 많은 인구가 수도권이나 공장지대로 몰리고 해당 지역의 도시화가 동시에 일어난다. 때문에 잉여 노동력이

국가의 발전 단계와 경쟁력 구조

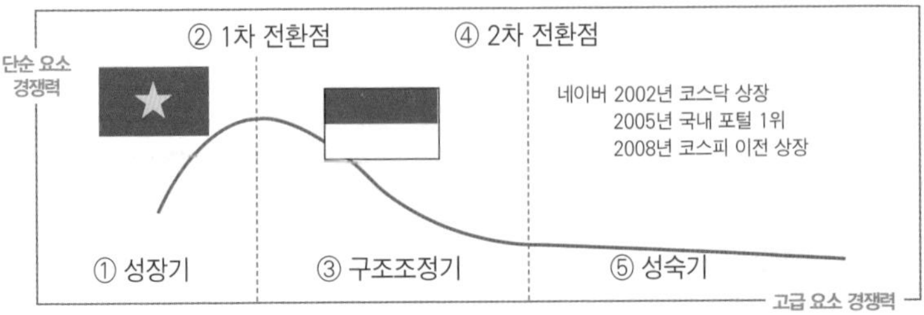

경제 발전기	경쟁력 구조 변화
① **성장기**	경제 개발 본격화로 투자 광범위, 잉여 노동력이 많음, 고급, 단순 요소 경쟁력 모두 상승
② **1차 전환점**	투자가 확대, 잉여 노동의 해소로 임금 상승이 단순 요소의 경쟁력 증대를 상쇄시키는 시기
③ **구조조정기**	고급 요소의 경쟁력 상승이 두드러지게 나타나며 국민들의 욕구가 높아지고 단순 요소는 경쟁력 하락
④ **2차 전환점**	경제가 성숙하여 단순 요소 경쟁력의 하락 속도가 완만해지고 고급 요소 경쟁력의 상승이 가속화
⑤ **성숙기**	안정적 성장 궤도에 진입하면서 단순 요소 경쟁력의 하락이 멈추고 고급 요소 경쟁력은 계속 상승해 높은 경제 성과를 얻고 다시 경쟁력 창출 요인의 축적으로 연결되는 선순환 과정

출처 : 헥사곤

많이 생기면서 이러한 노동력을 활용한 단순 요소에 대한 경쟁력 또한 상승하게 된다. 뿐만 아니라 외국계 기업의 기술 이전으로 고급 요소의 경쟁력 또한 급격하게 상승하기 시작한다.

이제 갓 성장기에 접어들었기 때문에 자금의 투입 대비 성과가 크게 나오며 고급 요소와 단순 요소의 경쟁력이 동시에 상승하는 시점이다. 필자는 바로 베트남이 이 지점에 해당한다고 판단하고 있다. 그 외의 신흥 성장국인 캄보디아, 미얀마, 라오스 등은 아직 해당 시점에 도달하지 못했다고 본다. 물론 해당 3국은 증권 시장이 매우 미미한 단계에 머물러 있어 아직 우리가 투자할 만한 시장이 아니다.

투자 강의를 할 때마다 이 세 나라의 증권 시장에 대해 궁금해 하는 분들이 많아 간단하게만 언급하겠다. 2019년 6월 기준으로 현재 각국의 증시에 상장된 종목은 캄보디아 5개(한화 5,300억 원), 미얀마 5개(한화 5,000억 원 미만), 라오스 10개(한화 1,600억 원 미만)로 아직 투자에 적절치 못한 시장 상황이라고 보면 될 것이다. 우리나라의 경우를 보더라도 1956년 3월 3일에 대한증권거래소에 최초로 상장됐던 12개 종목 중 지금까지 남아 있는 기업은 없다. 당시 초창기 회사들은 상장 폐지되거나 인수합병으로 인해 이름이 모두 바뀌어 역사 속으로 사라졌다는 것을 기억하자(《대한민국 주식 투자 100년사》, 윤재수 지음, 길벗 참조).

2번째 단계인 '1차 전환점'에 들어서면 외국인 직접투자(FDI)뿐만 아니라 자본 시장에서도 자금이 유입된다. 이 시점이 바로 국가의 신용평가가 '투자 적격'에 들어서는 단계다.

글로벌 신용평가 3사에서 해당 국가에 투자 적격 등급을 주는 시점인데, 바로 이때부터 대규모 금융자산이 진입한다. 실제로 인도네시아는 2017년 기준으로 글로벌 신용평가 3사인 S&P, 무디스, 피치로부터 모두 투자 적격 등급을 받았다.

이 시점에서는 산업의 급격한 발전으로 인해 잉여 노동력이 해소되고 고급 인력이 부족한 상황이 발생한다. 이에 맞춰 임금이 상승하고 고임금 인재를 활용한 고급 요소의 경쟁력이 단순 요소의 경쟁력 증대를 상쇄하는 시점에 도달한다.

생산의 3요소(토지, 노동, 자본) 중 토지, 노동 두 가지의 가격이 급등하는 시점이기 때문에 자본이 이를 받쳐줄 수 있어야 한다. 국내 자본으로 채우지 못한 어려움은 해외 자본이 금융 시장에 들어오면서 해결해준다. 이때 경쟁력을 키우지 못한 기업은 이 다음 단계인 구조조정 단계에서 살아남지 못하는 경우도 생긴다.

3번째 단계는 바로 '구조조정기'다. 고급 요소의 경쟁력 상승이 두드러지게 나타나는 시기다. 단순 요소 산업은 임금이 저렴한 지역으로 공장을 이전하거나, 고급 요소 산업으로 업종을 전환하기도 한다. 이러한 준비가 되어 있지 않은 기업은 도산하기 시작하고, 도산한 기업들은 경쟁력이 우수한 다른 기업에 통합되면서 그 규모를 키워간다.

이러한 시점이 되면 국민들의 다양한 욕구 또한 높아지기 때문에 어설픈 제품이나 서비스로는 소비자의 욕구를 만족시키지 못한다. 또한 이에 맞춰 인건비 또한 급등하면서 물가 상승이라는 복병과도 만난다.

우리가 살펴보려는 인도네시아는 1차 전환점에 도달했고, 이제 다양한 산업의 여러 기업이 구조조정 과정을 지나는 중이라고 보면 된다. 실제로 필자의 회사에 이와 관련한 컨설팅 의뢰가 여러 건 들어와 있는 상황이다. 컨설팅 내용은 '기업 혹은 공장 이전', '구조조정', '회사 매각 및 철수', '인수합병을 통한 신규 진입' 등이다.

4번째는 구조조정을 통해 '2차 전환점'에 도달하는 단계다. 경제가 성숙하면서 단순 요소의 경쟁력 하락 속도가 완만해지고, 고급 요소의 경쟁력은 상승이 가속화되는 시점이다. 아마도 중국이 해당 시점에 도달하지 않았나 하는 생각이 든다. 최근 중국 기업의 고급 기술 성장 속도를 보면 이미 한국을 뛰어넘는 산업 분야도 많아진 것을 볼 수 있어 한국 기업의 미래가 걱정될 정도다.

마지막으로 5번째 단계인 '성숙기'다. 이때는 안정적인 성장 궤도에 진입해 단순 요소의 경쟁력 하락이 멈추게 된다. 고급 요소의 경쟁력은 계속 상승해 높은 경제적 성과를 얻고, 다시 경쟁력 창출 요인의 축적으로 연결되는 선순환 과정에 들어선다.

한국이 바로 이 시점에 속한다고 생각하는데, 안타까운 것은 마지막 단계의 성숙기이기 때문에 그동안의 고성장을 꿈꾸기는 어렵다는 점이다. 선순환 과정이 지속해서 반복된다면 얼마나 좋겠는가. 하지만 먼저 성숙기가 진행되었던 독일, 영국, 일본 등의 사례를 보면 한국 또한 성장의 한계에 부딪쳐 앞으로 많은 어려움을 겪게 될 것이라 예상할 수 있다.

이런 선순환 성장을 지속하고 있는 미국을 보면 국민들이 참 축복받았다는 생각도 하게 된다. 워런 버핏이 한국에서 태어났다면 지금과 같은 투자의 대가가 되기는 힘들었을 것이다.

그렇다면 이미 성숙기에 접어든 국가보다는 급성장하고 있는 아세안 국가들에 투자할 만한 기회가 더 많지 않을까?

특히 요즘 중국의 대안 생산 기지로 급부상 중인 베트남과 2억 7,000만 명의 인구로 세계 인구수 4위를 자랑하는 인도네시아 시장을 주목하지 않을 수 없다.

많은 사람이 아세안 시장을 묶어 하나의 시장인 것처럼 분류하려고 하는데 이는 매우 잘못된 접근 방식이다. 아세안에 소속된 10개 국가는 모두 다른 문화권이고, 각종 정치, 종교적인 이슈로 대립하고 있는 경우가 많기 때문에 한 국가씩 면밀히 살펴봐야 그 실체를 제대로 파악할 수 있다. 필자는 아세안 국가 중 인도네시아, 베트남을 최우선 투자 적합 국가로 꼽는데 그 이유는 다음과 같다.

오랫동안 아세안 투자 시장에 대해 연구하면서 매우 특징적인 국가 구분 방법을 활용하게 되었다. 바로 국가 신용등급에 따른 구분이다. 실제로 글로벌 투자사들은 '투기 등급'의 국가에 투자하는 것을 꺼리고, '투자 적격' 등급 국가 위주로 투자하고 있다. 이들은 큰 규모의 자산을 운용하면서 적절한 수익을 도모하고 있지만 이보다 더 중요한 것은 리스크를 줄이는 것이기 때문이다.

글로벌 기관 투자사들은 연 15% 정도 수준의 수익이 꾸준히 나면 매우 훌륭하다는 평가를 받기 때문에 무조건적인 고수익만을 추구하지는 않는다. 바로 여기에서 착안한 것이 이제 갓 투자 적격 등급에 진입한 국가에는 글로벌 투자사들의 자금 유입이 시작될 것이라는 가정이다.

아세안 10국 중에서는 태국, 인도네시아, 필리핀 3개 국가가 이에 해당하는 국가다. 검증을 위해 실제 다양한 글로벌 투자사들의 포트폴리오를 찾아보니, 해당 국가들에 대한 투자가 실제로 이뤄지는 것을 볼 수 있었다. 실제 글로벌 기관투자 리포트를 분석해 검증까지 마쳤다.

필자가 인도네시아에 좀 더 안정적으로 투자할 수 있겠다는 판단을 한 것은 독보적으로 많은 인구수를 가지고 있기 때문이다. 또한 글로벌 신용평가 3사에서 모두 '투자 적격' 국가로 분류하기 시작했기 때문에 글로벌 투자사들이 투자하기 좋은 조건을 갖추게 되었다.

아세안 10국 + 한중일 3국 신용등급(2019년 기준)

투자 적격 구분	국가명		신용등급(Mar, 2019, Wikirating/수출입은행)				
			S&P	Moody's	Fitch	OECD	수출입은행
투자 적격	싱가포르	Singapore	AAA	Aaa	AAA	0등급	A
	일본	Japan	A+	A1	A	미평가	A
	한국	Korea	AA	Aa2	AA-	-	A
	말레이시아	Malaysia	A-	A3	A-	2등급	B2
	중국	China	A+	A1	A+	2등급	B1
	태국	Thialand	BBB+	Baa1	BBB+	3등급	B2
	인도네시아	Indonesia	BBB-	Baa2	BBB	3등급	C1
	필리핀	Philippines	BBB	Baa2	BBB	3등급	C1
투자 부적격	브루나이	Brunei	n/a	n/a	n/a	미평가	-
	베트남	Vietnam	BB-	B1	B+	5등급	C1
	라오스	Laos	n/a	n/a	n/a	7등급	D2
	캄보디아	Cambodia	B	B2	n/a	6등급	D1
	미얀마	Myanmar	n/a	n/a	n/a	6등급	D1

출처 : S&P, Moody's, Fitch, OECD, 수출입은행, 헥사곤

물론 인구수나 신용등급 평가 결과가 국가의 성장을 담보하는 것은 아니다. 하지만 최근의 흐름을 보면 소비력이 뒷받침되는 인구가 많은 국가들의 성장세가 매우 두드러지는 것이 사실이다. 인구가 많고 신용등급이 높은 국가에 외국인들의 투자가 더 집중되는 것만 봐도 알 수 있다.

뿐만 아니라 인도네시아의 GDP 총액 또한 아세안 시장에서 독보적으로 높다. 이에 반해 1인당 GDP는 아직 낮기 때문에 앞으로의 성장 가능성을 좀 더 높게 봤다. 투자 적격 단계를 갓 넘어선 태국, 인도네시아, 필리핀 3국 중에서는 단연 인도네시아가 돋보인다.

다음으로 한국의 많은 기업이 진출하고 있는 베트남을 한번 살펴보자.

사실 베트남은 '투자 부적격' 등급을 받았기에 투자 리스크는 앞의 3개국보다 크다. 그럼에도 불구하고 과거 유교 문화권의 영향으로 한국과 정서적으로 잘 맞는다는 점, 항공기 이용 시간이 4시간 30분 정도로 타 아세안 국가들에 비해 한국에서의 이동 거리가 짧다는 점, 공산주의 문화의 영향으로 한국의 군대식 상명하복 구조에 매우 익숙하다는 점 등이 한국 사람들을 이끄는 매력 요인이 아닌가 싶다.

특히나 베트남은 주변에 국경을 맞대고 있는 미얀마, 라오스, 캄보디아 등의 국가와 비교했을 때 투자 조건이 모든 면에서 월등히 뛰어나다. 인도네시아의 2010년도 신용등급이 현재 베트남의 상황과 유사하다는 점에서 인도네시아의 과거 모습을 지금의 베트남에 투영해볼 수도 있다.

실제로 이 두 개의 국가를 집중적으로 연구하면서 다양한 부분이 시간차를 두고 반복적으로 발생하는 것을 확인할 수 있었다. 이중 한 가지 예를 들자면, 인도네시아는 과거 30년 전부터 단순 제조업이 발달해 급성장했지만 지금은 구조조정을 겪고 있다. 약 10여 년 전부터 봉제업을 시작으로 진행된 구조조정은 지금 거의 막바지 단계에 이른 것으로 보인다. 이는 단순 제조업에서 벗어나 고급 요소의 제조업으로 탈바꿈하는 과정이라고 볼 수 있다. 이에 반해 베트남은 지금 단순 제조업의 성장이 두드러지는 시점이다. 베트남은 특히 봉제업 분야를 시작으로 구조조정이 이미 시작되고 있는데, 이는 인건비 상승으로 인해 필연적으로 발생할 수밖에 없다.

현재 필자의 회사에서는 인도네시아에서 진행되는 제조업 관련 컨설팅을 실무적으로 꽤 많이 하고 있다. 이중 대부분이 가업 승계 문제나 공장 이전, 구조조정, 공장부지 매각 등에 관련한 사항이다. 베트남에서는 바로 이러한 일들이 앞으로 10년 후까지 지속적으로 발생할 것으로 보고 있다. 실제로 2018년에는 베트남 동나이성, 호찌민, 다낭 등에서 크고 작은 섬유 회사들의 야반도주 소식이 들려왔다(글로벌이코노믹, 〈베트남 정부, 야반도주 한국 기업들에 칼을 빼 들었다〉 기사 참조). 이러한 일들은 과거 중국에서도 발생했었고 인도네시아에서도 10년 전부터 발생하고 있는 현상이다.

인도네시아는 이러한 단순 제조업의 구조조정이 거의 막바지 단계에 들어섰다고 보고 있다. 이중 마지막까지 살아남은 제조업체들은 시장 장악을 통해 파괴적인 성장세를 보이고 있다. 필자는 이렇게 현지의 실제 상황을 통해 얻은 통찰력을 투자에 활용하고 있다.

베트남 시장 이후에 투자할 만한 나라들로는 미얀마, 캄보디아, 라오스 등을 꼽을 수 있다. 이중에서도 인구가 5,000만 명이 넘는 미얀마가 가능성이 있지 않을까 생각하고 있다. 다만 이 국가들은 아직 제대로 된 증권 시장이 형성되지 못했기 때문에, 기업가들의 외국인 직접투자(FDI)가 먼저 선행되어야 한다.

신용평가 1등급인 싱가포르는 인구가 적고, 1인당 GDP 수준이 이미 한국보다 높은 선진국에 속해 있어 우리가 투자하기에는 적절치 못하다는 생각이 든다. 신용평가 등급 기준 2등 국가인 말레이시아는 인구수가 3,000만 명이 조금 넘는 수준으로 내수 시장이 작아 장기적인 성장에는 한계가 있다.

아직 명확한 계획이 있는 것은 아니지만 상대적으로 인도네시아와 베트남에 밀렸던 필리핀, 태국 두 국가와 베트남 이후 성장이 기대되는 미얀마에 대해 좀 더 연구한 후에 책에서 자세히 다뤄볼 수 있지 않을까 생각한다.

인도네시아를 다룬 책 이후 베트남을 추가하는 데 3년 정도가 걸렸지만, 지금은 리서치 팀이 있으니 좀 더 빨리 다음 책이 나올 수 있지 않을까 싶다.

베트남 & 인도네시아 주식 시장이 매력적인 이유

현재 한국의 투자자들이 매우 중요하게 생각해야 할 사항 가운데 잘못 인식하고 있는 것이 있어 짚고 넘어가고자 한다. 바로 아세안 국가를 두루뭉술하게 하나로 묶어 생각하는 습관이다. 아세안이란 동남아시아국가연합(Association of South-East Asian Nations)의 줄임말로 정치, 경제, 문화적으로 서로 협력하고 있는 동남아시아의 10개 국가를 말한다. 현재 아세안은 인도네시아가 수장국이며, 전체 총인구가 7억여 명, 2018년 명목 GDP 기준 2조 9,000억 달러라는 거대한 경제 공동체를 이루고 있다(1995년 베트남, 1997년 라오스·미얀마, 1999년 캄보디아가 차례로 가입하여 10개국으로 늘어났으며, '아세안 10(ASEAN 10)'이라고도 불린다). 아무래도 아세안에 속하는 개별 국가들에 대한 전문가가 부족하다 보니 '베트남 + 아세안' 혹은 '인도네시아 + 아세안' 이런 식으로 묶어서 바라보는 시각이 있는데 이는 매우 잘못된 접근 방법이다.

아래 표를 보면 단박에 알겠지만 아세안의 각 국가들은 제각기 시차를 두고 발전 단계를 밟아가고 있다. 해당 국가 간의 경쟁으로 인해 뒤처지는 국가도, 먼저 앞서가는 국가도 생기고 있는 형국이다. 그러니 10개의 다른 국가를 하나의 지역으로 묶어서 생각하는 것은 말도 안 되는 일이라는 것을 알 수 있다. 아래 표에서는 아세안 국가의 발전 단계

아세안 10국 + 한중일 3국 주요 지표(2018년 기준)

국가	1인당 GDP (USD)	GDP (bil USD)	인구수(mil)	중위연령
일본	38,428	4,872	126.7	48
한국	29,742	1,530	51.4	43
중국	8,826	12,237	1,386.4	39
싱가포르	57,714	323	5.6	42
말레이시아	9,951	314	31.6	30
태국	6,595	455	69.0	40
인도네시아	3,846	1,015	264.0	29
필리핀	2,988	313	104.9	25
브루나이	28,290	12	0.4	32
베트남	2,342	223	95.5	33
라오스	2,457	16	6.8	24
캄보디아	1,384	22	16.0	26
미얀마	1,256	67	53.3	29

출처 : Worldomaters, WB, 헥사곤

를 가늠해보기 쉽게 1인당 GDP 순서로 배치를 했다. 실제로 아세안 국가 대부분은 종교, 정치, 문화, 민족, 역사 등에서 서로 매우 다른 성격을 지니고 있고 지리적으로도 멀리 떨어진 곳이 많기 때문에 절대로 이러한 점을 간과해서는 안 된다.

이중 싱가포르는 가장 먼저 개발된 국가라고 볼 수 있는데 560만 명이라는 매우 적은 인구를 가지고 있는 도시 국가다. 이 때문에 금융 특성화와 이민 활성화 정책을 펼쳤고 이를 통해 아시아의 금융 중심지 중 하나로 성장했다. 이러한 과정을 통해 1인당 GDP는 일본보다 높은 5만 7,000달러에 이르며, 얼마 안 가 6만 달러를 넘어설 것으로 보인다. 이는 위 표에 있는 국가 중 가장 높을 뿐만 아니라 세계 10위권 내에 속하며 미국과도 비슷한 수준이다.

이에 반해 우리가 집중적으로 살펴볼 인도네시아는 이제 갓 3,800달러를 돌파한 수준이라 싱가포르와 비교가 안 될 정도로 뒤처져 있다. 하지만 인구가 매우 많고 국가 면적이 넓어 단순 비교를 하면 안 된다. 인도네시아의 수도인 자카르타라는 도시만 보더라도 이미 인구가 1,000만 명이 넘는 수준이다. 1인당 GDP는 1만 7,000달러를 넘기고 있어, 이 지역의 수준만 놓고 보면 중국의 총인구 1인당 평균 GDP 수준보다 높다. 또한 자보데따백(JABODETABEK, 자카르타, 보고르, 데뽁, 땅그랑, 브까시를 아울러 자보데따백이라고 칭한다. Greater Jakarta라고도 하며, 한국의 수도권과 같은 개념이라고 볼 수 있다)이라 불리는 수도권 인구를 모두 합하면 3,500만 명에 이른다.

싱가포르는 인구의 33%가 불교임에도 불구하고 매우 엄격한 법령이 있다. 법적으로 인정하는 태형이 아직도 존재하며, 이를 통해 강력한 범죄 억제 정책을 펼치고 있다. 태형은 주로 이슬람에서 행해지는 문화인데, 인구수 기준으로 세계에서 가장 많은 이슬람 인구를 자랑하는 인도네시아에는 오히려 태형이 없다. 인도네시아는 매우 느슨한 이슬람 종교관을 가지고 있다.

한 가지 더 예를 들자면, 말레이시아와 인도네시아는 '말레이어'라고 하는 같은 언어를 사용한다. 이 두 국가의 음식과 문화 역시 매우 유사하며, 위치도 인도네시아 깔리만딴(인도네시아어 : Kalimantan, 말레이어 : Pulau Borneo) 섬 국경을 맞대고 있을 정도로 매우 가깝다. 이웃 나라니 가까울 법도 한데 사사건건 싸우며 견원지간(犬猿之間)처럼 지내고 있다.

거기에는 역사적인 배경이 있는데 궁금한 분들은 한번 살펴보시기 바란다. 실제로 이들은 같은 언어를 사용할 뿐이지 발음이나 의미 등이 다르고 서로 대화가 통하지 않아 영어로 대화를 나눈다. 어떻게 이런 아세안 국가들을 하나로 묶어 해석할 수 있겠는가?

많은 인구수와 젊은 인구

베트남과 인도네시아는 인구가 매우 많은 나라다. 올해 인도네시아는 2억 7,000만 명, 베트남은 수년 내로 1억 명을 돌파할 것으로 보인다. 단순히 인구가 많은 것으로 두 국가의 투자 매력도를 충분히 설명하지 못한다. 여기에 1인당 GDP까지 고려하면 타 아세안 국가보다 더 빠르게 성장 중이라는 것을 알 수 있다. 특히나 현재 인도네시아의 총 GDP는 1조 155억 달러로(16위) 한국의 1조 5,302억(12위)달러와 비교했을 때 순위나 숫자에서 큰 차이가 나지 않는다. 2050년에는 세계 4위의 강대국이 된다는 전망도 있으니, 그 위상을 가히 짐작할 수 있다.

현재 인도네시아의 중위연령은 29세이고, 베트남의 중위연령은 33세이다. 한국, 중국, 일본 등 먼저 성장한 국가들에 비하면 매우 젊고 역동적인 국가라는 것을 알 수 있다. 주변국과 먼저 성장한 아시아 시장의 고령화가 진행된다면 자연스럽게 중위연령이 낮은 국가들로 자본이 이동해갈 것이며, 여기에서 파생되는 성장의 수혜를 고스란히 얻을 수 있을 것이다.

앞으로 기대되는 임금 수준의 증가

베트남과 인도네시아의 최저임금 수준은 한국의 90년대 후반과 비슷하다. 최근에 우리나라의 최저임금이 급격하게 오른 부분을 좀 감안해야 하지만, 그냥 단순하게 비교해 보자.

한국의 최저임금은 월 급여 기준으로 170만 원 정도다. 인도네시아의 현재 최저임금은 33만 원이고, 베트남은 21만 원 수준이다. 두 국가가 지속적으로 성장해 우리나라 수준으로 임금이 계속 오른다고 가정했을 때 인도네시아는 지금의 5배, 베트남은 9배나 임금이 증가할 가능성이 있다.

아래 그래프의 임금 증가를 보더라도 한국의 임금은 이미 매우 높은 수준이다. 상대적으로 베트남과 인도네시아는 앞으로 지속적으로 임금이 상승할 것임을 쉽게 예측할 수 있다.

그래프를 보면 인도네시아의 임금 수준이 한국보다 20여 년 뒤처져 있음을 알 수 있다. 마찬가지로 베트남의 임금은 한국보다는 약 27년, 인도네시아보다는 약 7년 뒤처져 있다.

한국이 1993년도를 기점으로 문민정부가 최초로 탄생하고 금융실명제 등 각종 금융 개혁을 진행했는데, 현재 인도네시아의 모습이 이와 비슷한 상황이다. 2014년 탄생한 최초의 민간 출신 대통령인 조코 위

한국, 인도네시아, 베트남 최저임금(2019년 기준)

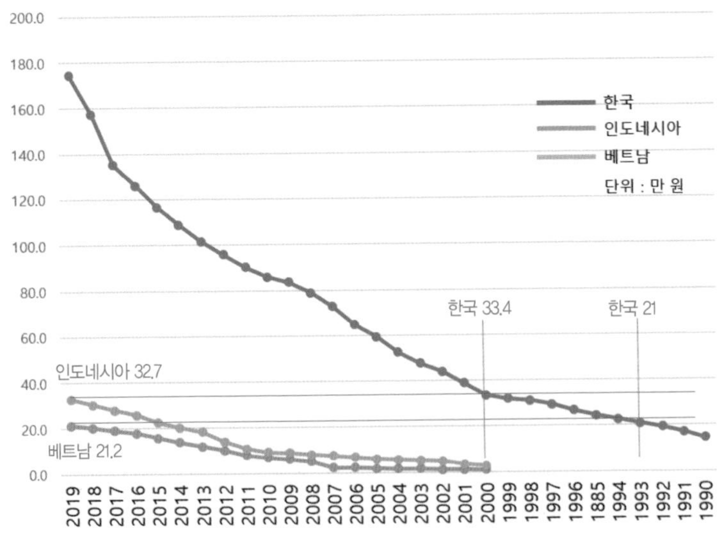

출처 : wageindicator, tradingeconomics, 헥사곤

도도 정부는 조세사면 프로그램(Tax Amnesty program)을 통해 세금 포탈 목적의 해외 자금을 국내로 들어올 수 있도록 유도했다. 이를 통해 확보된 자금을 인프라 투자에 집중하겠다는 목표를 세우고 있는데 그 성과에 대해서는 비판도 많이 있다. 성공 여부를 떠나서 금융 개혁을 위한 움직임이라는 점에서 한국의 과거와 매우 유사하다.

이런 최저임금 차이를 통해 베트남이 인도네시아보다 약 10여 년 뒤처져 있다는 점 또한 확인이 가능하다. 베트남이 인도네시아보다 임금 수준이 더 높다고 생각하거나 성장이 더 앞섰다고 생각하는 분들이 많은데, 이는 사실이 아니다. 물론 향후에 이 속도가 더 빨라져 앞서갈 수는 있으나 현재 기준으로는 모든 분야에서 인도네시아의 성장 단계가 베트남보다 더 빠르다.

우리가 투자해야 하는 자본 시장 또한 마찬가지다. 따라서 두 국가에 대한 투자는 각기 다른 전략이 필요하다. 인도네시아 증권 시장 변화를 10년간 지켜본 필자로서는 앞으로 베트남 증권 시장이 어떻게 변화할지 그 모습이 참 기대된다.

빠르게 성장하는 자본 시장

다음 그래프는 한국 인도네시아 베트남의 시가총액 변화와 상장 종목수 변화를 나타낸 것이다. 한국의 경우 IMF 이후, 자본 시장 개방으로 인해 시가총액이 급격하게 증가하는 것을 볼 수 있다.

한국, 인도네시아, 베트남 자본 시장 변화(2018년 기준)

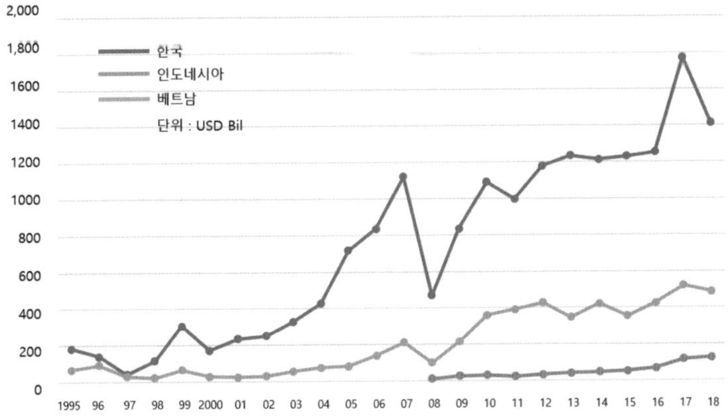

한국, 인도네시아, 베트남 시가총액 변화

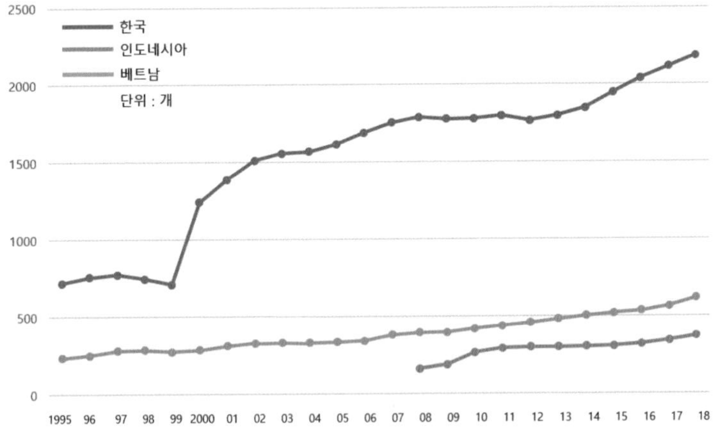

한국, 인도네시아, 베트남 상장 종목수 변화

출처 : WB, 혁사곤

인도네시아는 자카르타, 수라바야 거래소 통합(2007년 완료) 기대감으로 2005년부터 빠르게 성장하고 있음을 알 수 있다. 자카르타 종합증시는 2005년 1,000포인트로 오픈했고 2017년 말 기점으로 주가지수가 6,000포인트를 돌파했다. 그리고 이 기간 동안 인도네시아 종합주가지수는 6배 이상 올랐다. 시장 평균수익률을 낸다고 가정했을 때 망하지 않는 기업을 보유하고 있었다면 최소 6배의 수익을 얻을 수 있었던 것이다(물론 지수가 상승했다고 모든 종목의 주가가 올랐다고 볼 수는 없다).

상장 종목수를 보더라도 2005년 336개 기업에서 2018년 619개로 두 배 가까운 성장을 보이고 있다. 한국의 경우 2000년대 들어 IT 버블과 상장 붐이 일면서 상장 종목수 또한 급격하게 늘어나기 시작했는데, 만약 인도네시아의 자본 시장이 성장해 기업들의 주식 상장 열풍이 분다면 그 성장 엔진의 위력은 대단할 것이라 기대된다.

한편 베트남은 2008년 이후의 자료만 있는데 아무래도 이제 시작하는 시장이기 때문에 제대로 된 기록을 찾기가 어려운 실정이다. 실제로 가장 규모가 큰 베트남 호찌민 증권 거래소는 2000년도에 개소했다. 한국은 ① '시가총액의 급격한 증가'와 ② '상장 종목수의 급격한 증가' 두 가지를 모두 거쳤고, 인도네시아는 ① '시가총액의 급격한 증가'만 거쳤다. 이에 반해 베트남은 아직 ① '시가총액의 급격한 증가' 단계도 시작이 안 된 것으로 본다면, 앞으로 성장할 자본 시장의 가능성에 대한 기대가 매우 클 수밖에 없다. 어느 정도 성장할지 예측할 수는 없지만 인도네시아의 사례를 참조해 꾸준히 연구한다면 아마도 높은 수익을 얻을 수 있지 않을까 싶다. 이러한 사례 연구를 위해 몇 가지 유의미

인도네시아, 베트남과 한중일 3국 증권 시장 주요 지표(2018년 기준)

국가	시가총액 (USD bil)	상장 종목수	증권 계좌수	PER	PBR	ROE
일본	5,296.811	3,652	-	14.9	1.1	-
한국	1,413.716	2,186	2,702만	10.94	0.95	8.7
중국	6,324.879	3,584	-	12.3	-	-
인도네시아	486.765	619	162만	15.2	2.2	17.7
베트남(HOSE)	124.344	373	220만	16.73	4.22	19.19

출처 : Worldbank, Vietnamplus, Kofia, KSEI, 혁사곤

한 수치를 비교한 것이 위의 표다.

한국 증권 시장의 시가총액은 1,413억 달러로 인도네시아 486억 달러의 2.9배, 베트남 124억 달러(HOSE 시장 기준)의 11.4배이다. 앞으로 인도네시아와 베트남의 증권 시장은 더 확대될 것으로 예상된다. 현재 기준으로 인도네시아의 인구는 한국의 5배이며, 베트남은 한국의 2배이므로 두 국가가 향후 한국과 유사한 수준으로 성장한다면 증권 시장의 성장 또한 매우 괄목할 만할 것이라 예상할 수 있다.

2018년 말 기준 한국의 증권 계좌수는 2,702만 개다. 베트남은 이제 220만 개로 한국의 증권 계좌수만큼만 시장이 성장한다면 앞으로 12배나 성장해야 한다. 인도네시아의 증권 계좌수는 이제 겨우 162만 개 수준으로 베트남보다 더 낮은 수치다. 이런 실정이기 때문에 인도네시아 정부는 자본 시장을 지속적으로 육성하기 위해 다양한 시도를 하고 있다. 이런 의지를 보여주기 위한 예로 인도네시아 샤리아 인덱스(ISSI,

Indonesia Sharia Stock Index)와 자카르타 이슬라믹 인덱스 70(JII70, Jakarta Islamic Index70)을 만들어 발표하기도 했다. 또한 각종 연기금 시스템의 확대로 기관들의 자본 시장 참여도 크게 늘어날 전망이다. 이렇게 국가 차원에서 자본 시장 육성을 위한 다양한 활동을 진행하고 있으니 앞으로 자연스럽게 성장이 진행될 것으로 보인다. 이런 활동에 힘입어 지난해 SID(Single Investor Identification, 투자자확인번호다. SID는 인도네시아어로 'Nomor Tunggal Identitas Pemodal'라고 표기하며 증권계좌를 가지고 있는 투자자 관리번호를 말한다)가 44.24% 급증하며 증권계좌 숫자가 빠르게 늘어나고 있다.

베트남 & 인도네시아 주식 시장, 아직도 저평가되어 있다

앞에서 인도네시아와 베트남 주식 시장의 성장 가능성에 대해 살펴보고 나니 머릿속에 한 가지 의문이 생긴다. 혹시 두 나라의 주식 시장이 과도한 평가를 받고 있는 것은 아닐까 하는 의문이다. 특히 베트남의 경우 '언론을 통해 매일 다양한 소식이 들려오는데 괜찮나?'라는 생각에 필자 또한 어떤 방법으로 시장을 평가해야 할지 고민했다.

그렇게 해서 나온 방법 중 하나가 바로 앞서 소개한 신용등급에 따라 '투자 적격' 국가와 '투자 부적격' 국가를 구분하는 방법이었다. 그런데 베트남의 경우 '투자 부적격' 국가이기 때문에 해당 기준으로 평가하기는 어렵다. 그렇다면 베트남에 투자하면 안 되는 것 아닌가 생각할 수도 있다.

10년 전 인도네시아의 신용등급은 현재의 베트남과 유사한 수준이었고, 그때 이후로 6배의 시가총액 상승이 있었다. 베트남 투자를 포기한다면 이러한 성장 가능성을 포기하는 것이나 다름없다.

필자는 지난 10여 년간 인도네시아 자본 시장의 성장을 가까이에서 지켜봤기 때문에 현재의 신용등급이 낮다고 절대 포기할 수 없었다. 그렇다고 해서 다른 국가들에 일반적으로 통용되는 국가 PER, PBR은 적용하기 어려웠다(절대적인 기준은 아니나 일반적으로 증권 시장에서 회사를 평가할 때 PER은 10 이하, PBR은 1 이하일 때 저평가되어 있다고 이야기한다).

고성장 국가인 인도네시아와 베트남의 경우 먼저 성장한 국가들보다 지표 값이 더 높게 나올 수 있기 때문이다. 실제로 2018년 기준 한국의 PER은 약 11이고, PBR은 0.95다. 이에 비해 인도네시아는 PER이 15, PBR이 2.2이고, 베트남은 PER이 약 17, PBR은 4.2여서 상대적으로 고평가되고 있다고 판단하기 쉽다. 그래서 여기에 평가 방법을 한 가지 더 추가했다. 바로 'GDP 대비 시가총액'이다. 이는 워런 버핏이 2000년 초반 주장했던 내용으로 이에 공감한 많은 투자자들로부터 '버핏 인디케이터'라는 이름으로 불리며 사용되고 있다. 일반적으로 한 국가의 주가지수가 저평가 혹은 고평가되어 있는가를 판단할 때 쓰인다.

워런 버핏이 처음 이 평가 방법을 주장할 때 "시가총액이 국가 GDP의 70~80% 수준이라면 저평가되었다"라는 논리를 폈다. 실제로 2008년 서브프라임발 위기 이후 온갖 부정적인 뉴스가 난무할 때 버핏이 "이제는 BUY 할 때다"라고 말할 수 있는 원동력이 되기도 했다. 이후 미국 증시가 빠르게 회복하며 버핏 인디케이터의 저력을 보여줬다. 이게 어떤 의미인지 초보 투자자 분들을 위해 간단하게 설명 드리려고 한다. 아마 PER을 이해하고 있는 분들은 좀 더 이해가 편할 것이다.

1. 한 국가를 기업이라고 가정해보자.

1년간 전체 기업의 총매출(생산)은 한 국가의 총생산(GDP)이 될 것이다.

⋯▸ A. 모든 기업의 총매출(생산) = ⓐ 국가의 총생산(GDP)

2. 모든 기업의 시가총액의 합을 한 국가의 가격이라고 가정해보자.

⋯▸ B. 모든 기업의 시가총액 = ⓑ 국가의 가격

3. B. 시가총액을 A. 모든 기업의 총매출로 나눠 비율을 뽑아낸다. 그러면 이것이 바로 1년간 전체 기업의 시가총액 대비 매출이 된다.

⋯▸ C. 시가총액 대비 매출 = A/B

이것이 바로 당해 연도에 특정한 가격으로 거래되는 모든 기업(시가총액의 합)의 가격과 대비했을 때 1년간 얼마만큼의 생산(매출)이 가능한지 나타내는 비율이 되는 것이다.

버핏 인디케이터의 계산

$$\frac{\text{B. 기업의 시가총액}}{\text{A. 기업의 총매출(생산)}} \div \frac{\text{ⓑ 국가의 가격}}{\text{ⓐ 국가의 총생산(GDP)}}$$

마찬가지로 이를 국가에 적용하게 되면 ⓒ 국가의 가격 대비 생산(GDP)이 되는 것이다. 일정 가치로 평가되는 국가에서 총 얼마만큼의 생산이 가능한지를 나타내는 지표라고 보면 된다.

한 국가의 주식 시장의 전체 상장기업 가치를 모두 더한 가치를 국가의 가격(B=ⓑ), 기업의 총매출액을 국가의 총생산(GDP)(A=ⓐ)이라 보고 'B. 모든 기업의 시가총액 / ⓐ 국가의 총생산'을 계산해서 나타내는 것이 바로 GDP 대비 시가총액이다.

최근 들어 '버핏 인디케이터'로 통용되기 때문에 그렇게 부르도록 하겠다. 물론 이 수치는 오랜 기간 검증하고 연구되어 온 PER, PBR 등과

한국, 인도네시아, 베트남 버핏 인디케이터(2018년 기준)

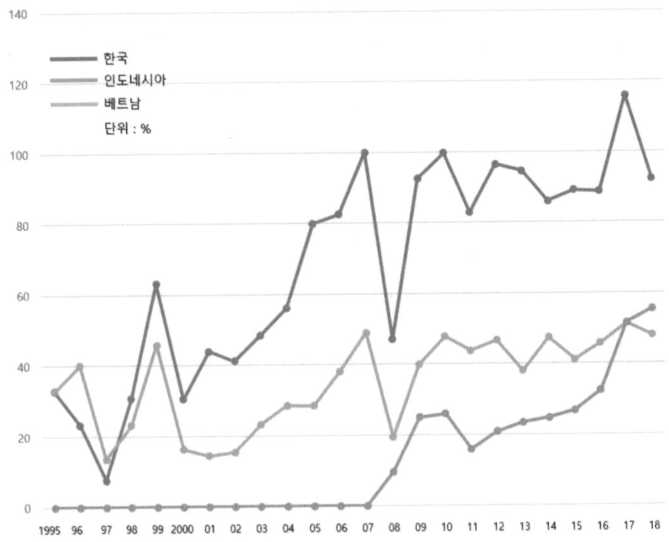

출처 : WB, 혁사곤

같은 신뢰도를 보인다고 할 수는 없다. 다만 한 국가의 주식 시장이 고평가되었는지 저평가되었는지 간편하게 가늠해볼 수 있는 기준을 마련해준 것이라 할 수 있다.

이 버핏 인디케이터를 적용하면 인도네시아와 베트남 시장이 현재 고평가되었는지 여부를 가늠해볼 수 있다. 한국은 최근 들어 GDP 대비 시가총액이 100% 수준에 근접해 움직이고 있기 때문에 저평가되어 있다고 하기 어렵다. 또한 최근의 미국 시장은 140%를 넘어가고 있기 때문에 고평가되어 있다는 경고의 목소리도 나오고 있다.

이에 반해 신흥 성장국인 인도네시아는 2018년 기준 48% 수준, 베트남은 55% 수준에 머물러 있다. 특히 베트남의 경우는 인디케이터 수치가 급격하게 상승하고 있음을 확인할 수 있다. 인도네시아의 증권 시장이 2005년부터 급성장했던 것처럼 베트남 증권 시장도 유사하게 성장하고 있는 것이 아닐까 판단할 수도 있다. 이후에 조정 과정이 있었기 때문에 이러한 점은 주의해야 할 것이다.

하지만 조정을 통해 하락하더라도 저평가 국가인 두 국가는 빠르게 회복할 것이다. 이 모든 평가 결과를 볼 때 두 국가의 증시가 여전히 저평가되었다는 사실에 공감할 수밖에 없다. 물론 앞으로 두 국가의 지속적인 성장이 선행되어야 한다.

따라서 우리는 이 두 국가가 잘 성장할 수 있도록 선진국 자본가로서 적절하게 투자해야 할 것이다.

인도네시아 종합지수 흐름과 필자의 수익률

필자가 첫 책에서 소개했던 종목은 모두 업종을 대표하는 종목이었다. 증권 시장 자체의 성장이 진행되면 자연스럽게 업종 대표 1등 종목의 성장이 지속될 것으로 생각했기 때문이다. 그런데 실제 책이 처음 출간된 2015년 말에는 6개월 이상 하락하는 조정 과정이 진행되고 있었다. 전 세계의 증시가 불안했고 부정적인 뉴스와 전망이 계속되던 시기였다.

특히 신흥국인 인도네시아는 2007년 금융 위기 조정 이후 7년 이상 지속적으로 오르며 300% 이상 상승했었다. 이런 종합주가지수 추이를 지켜보면서 '과연 추가 상승이 가능할까'라는 의문이 투자자들 사이에 팽배해 있었다. 당시 강연을 할 때마다 같은 질문이 반복되었고, 이에 대해 답변하기 위해 미국 증시의 과거 그래프를 보여주며 투자자들을 설득하는 과정을 반복했다.

인도네시아 증시 상승 그래프와 유사하게 급상승 중인 그래프를 먼저 보여주고, 어떤 그래프인지 맞춰보도록 했다. 대답을 듣고 난 다음에 앞서 보여준 급상승 그래프가 미국의 1990~2000년 10년간의 증시 상승분이라는 것을 밝혔다. 미국 증시도 과거에 급등한 것처럼 보이지만, 시야를 넓혀 35년간의 증시 추이를 확인해 보면 매우 미미한 상승이었다는 논리였다.

국가의 성장에 발맞춰 주식 시장이 지속적으로 성장한다면 앞으로도 종합주가지수가 계속 상승할 수 있다는 주장을 한 것이다. 당시에도

지난 35년간의 미국 다우지수 추이

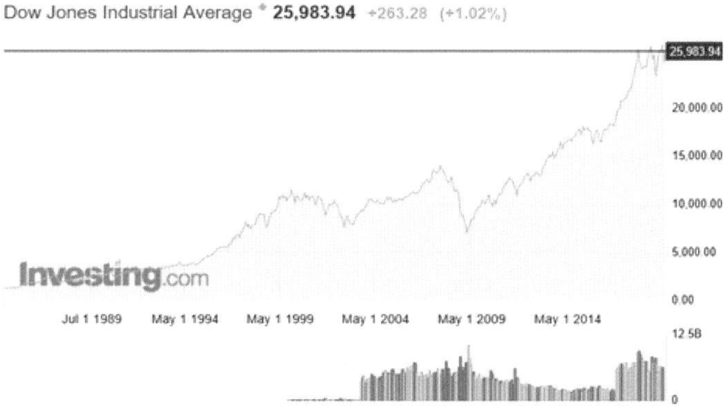

출처 : investing.com

굉장히 설득력 있는 주장이었는데 시간이 지나고 보니 실제로 인도네시아의 종합주가지수는 지속적으로 올랐다. 경제가 성장하는 국가의 증시 상승은 당연한 것이다. 역으로 성장이 멈추거나 지지부진한 국가의 증시는 힘을 못 쓴다.

2015년 초 5,500포인트에서 연말 4,400포인트 부근까지 떨어졌던 종합 증시는 필자의 첫 책 출간 이후 지속적으로 상승하여 전고점인 5,500포인트를 넘었고, 2019년 상반기 6,500포인트까지 올라온 상황이다. 과거 2018년 초 6,700포인트 부근을 찍었으나 미·중 무역전쟁 이슈로 인해 5,700 근방까지 무너졌다가 다시 반등해 6,500까지 올라왔다.

첫 책 출간 시점에는 저점인 4,400포인트에서 32% 상승했고 전고점인 5,500부터 잡더라도 15%가량 상승했다. 따라서 첫 책이 나온 시점부터 투자한 사람은 지수에만 투자했다고 하더라도 32%나 상승했고 연간수익률로 따지면 단리로 단순 계산해도 8%가 넘는다.

종목을 잘 공부해 더 높은 상승을 기록한 개별 종목에 투자했다면 더 높은 수익률이 나왔을 것이라 생각한다. 필자 또한 개별 종목 투자로 2015년 전체 포트 평균 수익률 30%, 2016년 150%, 2017년 300%, 2018년 30% 정도의 수익을 냈다.

LESSON 02

베트남 & 인도네시아 주식 투자, ‘원칙과 실천 테크닉!’

신흥국 투자, 어떻게 시작해야 할까?

자, 이제 베트남과 인도네시아에 좀 더 적극적으로 투자해야겠다는 생각이 들었을 것이다. '어떻게 정보를 얻고 투자해야 하지?' 하는 걱정이 앞선다면 이번 장을 참고하면 된다.

많은 분이 한국 플랫폼 이용 시 발생하는 기본 수수료로 인해 신흥국 투자에 진입 장벽을 느끼고 있다. 하지만 미국이나 중국 주식의 수수료가 낮아진 것처럼 베트남과 인도네시아 또한 시간이 지나 점차 이용자가 많아지면 더 이상 높은 수수료를 내지 않아도 될 것이다.

베트남, 인도네시아 주식 투자를 고려하는 분들 중에는 기본 수수료라는 허들 때문에 현지 계좌를 통해 거래해야 하는지, 아니면 한국의 증권사를 통해 거래해야 하는지 고민하는 분들이 꽤 많은 것 같다. 필자 또한 처음에는 그랬고 실제로 현지 계좌도 써 봤기 때문에 여기에 대해 명쾌하게 답변을 드릴 수 있다.

"전혀 쓸 데 없는 고민이다."

실제로 필자는 베트남 현지 증권사 SSI, VCSC 상위 두 곳의 증권 계좌와 인도네시아 현지 미래에셋대우증권과 파트너사인 RHB, CIMB 증권 등 총 5개의 해외 계좌를 가지고 있다. 베트남 투자에는 SSI와 VCSC를 사용 중이고 인도네시아 투자에는 미래에셋과 RHB 두 개를 활용 중이다.

베트남의 경우 불과 2년 전에는 당시 한국계 증권사보다 현지 증권사의 정보가 질이 높았다. 최근 다시 조사해보니 현지 한국계 증권사의 정보 또한 그 수준이 많이 높아졌다. 더군다나 현지에 있는 한국계 증권사에서는 무료 영문 리포트가 발행되고 있고, 이는 계좌를 개설하지 않아도 확인이 가능하다. 몇몇 증권사에서는 한글 리포트도 발행하고 있으니 이런 것만으로도 정보는 충분히 차고 넘칠 것이다.

정보를 얻을 곳이 없다는 말은 옛말이다. 현지 증권사의 경우는 계좌를 만들어야 정보를 볼 수 있는 곳이 많다. 부족함을 느끼는 분들은 〈헥사곤〉에서 제공하는 서비스를 구독하면 된다. 현재 〈베트남 기업 분석 160〉이라는 보고서를 통해 매주 산업별로 의미 있는 종목을 비교 분석하는 보고서를 발간하고 있다.

필자의 경우 베트남 계좌를 실제 거래하는 데 쓰고 있지는 않고, 매일 날아오는 정보를 얻는 용도로 활용 중이다. 현지 증권사에서 발행하는 정보들은 카페 등을 통해 지속적으로 공유해드릴 예정이다. 그 때문에 여러분들이 현지 계좌를 쓸 이유는 더더욱 없어졌다. 직접 자료를 활용해 보니, 개인이 한 개의 증권사에서 매일 날아오는 현지 투자 정보를 소화하기란 여간 어려운 일이 아니었다.

필자는 베트남과 인도네시아 투자를 위한 기본 수수료를 내가며 한국에 있는 증권사를 통해 현지 거래를 하고 있다. 그렇게 자꾸 해야 한국의 증권사들이 더 저렴한 가격에 더 좋은 서비스를 제공할 수 있다고 생각하기 때문이다.

실제로 인도네시아 현지 계좌를 운용하면 수익 발생 시 직접 세금 신고를 해야 하는 문제가 생긴다. 한국 증권사 계좌는 증권사에 따라 무료로 해주거나, 몇만 원 정도를 받고 신고 대행 업무를 대신 해주고 있다.

"수익이 나면 그냥 신고하지 않고 베트남이나 인도네시아에 직접 가서 빼서 쓰면 되지 않느냐?"라고 생각할 수도 있는데, 조세 조약을 통해 모든 정보가 공유되고 있으니 이런 생각은 하지 않는 것이 좋다.

뿐만 아니라 여러분들이 개설한 현지 은행 계좌는 외국인 대상 투자 전문 계좌이기 때문에 증빙이 안 된 현금은 인출이 되지 않는다. 그리고 현지 투자로 큰돈을 벌었다면 한국에 신고하고 세금을 내는 것이 당연하다는 사실을 명심해야 한다. 세금 신고를 불법적으로 피할 방법을 찾고 있다면 이는 범죄를 저지르는 것이다.

이러한 이유로 현지 은행 예금을 팔아먹는 사기꾼들을 볼 때마다 걱정이 앞선다. 계좌 개설을 위해 왔다 갔다 하는 왕복 교통비용에 세금 신고 등의 불편함까지 고려한다면 오히려 손해를 볼 수도 있는 선택이다. 따라서 특별한 사정이 있는 경우가 아니라면 일반 개인이 투자를 위해 현지에 직접 가서 계좌를 개설하는 것은 추천하고 싶지 않다. 이 책에서도 현지 증권 계좌 개설하는 방법에 대한 정보를 공유하지만, 이는 한국에 계신 분들을 위해서라기보다는 현지에 계신 교민들을 위해 정리한 것임을 미리 밝힌다.

금융당국의 발표에 따르면 국내 거주자의 해외 현지 증권사 계좌 거래는 현행법 위반이다. 자본 시장법은 일반 투자자가 해외 주식을 매매할 때, 당국의 인가를 받은 국내 증권사만을 이용하도록 규정하고 있기 때문이다. 이를 위반할 때의 처벌 조항이 없어 처벌 사례가 아직 없지만 앞으로는 현지 계좌를 조사한 후 세금 납부를 제대로 했는지 등을 확인한 후 잡아낼 가능성이 높다. 또한 해외 주식 양도세를 제대로 신고하지 않으면 가산세뿐만 아니라 역외탈세 혐의로 처벌받을 수 있다. 국가 입장에서는 이 세금을 납부했는지 조사하는 것이 가장 확실한 방법이기 때문이다. 이런 문제점이 있다면 굳이 현지 증권 계좌를 써야 할 이유는 더 낮아진다. 한국 플랫폼을 이용해 한국 금융 산업 발전에 도움이 되는 편이 더 낫지 않을까?

아직도 세금과 수수료 때문에 신흥국 투자를 망설이고 있는가? 그렇다면 아직 내부적 요인(비체계적 위험)을 제대로 다스리지 못 하고 있는 것일 수 있다. 순서가 틀렸다. 차라리 그 시간에 수익이 많이 날 수 있는 방법을 더 공부하도록 하자. 수익이 나야 세금도 낼 것 아닌가?

신흥국에 투자하면, 우리가 외국인 투자자가 된다

자, 그럼 어떤 플랫폼을 사용하면 되는지 정해졌다. 이제 어떻게 투자해야 베트남, 인도네시아에서 수익을 낼 수 있을까?

한국에서 여러분은 개미 투자자다. 그렇기 때문에 외국인과 기관을 감당할 수 없다. 그런데 베트남, 인도네시아 주식 투자는 여러분이 외국인 투자자 입장이 된다. 이런 이점을 잘 살리자. 여러분이 투자하는 종목에 현지 개미들과 기관이 따라온다.

실제 최근 베트남과 인도네시아는 가치투자보다는 차트를 보고 투자하는 방법이 유행 중이다. 그렇다 보니 훌륭한 기업이지만 저평가된 기업이 시장에 널려 있다. 한국도 과거에는 차트를 보고 단타매매를 하는 것이 유행했었지만, 지금은 가치투자가 당연하다고 생각한다. 심지어 가치투자를 하지 않고 있음에도 가치투자자라고 이야기하는 경우도 있다.

그렇다면 베트남, 인도네시아에도 언젠가 가치를 보고 투자하는 날이 오지 않을까?

필자는 이런 부분을 고려해서 베트남, 인도네시아 투자에 접근하기 시작했다. 특히나 인도네시아에서 성과가 매우 좋았는데, 그만큼 인도네시아 주식 시장이 성숙해가고 있음을 알 수 있었다. 실제로 인도네시아 탐방 시 서점에 방문해보니 과거에는 차트 투자 일색이었던 책들이 지금은 가치투자 관련 서적들로 모두 바뀌어 있었다.

이 방법을 적용하여 찾은 회사가 바로 인도네시아의 ITMG다. 2016년 3월 기준 이 회사의 PER는 6, PBR은 0.7 정도 수준으로 매우 저렴한 수준에 거래되고 있었다. 2015년에 불거져 나온 유럽 위기 이슈로 인해 글로벌 에너지 시장이 경직되면서 주가가 꾸준히 하락했었기 때문이다. 이 회사는 석탄을 수출하는 회사인데, 2016년에 들어서면서 회사의 매출과 순익이 증가하기 시작했다.

당시에는 국제 유가가 30달러 이하로 하락하며 금융 위기가 올 것이라는 분위기가 팽배해 있었다. 하지만 필자는 최악의 뉴스가 나오는 지금이 가장 투자하기 적절한 시점이라고 판단했다. 그래서 당시 필자가 갖고 있던 인도네시아 주식 투자 포트폴리오 중 15% 정도인 2,000만 원을 ITMG에 투자했다. 당시 매수 주가는 5,000루피아 정도였고, 마침 주가가 반등하기 시작하던 시점이었다.

뿐만 아니라 이 회사는 주가 대비 배당금이 10~15%에 이를 정도로 매우 높은 배당을 하고 있었다. 지금과 같은 경기 침체 시기에 저렴한

인도땀방라야메가(ITMG)

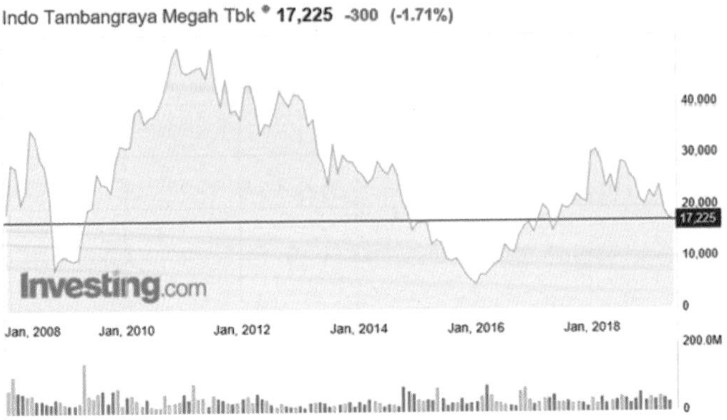

출처 : investing.com

가격에 주가가 형성되어 있으니 매우 좋은 투자 시점이라고 생각했다.

이후 국제 유가는 반등하기 시작했고 실제로 해당 회사의 석탄 가격 또한 국제 유가에 따라 반등했다. 이런 흐름에 맞춰 ITMG의 매출과 순익은 계속 증가했고, 주가 또한 계속 상승하며 2016년 연말에는 16,000루피아까지 상승하게 된다. 필자가 투자했던 2,000만 원이 300% 이상 상승해 수익이 6,000만 원이 넘은 것이다. 여기에 더해 10%의 배당금이 발생하며 300만 원 정도의 추가 수익까지 얻었다.

이 기업의 경우 거래량이 매우 작기 때문에 기관 투자자들이 접근하기 어려울 수 있다. 기관 투자자의 경우 수백억의 매수와 매도를 반복해야 하는데, ITMG의 경우는 하루 물량이 몇십 억 정도에 불과해 기관 투자자들이 매수해 들어오기에는 부담스러웠을 것이다.

향후에 해당 종목이 주목받으면서 거래량이 많아지고 주가 상승으로 덩치가 커지자, 비로소 기관 투자자들의 투자가 시작되었다. 필자가 투자한 뒤로 기관 투자자들과 불나방처럼 달려든 개인 투자자들의 매수까지 더해져 폭발적인 상승세를 보인 것이다. 필자는 20,000루피아 정도에서 적정 가격이 되었다는 판단에 모두 매도하였지만, 주가는 이후로도 30,000루피아까지 상승하는 기염을 토하기도 했다.

실제로 2018년 초에 ITMG의 주가는 최고치를 찍고 조정에 들어가기 시작했다. 이때 2분기 기업 탐방을 ITMG로 가기로 결정되었다. 2분기 기업 탐방은 ITMG뿐만 아니라 다른 에너지 기업도 포함했고, INCO, PTBA 등 타 에너지 관련 기업도 방문 점검했다.

탐방단은 사전에 원유, 석탄, LNG 시장의 전망과 기타 광물 산업에

2018년 6월 탐방 모습(ITMG)

대한 스터디를 한 다음 방문했다. 국제 유가가 급등한다면 석탄 기업 또한 가격 상승으로 이득을 볼 수 있으나, 하락세가 다시 시작된다면 마찬가지로 손실을 볼 수 있는 분야였다.

더군다나 당시의 ITMG는 PER 10 이상, PBR은 2.5 이상 구간으로 상대적으로 필자가 투자했던 시점에 비해 고평가되어 있었다. 때문에 스터디와 탐방 이후 투자 축소 결정을 내렸고, 아니나 다를까 이후 주가가 곤두박질치더니 지속적인 하락 추세를 보이게 되었다. 아마 무작정 묻어두는 장기투자를 결심했다면 가격 상승분의 상당 부분을 그대로 반납했을 수 있다. 본 종목은 최근 국제 유가의 지속적인 약세와 해당 종목의 조정으로 인해 다시 저평가 구간에 들어가기 시작했다.

이제, 베트남 주식 투자에 대해 알아보자. 베트남의 경우 아무래도 시장의 규모가 작기 때문에 아직 가치투자 방법이 잘 통하지 않는다. 기업의 구조조정이 아직 이루어지기 전이다 보니 시장 장악력이 높은 회사가 많이 없다는 특징이 있다.

때문에 저평가 주식에 투자하더라도 주목받지 못하고 큰 수익률 없이 배당금을 받는 수준이다. 규모가 작은 회사가 많다 보니 배당금 또한 현금 배당이 아닌 주식 배당이 이뤄지는 경우가 많았다. 때문에 주식 배당 이후 주가가 폭락하는 경험을 몇 차례나 겪었다. 이러한 이유로 최근 몇 년간은 큰 수익보다 시장을 관찰하는 데 더 의의를 두고 투자를 진행했다.

베트남에서도 인도네시아 같은 가치투자 방법으로 접근했다가 몇 차례 실패를 겪었다. 신규 성장하는 산업에서 저평가되어 있고 장악력이 높은 기업에 투자했으나 번번이 실패한 것이다.

만회할 방법을 고민하던 차에 새로운 아이디어가 떠올라 MCH라는 회사에 투자해보기로 했다. 사실 국내 증권사에서 MCH라는 회사를 추천하는 경우는 거의 없었고 이 회사를 아는 사람조차 드물었기 때문에 필자의 입장에서는 검증을 표방한 도전에 가까웠다. 아마 지금도 이 회사를 잘 아는 사람이 없을 거라 생각한다.

필자가 거래하던 증권사에서 베트남 온라인 플랫폼을 구축할 때 해당 종목을 무조건 거래할 수 있게 해달라고 졸랐다. 증권사에서는 얼마나 거래할지 물었고, 필자는 지금 당장 많은 양을 거래할 수는 없지만 지속적으로 거래할 것이라고 대답했다. 그러자 나중에는 증권사로부터 해당 시장에서 거래하고 싶은 기업을 뽑아 달라는 요청까지 받게 되었다. 이렇게 해당 기업에 대한 증권사의 이해도가 떨어졌던 이유는 해당 기업이 바로 업컴(Upcom) 시장에 상장되어 있는 종목이었기 때문이다.

당시 국내에서는 업컴 시장을 비상장 시장으로 인식하고 있었기 때문에 한국의 비상장주 정도의 취급을 받고 있었다. 이제 알 만한 분들은 다 알고 계시지만, 베트남의 업컴 시장은 한국의 비상장 종목과는 전혀 다른 시장이다. 오히려 코넥스 시장과 가까운 곳이라고 생각하시면 된다. 업컴 시장은 규정상 베트남의 HOSE(호찌민 증권 거래소), HNX(하노이 증권 거래소)에 상장하기 전에 필수적으로 거쳐야 하는 시장이다.

이런 사연으로 인해 필자가 거래하던 증권사는 베트남 업컴 시장 거

마산컨슈머(MCH)

출처 : investing.com

래가 가능하게 되었다. 당시 필자가 뽑아준 업컴 종목을 위주로 거래가 시작되었기 때문이다.

당시 모든 증권사에서 추천하던 베트남 종목이 바로 마산 그룹(MSN)이었는데, 필자의 기준으로는 이미 고평가 상태라고 판단하고 있었다. 그런데 마산 그룹은 인도네시아의 인도푸드(INDF) 같은 지주 회사로 실제로 사업을 하는 회사가 아니었다. 실제 각 분야의 사업을 하는 회사는 마산 그룹의 자회사들로, 그중에 상장된 Consumer(소비재) 부문이 바로 마산컨슈머(MCH, Masan Consumer)였다.

국내 증권사들은 마산의 피쉬소스와 누들 사업부 등 각종 소비재 제품에 관해 이야기하면서 실제 투자는 금융, 원자재 등 다양한 사업 분야를 영위하고 있는 지주 회사인 마산 그룹(MSN)에 하라고 외치고 있었던 것이다. 이미 인도네시아에서 지주사 인도푸드(INDF)와 실제 사업 회사 인도푸드CBP(ICBP)의 차별화된 성장을 지켜봤던 필자는 여기서 착안해 지주 회사가 아닌 실제 사업을 하는 MCH를 찾아내 투자했던 것이다.

2018년 베트남 시장이 하락장을 지속하고 있을 무렵 필자는 MCH 투자를 통해 종목 수익률 100%를 기록했다. 이 투자를 통해 2017년 말 MCH에 1,000만 원 투자해두었던 원금이 2,000만 원으로 늘어났다. 이 종목은 적정 가격에 도달했음에도 매도하지 않고 가지고 있다가 탐방 후에 매도했다.

업컴 시장에서 HOSE(호찌민 증권 거래소)로 이전 상장하는 경우 상장 즉시 2~3배 상승할 수 있는 가능성이 높다고 판단했다. 다만 실제 탐

2019년 6월 탐방 모습(MSN)

방 시 이전 상장 여부를 문의해보니 앞으로 2~3년간 계획이 없다는 이야기를 들었다. 그래서 주가가 다시 저평가되었을 때 매수하는 게 맞다고 판단했다.

이 투자를 하면서 과거 인도네시아 주식 시장의 성장 과정과 비교해보니 베트남은 업종별 1위 종목에 투자하는 전략이 아직까지도 유효할 것으로 보인다. 업종별 1위 종목이더라도 아직 시장 장악력이 높지 않기 때문에 앞으로 점유율을 늘려가거나 경쟁사를 인수 합병하면서 더 성장할 여지가 큰 것으로 보고 있다. 때문에 베트남 투자의 경우 산업구조 변화에 대해 매우 디테일하게 관찰해야 할 것이다.

이렇게 내가 투자했던 종목은 모두 기관 투자자들이 쉽게 참여할 수 없는 종목이었다. 거래량이 터무니없이 낮아 큰 금액이 들어올 수 없거나, 아직 신용등급이 낮아 기관 투자자가 투자하지 못하는 기업들이었다.

베트남의 경우 기본적으로 국가 신용등급이 '투기 등급'에 속해 있기 때문에 기관 투자자들이 선불리 덤비지 못한다. 때문에 규모가 작은 기업의 경우 더더욱 투자할 수 없다. 이런 종목들 중에서 ① 저평가되어 있고, ② 매출이 꾸준히 증가하고, ③ 독점적인 지위에 있는 회사에 투자해두면 자연스레 시장이 성장하면서 개인 투자자들과 기관의 주목을 받을 때쯤이면 폭발적인 성장을 할 가능성이 높다.

이제 베트남과 인도네시아 투자를 준비하는 여러분은 이미 개인이 아니다. 현지에서는 바로 여러분이 스마트한 '외국인 투자자'인 것이다. 이제 앞서 언급한 방법으로 기관만 이기면 된다. 그러므로 기관이 손대지 못하는 종목을 찾자.

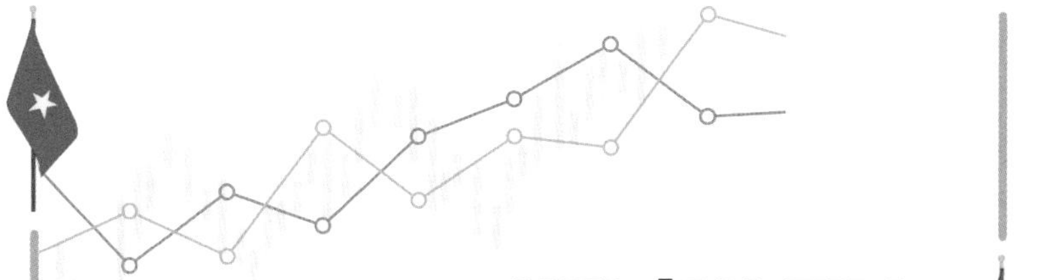

상장 회사 정보,
어디서 어떻게 구할까?

많은 투자자들이 착각하는 것이 하나 있다. 바로 베트남에 대한 투자 정보가 인도네시아 투자 정보보다 얻기 쉽다는 생각이다. 이는 일부만 맞는 말이다. 한국에서 공유되고 있는 베트남 종목에 대한 정보는 인도네시아보다 훨씬 많고 구하기도 쉽다. 그런데 조금 더 공부하기 위해 정보를 더 깊이 파헤쳐 보면 인도네시아보다 베트남 종목에 대한 정보를 구하기가 더 어렵다는 것을 쉽게 느낄 수 있다.

베트남은 기본적으로 모든 산업이 인도네시아보다 10~15년 정도 뒤처져 있다. 증권 시장 또한 마찬가지다. 단적인 예로 2007년도에 자카르타 증권 거래소와 수라바야 증권 거래소가 통합된 이후 인도네시아 증권 시장이 폭발적으로 성장했고 최근에는 홈페이지 개편과 함께 체계가 확실히 잡혔다. 반면 베트남 증권 시장은 아직까지 호찌민(HOSE), 하노이(HNX), 업컴(Upcom) 등으로 나뉘어 있다. 이중 호찌민과 하노이 시장은 통폐합 이야기가 수년 전부터 나오고 있지만 여러 가지 이유로 인해 아직 진행이 안 되고 있는 실정이다.

우리나라도 주요 시장이 코스피, 코스닥 두 개인데, '통폐합이 무슨 의미가 있느냐'라고 생각할 수 있다. 하지만 인도네시아는 자카르타와 수라바야 '지역'을 중심으로 두 개의 증권 거래소가 나뉘어 있었던 것이 통폐합된 것이다.

베트남의 호찌민과 하노이 증권 거래소도 기능이 아닌 '지역'에 기반해 나뉘어 있다는 점에서 마찬가지 경우라 할 수 있다. 실제로 하노이 증권 거래소는 제대로 된 시장 기능을 하지 못하고 있다. 심지어 신규 상장 종목 중에 많은 회사가 업컴 시장에서 머무르는 기간이 길어지다 보니, 현재는 시가총액 기준으로 하노이 시장(한화 약 10조 원)이 업컴(한화 약 46조 원) 시장보다도 더 작아지는 지경에 이르렀다. 이 때문에 통폐합 이야기가 나오는 것이다.

인도네시아의 경우 하나의 증권 거래소로 통합된 이후, 여러 가지 체계적인 정보를 제공하고 있어 증권 거래소 사이트(www.idx.co.id)만 방문하더라도 일반인들은 감당하기 어려울 만큼의 충분한 정보를 수집할 수 있다.

실제로 필자가 주로 활용하는 메뉴를 몇 가지만 소개해보겠다. 먼저 인도네시아 증권 거래소 사이트에 접속해보면 오른쪽 상단에 영어, 인도네시아어 ①EN/ID 전환 버튼이 있는데 이 부분을 클릭하면 영문으로 바뀐다. 그러고 난 후에 ② LISTED COMPANIES에 마우스를 가지고 가면 여러 가지 메뉴가 나오는데 나는 이중 ⓐ Company Profile을 가장 많이 사용한다. 이 탭을 클릭하면 상장된 회사의 기본적인 정보를 모두 확인할 수 있다.

사실 여기에 있는 정보만으로도 어느 정도 회사 파악이 가능하며, 홈페이지 링크도 되어 있어 부족한 부분은 홈페이지를 통해 정보를 얻을 수 있다.

두 번째로 많이 사용하는 탭이 바로 ⓑ Financial Statements & Annual Report인데, 찾고자 하는 회사의 분기별 재무보고서와 연간 사업보고서를 찾아볼 수 있는 페이지다. 인도네시아의 경우 공시되는 재무보고서와 사업보고서가 영어, 인도네시아어 2개 국어로 되어 있다. 그래서 영어를 잘 하시는 분들은 바로 이 두 번째 페이지만 보더라

인도네시아 증권 거래소 주요 메뉴

출처 : IDX, 헥사곤

도 회사를 파악하는 데 큰 도움이 될 것이다.

세 번째 탭은 ⓒ Corporate Actions인데 이곳에서는 회사의 신주 발행, 주식 분할, 배당금 등 주요 이슈나 신규 상장, 채권 발행 등의 소식이 업데이트된다.

이 세 가지 탭을 모두 소화한다면 사실 다른 사이트에 방문할 필요 없이 대부분의 정보를 습득할 수 있다. 추가로 ⓓ Listed Company Calendar의 경우 잘 활용하지는 않지만 달력 형태로 기업들의 이벤트를 모아두고 있어 한눈에 살펴보기 좋다. 다만 ⓓ 메뉴는 내용이 인도네시아어로만 되어 있어 현지 사정에 익숙하지 않은 경우 정보 습득이 쉽지 않을 수 있다.

마지막으로 하나만 더 공유하자면 필자는 매 분기 실적 발표 기간이 다가오면 바로 NEWS의 Announcement 탭을 자주 이용한다. 매일 집으로 퇴근하기 전에 업데이트된 내용을 살핀다. 주로 모니터링 중인 종목이나 주요 종목의 실적이 발표되었는지 확인해보기 위해, 티커(Ticker)를 입력해 금일 올라온 새로운 소식이 있는지 찾아본다. 이를 통해 실제로 발표된 내용을 좀 더 빨리 확인해보고 투자 중인 종목을 어떻게 할지 미리 고민하는 시간을 갖는다. 가령 생각보다 실적 발표 결과가 좋지 못하면 다음 날 장이 오픈하기 전에 여러 가지 가능성을 고민한다. 또한 실적이 매우 좋은 경우 추가 상승 가능성을 가늠해보고 추가 투자를 위해 자금을 마련한다거나, 이번 상승세에서 수익 실현을 하는 것을 미리 고민해볼 수 있다.

베트남의 경우 앞서 언급한 것처럼 아직 증권 거래소에서 제공하는 정보가 매우 부족하다. 증권 거래소 웹사이트 방문으로 쓸모 있는 정보를 얻을 것이란 기대는 하지 말자. 그래서 필자 또한 다양한 루트를 통해 정보를 얻고 있는데, 최근 들어 비엣캐피탈증권(VCSC, https://www.vcsc.com.vn/)이 정보를 습득하기 좋게 개편되어 소개하고자 한다.

비엣캐피탈의 경우 영문이 기본으로 되어 있기 때문에 바로 메뉴를 클릭해 정보를 습득할 수 있다. 주로 사용하는 메뉴는 ① Research Center 〉② Company 순서로 클릭해 들어가면 된다.

이렇게 클릭해 들어가면 다음 페이지와 같은 화면이 나오는데 티커 검색을 통해 모든 상장 회사의 정보를 바로 검색해서 찾아볼 수 있다. 기본적으로 주가 그래프 히스토리와 기업 관련 뉴스를 가장 첫 페이지에서 볼 수 있고, 아래로 스크롤을 내리면 재무 지표에 대한 내용도 모두 확인 가능하다.

비엣캐피탈 증권 주요 메뉴

출처 : VCSC

비엣캐피탈 증권 개별 주식 정보 화면

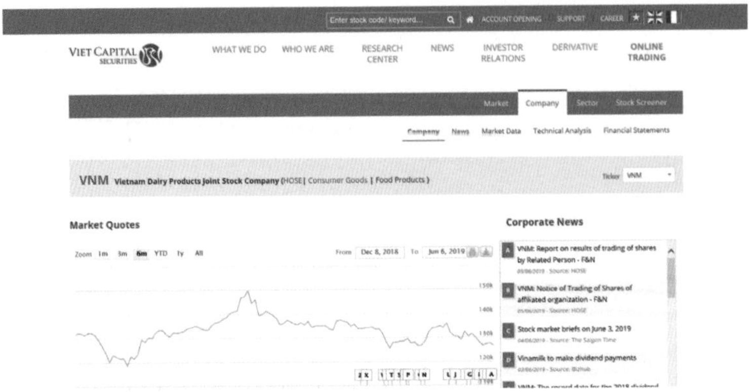

출처 : VCSC

한 가지 안타까운 것은 로그인을 하지 않으면 회사에서 발행한 분석 리포트를 볼 수 없다는 점이다. 베트남에 있는 한국계 증권사 홈페이지나 앱을 통해 국, 영문 보고서를 무료로 볼 수 있으니 참고하면 좋겠다.

재무제표를 좀 더 상세히 보고 싶다면 Company의 Financial Statements를 살펴보면 되는데 여기에서는 연간, 분기별 재무 정보를 모두 볼 수 있다. 필요한 경우 엑셀 파일로 추출이 가능해 스스로 분석을 하고자 하는 분들에게는 매우 유용한 정보가 될 수 있다.

뿐만 아니라 같은 메뉴에서 DOWNLOAD 페이지를 클릭하면 해당 회사의 연간보고서를 다운받을 수 있으니, 사실상 다른 사이트에서 정보를 찾을 필요 없이 모든 것을 증권사 사이트를 통해 해결할 수 있다. 아무래도 증권사에서 제공하는 서비스이다 보니 증권 거래소보다 조금 더 사용자 친화적으로 되어 있다. Company 왼쪽의 Market 탭을 통해 바로 시장 전체의 일일거래 내역을 볼 수 있고, 오른쪽의 Sector 탭을 통해서는 당일의 산업별 거래현황을 확인할 수 있다.

비엣캐피탈의 가장 강력한 탭은 바로 마지막에 있는 Stock Screener 탭이다. 해당 탭에서는 자신이 원하는 지표를 넣어 조건 검색이 가능한 기능을 무료로 제공하고 있다. 때문에 가치투자를 하는 투자자라면 자신이 원하는 종목을 손쉽게 뽑아낼 수 있다.

아쉬운 점이라면 베트남은 아직 가치투자 시장이 아니기 때문에, 저평가된 많은 종목이 한동안 계속 저평가되어 있을 가능성이 높다는 사실이다. 때문에 좋은 기능이 있음에도 당분간 유의미하게 사용하기 어려울 수도 있다.

추가로 베트남 시장의 경우 이보다 더 자세한 리서치를 하고자 할 때에는 어려움에 빠지게 된다. 기본적으로 상장 기업의 홈페이지를 영문으로 볼 수 없는 경우가 매우 많기 때문이다. 업계 상위권 회사들 외에는 대부분 그렇다고 봐도 된다.

또한 재무제표나 연간사업보고서가 베트남어로만 된 경우도 매우 많다. 과거 필자가 근무했던 10여 년 전의 인도네시아와 비슷한 수준이다. 인도네시아도 과거에는 회사의 웹사이트나 연간보고서 자료에 영문이 없는 경우도 많았다.

지금은 인도네시아 기업의 재무제표와 연간사업보고서는 영문 병기를 기본으로 하고 있다. 베트남은 언어 장벽으로 인해 정보를 얻기 어려운 경우가 많다. 따라서 〈헥사곤〉에서는 베트남 직원을 채용해 리서치하는 데 도움을 받고 있다.

인도네시아 IDX에서 제공하는 종목 기본 정보

Listed Companies › Company Profiles

Company Profile Detail

INDORAMA Indorama Synthetics Tbk   Pilih Kode Perusahaan Search Company

General | Dividend | Issued History | Announcement | Trading Info | Calendar

Name	: Indorama Synthetics Tbk
Security Code	: INDR
Office Address	: Graha Irama Lt. 17 Jl. HR. Rasuna Said, Blok X-1 Kav. 1&2 Jakarta
Email Address	: baldwa@indorama.com; dodo@indorama.com
Phone	: 526-15-55, 526-15-52
Fax	: 526-1508, 5261501
NPWP	: 01.001.680.6-054.000
Site	: http://www.indorama.com
IPO Date	: 03 Aug 1990
Board	: UTAMA
Sector	: MISCELLANEOUS INDUSTRY
Sub Sektor	: TEXTILE, GARMENT
Registrar	: PT. Adimitra Jasa Korpora

※ 인도네시아의 경우 ⓐ Company Profile에서 일반 정보(General)뿐만 아니라 배당금 정보(Dividend), 발행 히스토리(Issued History), 공시사항(Announcement), 거래 정보(Trading Info), 회사 관련 주요 스케줄(Calender) 등을 모두 확인 가능하다.

베트남 비엣캐피탈에서 제공하는 강력한 조건 검색기

VIET CAPITAL SECURITIES   WHAT WE DO   WHO WE ARE   RESEARCH CENTER   NEWS   INVESTOR RELATIONS   DERIVATIVE   ONLINE TRADING

Screen   Compare

Exchange: HOSE   Sector: Banks   Select Period: Trailing 4 quarters   Stocks Meeting your Criteria: Screen

Basic

Close	Lowest		'000 VND	Highest		'000 VND
Avg Vol	Lowest		Shares	Highest		Shares
Market Cap	Lowest		VND bn	Highest		VND bn
Beta	Lowest		Number	Highest		Number
1-Week	Lowest		%	Highest		%
1-Month	Lowest		%	Highest		%
3-Month	Lowest		%	Highest		%
6-Month	Lowest		%	Highest		%
Year-to-date	Lowest		%	Highest		%

Valuation Ratios

PE Basic	Lowest		Number	Highest		Number
PE before other incomes	Lowest		Number	Highest		Number
P/B	Lowest		Number	Highest		Number
EV/Sales	Lowest		Number	Highest		Number
EV/EBITDA	Lowest		Number	Highest		Number

※ 베트남의 경우 비엣캐피탈에서 강력한 조건 검색을 제공하지만 아직 가치투자 시장이 아니기 때문에 활용할 만한 종목이 많지 않다. 그럼에도 불구하고 유용하게 쓸 수 있는 분들이 있을 수 있기 때문에 공개하도록 한다.

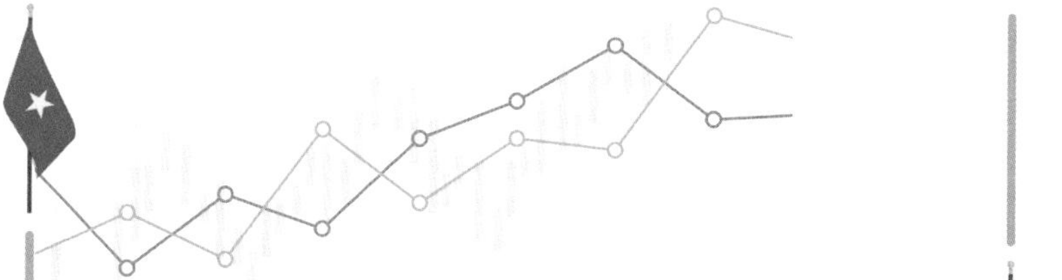

산업 분석, 무엇을 어떻게 파악할까?

앞에서 필자가 어떻게 정보를 얻는지에 대한 노하우를 공개했다. 지금부터는 조금 더 디테일하게 산업과 종목을 분석하는 방법에 대해 공유하려고 한다.

이미 기초 지식이 있는 분들은 동의하는 부분도, 동의하지 못하는 부분도 있을 것이다. 주식 투자 경험이 많은 고수라면 무언가 부족함을 느낄 수도 있다. 그럼에도 이번 챕터는 주식 투자를 전혀 해보지 않은 분들을 기준으로 풀어나갈 예정이니, 고수 분들은 가벼운 마음으로 읽어주시기 바란다.

앞서 '국가 발전 단계와 신흥국의 위치'에서 '국가의 발전 단계와 경쟁력 구조'에 대해 간단하게 언급한 바 있다. 이를 세부적으로 분석하려

시장 환경 분석

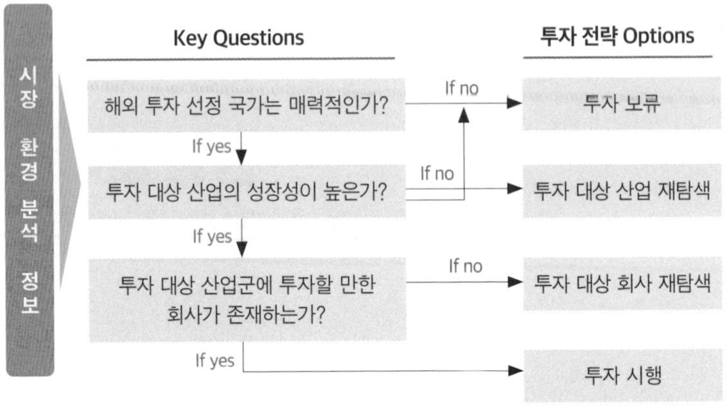

출처 : 헥사곤

면 다음과 같은 분석 과정을 밟게 된다.

〈헥사곤〉에서는 '1단계 : 해외 투자 선정 국가는 매력적인가?'를 파악하기 위해 ① 국가 신용등급, ② GDP 대비 시가총액, ③ 인구수, ④ 도시화율 등을 활용했다. 이를 통해 아세안 10개 국가를 비교했고 최종적으로 선정한 투자 국가는 '투자 등급'에 속하는 인도네시아와 '투기 등급'에 속하는 베트남이었다.

투자 등급 국가들 중에서 인도네시아의 경쟁국으로는 태국과 말레이시아 두 개 국가를 들 수 있다. 두 국가 모두 도시화율, GDP 대비 시가총액 등은 인도네시아보다 월등히 높다. 인구수는 태국이 7,000만, 말레이시아 3,100만으로 인도네시아 2억 7,000만에 비하면 규모가 작다. 또한 인도네시아보다 먼저 성장한 국가들이기 때문에 상대적으로 미래 성장성이 낮다.

베트남의 경우 투기 등급의 다른 경쟁 국가들에 비해 월등히 뛰어나기 때문에 다른 선택지가 없었다. 여기에서 베트남보다 조금 더 앞서가고 있는 '투자 등급'의 필리핀을 비교해볼 수 있다.

그러나 필리핀은 인도네시아와 베트남 사이에 낀 국가로 상대적으로 매력도가 떨어진다. 좀 더 안정적인 투자를 한다면 인도네시아, 좀 더 공격적인 투자를 한다면 베트남을 선택하면 된다.

성장 단계를 보더라도 VIP 국가 중에 인도네시아가 독보적인 1등이고, 그다음 2등이 필리핀, 베트남은 그 아래 3등에 그친다. 베트남에 투자하는 것을 꺼리지 않는 분들이 많은데, 그렇다면 인도네시아는 베트남보다 선행되어 투자해야 할 국가다.

투자할 국가를 결정했다면 그 국가에서 성장할 수 있는 산업에 대해 고민해보는 것이 바로 2번째 단계다. 여기에서 가장 먼저 3가지 키워드를 뽑았는데 바로 '도시화', '인구', '생산 기지화'다.

양국 모두 급속한 도시화에 따라 수도권과 대도시 위주의 성장이 진행될 것이 예상된다. 이에 따라 인프라 투자가 증가할 것이고, 그에 맞춰 관련 인프라 산업과 이를 받쳐주는 금융업의 성장이 진행될 것으로 보인다.

또한 베트남은 1억 명, 인도네시아는 2억 7,000만 명이라는 거대한 시장을 가지고 있어, 이를 기반으로 한 소비 시장과 서비스 시장이 발달할 것으로 보인다. 다만 여기에서 우리가 주의해야 할 것은 의료, 헬스케어 등과 같은 첨단 소비 시장이나 서비스업보다는 필수 소비재 및 서비스업으로 한정해서 바라봐야 한다는 것이다. 두 국가 모두 중위연령이 베트남 33세, 인도네시아 29세로 아직 건강을 걱정해야 할 국가는 아니기 때문이다.

마지막으로 양국 모두 아직은 저렴한 인건비로 인해 글로벌 기업들의 생산 전진 기지가 될 것이라 보고 있다. 그러나 각국의 산업군은 조금 다른 양상으로 전개되고 있다는 점을 명심해야 한다. 기억하자, 동아시아 3국인 중국, 한국, 일본이 모두 발전 단계와 수준이 다르고 산업 구조가 다른 것처럼 베트남, 인도네시아 또한 다르게 분석해야 한다.

이렇게 키워드를 통해 첫 번째로 뽑아낸 베트남의 유망산업은 인프라 산업이다. 인프라 산업을 영위하고 있는 회사 중에서 아주 뛰어난 회사는 아직 눈에 띄지 않는다. 이제 막 성장을 시작하는 시점이기 때

베트남의 유망 산업

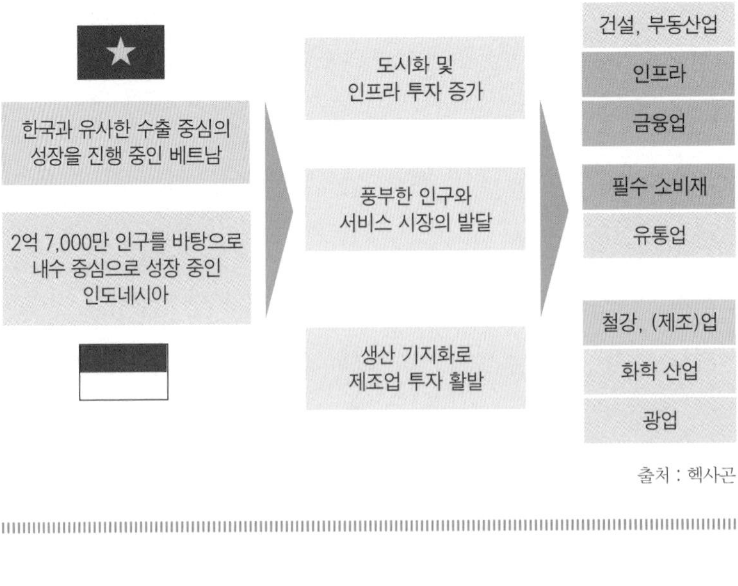

출처 : 혜사곤

문인데 조만간 놀랄 만한 수익률을 안겨줄 훌륭한 기업이 나타날 것이라 기대하고 있다.

반면에 건설, 부동산업 쪽의 회사들이 두각을 드러내고 있다. 인프라 산업이 국가 주도의 산업인 데 반해, 부동산업은 민간 위주의 개발이 진행되고 있어 성장 속도가 매우 빠르다. 한국에서도 이미 베트남 부동산 투자를 고민하거나 진행한 경우가 많아서 많은 분이 이에 대해 잘 알고 있을 것이다.

실제로 시가총액 상위에 보면 다른 산업군보다 상당히 많은 수의 부동산 개발업체가 포진해 있는데, 모든 업체가 고평가되어 있어 투자에 유의해야 한다.

현재(2019년 6월 기준) 베트남 시가총액 기준으로 부동산 개발사 빈 그룹의 지주 회사격인 빈 그룹(VIC, VinGroup Joint Stock Company)이 한화 20조 원 정도로 1위를 차지하고 있다. 뒤를 이어 실제 개발사업 회사인 빈홈즈(VHM, Vinhomes Joint Stock Company)가 13조 원 정도로 2위를 차지하고 있다.

이게 말도 안 되는 수치임을 깨닫게 된다면 관련 산업의 주식 시장은 금방 무너질 것이다. 실례로 인도네시아 또한 10~15년 전까지 부동산 업체들이 시가총액 순위권에 올라왔고 심지어 부동산 업체가 시가총액 1위를 차지한 경우도 있었다. 이후 지속적인 조정 과정을 밟으며 지금은 부동산 업계 1위까지 모두 시가총액 40위권 밖으로 밀려났다.

참고로 지금 한국의 건설 회사 1위인 현대건설의 시가총액이 5조 8,000억 원 정도다. 명심하자, 역사는 반복된다. 오히려 앞으로 성장할 인프라 산업에 관심을 두자.

지금 단계에서는 오히려 금융업에 대한 투자가 유리하다고 본다. 인프라 산업뿐만 아니라 거품이 끼어 있는 부동산 개발 산업에도 모두 금융을 최우선적으로 필요로 하기 때문이다. 거의 100%라고 해도 무방할 정도로 모든 프로젝트에는 금융 기법이 도입되고 있다. 여기에 더 나아가 기업 활동을 하는 데에도 금융의 도움이 필수적이다. 대출을 활용해서 토지 매입과 공장 건설을 하고 신규 기계를 도입해야 하기 때문이다.

실제로 베트남의 상장 기업 시가총액 비중에서 금융업 분야는 40% 정도로 가장 높은 비율을 차지하고 있다. 이는 개발도상국 발전 초기에 나타나는 현상으로 시간이 지남에 따라 타 산업이 발전하면서 그 비중이 점차 줄어들게 된다. 이는 상대적으로 비중이 줄어드는 것이지, 전체 비중은 이후에도 가장 큰 비율을 차지한다. 따라서 금융업 중에 유망한 종목에 투자한다면 안정적인 수익을 얻을 수 있을 것이라 기대할 수 있다.

풍부한 인구를 바탕으로 성장할 수 있는 산업은 누구나 알 수 있는 필수 소비재 산업이다. 유통업 또한 유망하다고 생각할 수 있지만, 현실은 그렇지 않다. 아직 베트남은 유통 산업이 매우 초기 단계이기 때문에 대형 마트나 편의점 등이 이제야 우후죽순으로 생겨나고 있고, 시장에서 검증을 거친 후 성장하려면 좀 더 시간이 걸릴 것으로 보인다.

뿐만 아니라 한국처럼 오프라인 시장이 먼저 성장하기보다는 온라인 시장이 먼저 성장할 가능성도 있어, 이에 대한 불확실성도 존재한다. 따라서 오프라인이든 온라인이든 이러한 유통 채널의 성장에 따라 지속적으로 소비가 늘어날 수 있는 소비재 산업에 집중하는 편이 더 낫다.

여기에서 주의해야 할 점은 먼저 사례로 언급했던 마산의 경우처럼 지주 회사보다는 실제 사업을 진행하는 사업 회사에 투자하는 것이 좋다는 것이다.

마지막으로 생산 기지화로 인한 제조업의 성장 가능성이다. 베트남은 특히 철강 산업을 중점적으로 살펴봐야 하는데, 이는 정부 정책에서 기인한다. 기본적으로 인프라 산업이 성장함에 따라 필수적으로 들어갈 수밖에 없는 철강 제품의 수요는 늘 수밖에 없다.

또한 거품이 끼긴 했지만 부동산업에도 철강 수요가 계속 증가하고 있다. 여기에 더해 베트남은 정책적으로 자동차 산업을 성장시켜 일본의 시장 장악에서 벗어나려는 시도를 하고 있다. 대표적인 사례가 바로 빈 그룹에서 추진하고 있는 빈패스트(Vinfast)다. 앞으로 베트남의 자동차 산업이 잘 성장할 수 있을지는 모르지만 해당 산업이 발전되면 고급 철강 제품이 수혜를 보게 될 것이다.

더군다나 철강 산업은 제조업 중심 국가에서 허리 역할을 하는 기둥이며 필수 산업이다. 따라서 국가가 정책적으로 육성할 수밖에 없을 것이다. 베트남 정부는 2050년까지 베트남 제조업 및 관련 산업 비중을 총 GDP 대비 80%까지 끌어 올리겠다는 계획을 가지고 있으니 철강 산업에 대한 관심은 당연히 지속적으로 가져야 할 것이다. 여기에 더해 아직까지 눈에 띄지는 않지만 앞으로 정책의 수혜를 받아 지속 성장할

인도네시아의 유망 산업

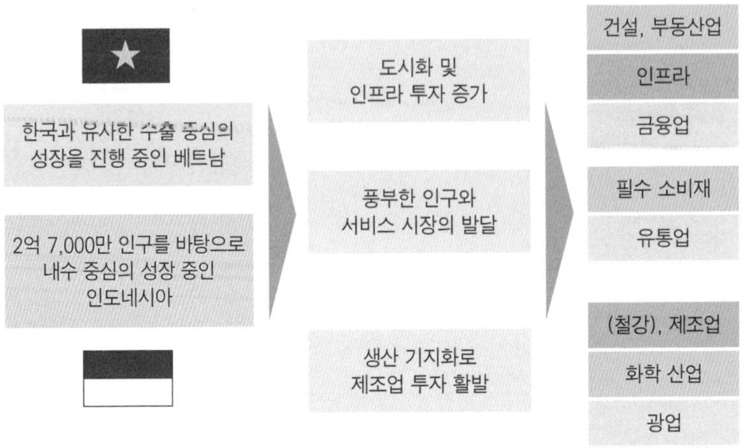

출처 : 헥사곤

수 있는 제조업 분야에도 관심을 가져보도록 하자.

이제 인도네시아의 유망산업을 살펴보자. 두 국가 모두 같은 키워드를 뽑아냈지만, 집중적으로 투자해야 하는 산업 분야에는 작은 차이점이 있다. 베트남 산업에서 언급했듯이 도시화 및 인프라 투자 증가에 따라 인도네시아의 부동산 개발업도 먼저 성장했다가 지금은 장기간 조정 과정이 지속되고 있는 상황이다.

반면에 조코 위도도 정부가 들어서면서 인프라 개발에 집중적으로 투자하며 가시적인 성과가 나타나고 있다. 그동안 부동산 난개발로 인해 신도시와 아파트 단지들이 우후죽순 생겨났다. 하지만 인프라 미비로 인해 해당 지역에 사는 사람들의 불편함은 이루 말할 수 없었다.

때문에 지방으로 연결되는 고속도로와 수도권의 MRT(Mass Rapid

Transportation) 건설이 필수적이었는데, 현 정부 들어 빠르게 교통망이 완공되면서 그 성과가 나타나고 있다. 뿐만 아니라 최근 있었던 대선에서 조코 위도도 대통령이 재선에 성공함에 따라 2기 조코 위도도 정부 또한 기존의 정책 스탠스를 유지할 것으로 보인다.

따라서 앞으로 진행될 도로, 항공, 항만, 전력, 철도 등 각종 인프라 산업을 유의해서 관찰해야 한다. 이와 연관되어 수혜를 받을 수 있는 기업에 투자하는 것이 좋다. 더 나아가 인프라가 구축되면서 편의성이 높아지는 지역을 개발하는 부동산 개발업 또한 서브로 관심을 가져두면 좋겠다.

인도네시아의 경우 2억 7,000만 명이라는 인구를 바탕으로 필수 소비재 또한 지속적인 성장이 기대된다. 다만 대형 기업의 경우 이미 고평가되어 있거나 적정한 평가를 받는 기업들이 많아 투자에는 유의해야 한다. 최근 신규로 상장하는 소비재 기업 대부분이 상장 즉시 급등하며 고평가받고 있는 상황이라 적절한 기업을 선정하기 어려운 점이 있다. 오히려 베트남의 소비재 시장에 집중하고, 인도네시아의 소비재 시장은 서브로 가져가는 것이 좋겠다는 판단을 하고 있다.

베트남과 마찬가지로 인도네시아 또한 전자상거래의 확대로 인해 유통업 시장이 어떤 방향으로 성장할지 예측하기 어렵기 때문에 신중하게 접근해야 한다. 다만 베트남보다는 인도네시아의 유통 시장 발전 단계가 좀 더 높은 위치에 있다. 이 부분을 고려하여 한국의 신세계, 롯데 등과 같은 유망한 브랜드 판권을 들여와 유통하는 기업에 관심을 가져둘 필요성이 있다.

인도네시아의 산업 중에서 가장 유심히 봐야 할 산업군은 바로 제조업이다. 많은 분이 '베트남의 제조업이 더 유망하지 않느냐?'라고 생각하실 수 있는데 이는 틀린 생각이다. 기본적으로 베트남의 제조업은 아직 소규모에 불과하고 기초적인 단계다. 실례로 아직까지도 베트남의 봉제 산업은 통폐합이 이루어지지 않고 구조조정이 일어나는 단계다. 추후 해당 산업의 규모화가 이루어진다면 투자할 만한 기업이 생길 수 있다.

인도네시아 또한 30년 전부터 봉제 산업이 발전해왔고 20년 전부터 구조조정이 시작되어 지금은 거의 마무리 단계에 와 있다. 이에 따라 봉제 산업 또한 대형화되어 업계 상위 기업들이 남은 소규모 업체를 지속적으로 흡수 합병하고 있다.

다른 산업군 또한 마찬가지이기 때문에 이렇게 대형화가 이루어진 산업군의 1등 기업에 주목해야 한다. 인도네시아는 바로 이런 제조업군이 폭발적으로 성장하는 시점이 도래한 것으로 보이며 봉제 산업, 제지 산업, 화학 산업 등에서 이미 두드러진 성과를 보이고 있다.

인도네시아의 철강 산업은 오히려 실패했다라고 판단하고 있는데, 오랜 기간 부동산 경기 침체에 더해 중국산 저가 제품과의 경쟁력에서 밀리며 별다른 성과를 내지 못하고 있기 때문이다.

필자 개인적으로는 인도네시아 고급 철강 시장의 경우는 독립적인 성장이 어려울 것으로 보고 있다. 자동차 산업이 이미 일본계 기업에 의해 80% 이상을 장악당했기 때문이다.

실제로 인도네시아의 최대 철강사인 크라카타우 스틸(PT. Krakatau

Steel Tbk, KRAS)의 경우 고급 철강은 일본의 1위 철강사인 신일본제철(Nippon Steel)과의 합작사를 통해 생산하고 있다. 뿐만 아니라 이를 견제하기 위해 포스코와 합작사를 설립해 경쟁을 유도하는 전략을 취하고 있으나 기본적으로 이를 소비해줄 시장은 일본 완성차가 장악하고 있어 전망이 그리 밝지는 않아 보인다.

마지막으로 인도네시아는 한국(6위)에 이어 세계 석탄 소비 7위 국가다. 호주에 이어 세계 석탄 수출 2위 국가이기 때문에, 광업 부문 또한 유의해서 봐야 한다. 또한 석탄뿐만 아니라 원유와 가스도 생산되고 있으며 동, 금, 은, 주석, 니켈 등 다양한 원광석까지 가지고 있는 자원 부국이다.

2009년 신 광업법(유예 기간 이후 2014년부터 시행)을 제정해 정제되지 않은 원광석에 대한 수출 금지 정책을 펼치며 산업을 보호하고 있다. 이에 따라 석유 화학 산업과 기타 제련 산업이 성장할 것으로 예상된다. 다만 광업이나 원자재 관련 산업의 경우 일반인들이 이해하기 어렵고 국제 정세나 시장 현황에 따라 급등락할 수 있어, 위의 '유망산업도식도'에서는 아주 연한 색으로 표시해두었으니 초보 투자자 분들은 유의해서 접근하기 바란다.

종목 선택, 무엇을 어떻게 고를까?

앞에서 장황하게 산업에 대한 이야기를 늘어놓기는 했지만, 사실 많은 분들이 관심을 가질 부분은 투자 종목일 것이다. 이제 2단계에서 뽑아낸 산업에서 어떻게 투자할 만한 종목을 선정하는지를 설명하고자 한다.

〈헥사곤〉에서는 아래와 같은 방법으로 산업과 종목에 대해서 분석해 스코어링(Scoring)을 진행하고 있다. 실제로 시장의 성장성과 경쟁관계를 분석하고, 여기에 재무적인 수치들을 대입해 최종 투자 의견을 내는 프로세스를 가지고 있다.

간략하게 설명하자면 기본적으로 앞서 분석했던 것처럼 해당 산업이 성장할 수 있는지 시장 매력도를 진단한다. 이 과정에서 정책의 방향성

시장 및 종목 평가 스코어링

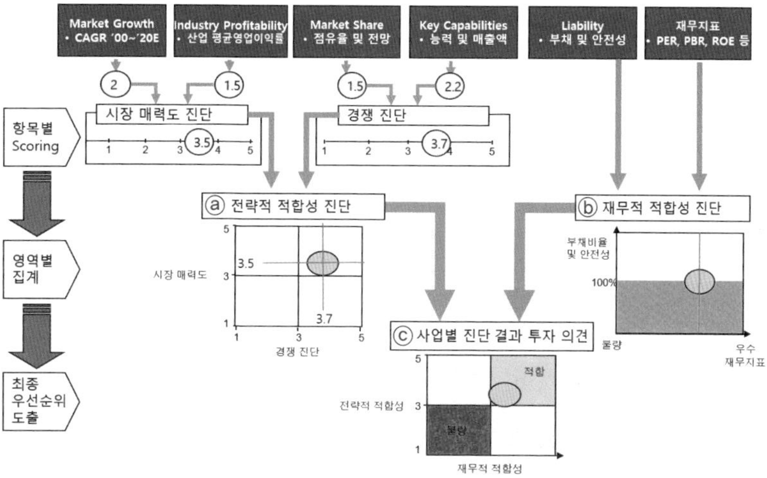

출처 : 헥사곤

과 현재 산업의 발전 단계 등을 조사하여, 현재 산업의 성장률과 향후 성장 가능성을 가늠해본다. 여기서는 실제로 동종업계의 상위권 기업들의 시장 점유율과 매출액 증가율을 조사하여 점수에 반영하며 가장 우수한 업체들을 상위권부터 선별한다.

이렇게 선별한 기업들이 바로 ⓐ '전략적'으로 투자에 적합한 기업들이다. 바로 이 기업들이 해당 산업의 바로미터가 될 것이기 때문에 주요 모니터링 산업에 리스트업해 두고 그 변화 추이를 계속 추적하고 있다.

여기에 이들 선별 기업의 ⓑ '재무적' 적합성을 진단하는데 기본적으로 안정성 지표인 유동비율, 부채, 자본금 등을 점수화하며 여기에서 통과한 업체들 위주로 PER, PBR, ROE, 매출액 등의 다양한 지표를 평가한다.

산업별로 추가하거나 빼야 하는 지표들과 산업 특성상 평가 기준을 변경해야 하는 경우가 있다. 그래서 이러한 것들을 모두 반영해 최종적인 ⓒ '투자 의견'을 도출해내고 있다.

이러한 스코어링 과정을 정량적인 분석이라고 하며, 이렇게 선정한 종목의 경우 기업 탐방 시 최우선 탐방 대상이 된다. 이 모든 과정을 개인이 진행하기 어려울 수 있기 때문에, 매주 베트남 기업을 비교 분석하는 보고서를 발간하고 있다. 바로 〈베트남 기업 분석 160〉이다. 뿐만 아니라 위의 과정을 체계적으로 배울 수 있는 스터디 과정 또한 운영 중이니 문의하셔도 좋다.

이렇게 보고서를 발간하고 스터디를 운영하는 가장 큰 이유는 바로 개개인들의 해외 신흥국 투자 능력 향상을 위해서다. 지난 수년간 여러 가지 형태로 회사를 운영해보니 투자에 앞서 이런 준비 과정이 반드시 필요하다고 느꼈다.

특히나 유망 종목의 경우 정적인 정보이기 때문에 시간이 지나면 쓸모없어지거나 무의미해질 수 있다. 또한 여러 가지 분석 방법을 적용해 선정한 종목이더라도 잘못되는 경우도 더러 생긴다. 따라서 개인 투자자도 이러한 과정을 거치며 스스로 공부한 다음 여기에 각 개인의 인사이트까지 접목할 수 있다면 유망한 종목을 더 쉽게 발굴할 수 있게 될 거라 생각하기 때문이다.

위 프로세스를 보고 너무 어렵다고 느끼는 분들이 있을 수 있어 가장 핵심적인 사항을 추가로 설명해보고자 한다. 오랜 기간 신흥국 시장을 분석하며 가치투자를 공부하다 보니, 필자 스스로도 종목을 모니터링하는 과정이 굉장히 심플해졌다. 시간이 없거나 내용이 어려워서 잘 모르겠다는 분들은 다음의 두 가지만 봐도 된다.

공식 ① PBR이 1 이하인가?(이 회사 싸?)

가치투자는 투자의 대가 워런 버핏도, 역발상투자의 대가 데이비드 드레먼도 모두 강조한 것이다. 바로 본래의 가치보다 싸게 사는 것이다. 실제로 버크셔 해서웨이 사업보고서에 가장 먼저 나오는 것이 회사의 주당 장부 가치(PBR, Price Book-Value Ratio, 국가에 따라 PBV, BPR로 다르게 표현한다)다. 다른 말로 표현하면 '기업 청산 가치'다. 현존하는 기업을 당장 때려치우고 문을 닫았을 때 현금으로 받을 수 있는 가치를 말한다.

가령 지금 회사가 가지고 있는 모든 자산을 처분하고 부채인 빚까지 갚고 나면 순수하게 남는 돈이 100억 원짜리인 회사가 있다. 실제로 이 회사의 매출이 얼마인지, 성장성이 어떤지는 굳이 볼 필요 없다. 당장의 회사 장부 가치만 보자는 것이다. 그런데 이렇게 청산했을 때 100억을 받을 수 있는 회사가 지금 시장에서는 40억 정도로 60%나 박한 평가를 받고 거래되고 있다면 여러분은 어떻게 할 것인가?

여러분의 이해를 돕기 위해 좀 더 현실적인 방법으로 표현해 설명해 보겠다. 가령 소비자 가격이 100만 원인 세탁기가 있다. 그런데 여러 가지 이유(세일 행사, 지점 폐업, 진열 상품 등)로 현재 이 세탁기를 40만 원이면 살 수 있다. 할인받을 수 있는 제품은 딱 1개밖에 없어서 이게 팔리고 시간이 지나면 다시 100만 원이 있어야 구입할 수 있다. 더군다나 나는 40만 원의 여윳돈이 있고 오래전부터 세탁기를 사려고 알아보던 중이었다. 이런 세탁기를 구매하는 것이 바로 합리적인 소비 아닐까?

아마도 대부분의 소비자는 이 세탁기를 구매하려고 할 것이다. 바로 이러한 구매 방법이 '합리적인 소비 = 가치투자'이다.

워런 버핏은 바로 이를 '1달러짜리 지폐를 40센트에 사는 것'이라고 표현했다. 액면가가 1달러짜리인 지폐를 60% 할인된 40센트에 산다고? 초보 투자자의 경우 '아니 어떻게 그런 경우가 있을 수 있지?'라고 생각하실 수도 있지만, 사실 주식 시장에는 이런 일이 매우 자주 일어난다.

그 이유는 여러분의 생각보다 자본 시장이 비효율적으로 돌아가는 시장이기 때문이다. 앞서 언급했듯이 분명히 좋은 기업이고 저평가된(싸게 파는) 상황이다. 그러나 해당 기업의 거래량이 적거나 종목의 사이즈가 작은 경우에는 기관에서 매수가 불가능하다.

마찬가지로 개인 투자자의 눈에도 잘 띄지 않아서 해당 기업에 관심을 두지 않고 있어 소외된 종목이다. 개인들이 좋아하는 종목은 전기차, IT, 바이오 등 미래 지향적이거나 앞으로 세상을 바꿀 수 있을 것 같은 종목에 치우쳐 있다. 때문에 언론이나 분석기관에서도 이러한 종목 위주로 기사를 내거나 리포트를 내고 있다. 명심하자, 기관도 언론도 여러분들의 편이 아닌 '적'이다. 이러한 미래 지향적인 종목들이 세상을 바꾸고 여러분의 삶을 바꿀 수 있을지는 모르지만, 여러분의 재정 상황을 바꿔주기는 어렵다.

대부분의 초보 투자자들은 수익이 나길 기대하고 투자에 임하기 때문에 실패하는 경우가 많다. 그러나 고수들은 초심자의 행운으로 한두 번 수익이 나더라도 잘못된 투자 한 방에 지금까지의 수익뿐만 아니라 그동안 절약해 모아둔 투자 원금까지 다 날릴 수도 있다는 것을 이미 잘 알고 있다. 그렇기 때문에 고수들은 지지 않는 게임을 한다.

투자 시장에서 가장 큰 규모를 자랑하고 있는 기관 투자자들을 예로 들어 보자. 그들은 규모가 작거나 신용등급이 낮은 종목은 잘 투자하지 않는다. 앞으로의 성장성이 높다고 판단하여 리스크가 있는 투자를 하더라도 전환사채(CB, Convertible Bond) 형태로 투자하는 경우가 많다. 채권 형태로 기업에 돈을 빌려 주고 기본 이자를 받으며 향후에 주가가 급등했을 때 주식으로 전환하여 추가 수익을 노리는 것이다. 이 또한 위험성이 있다고 판단하여 모기업이나 기업 대표에게 보증을 요구하기도 한다. 이런 방법을 취하는 이유는 '지지 않는 게임'을 하기 위해서다.

마찬가지로 여러분들 또한 '딸 확률'에 배팅하기보다는 '잃지 않는 게임'을 해야 한다. 그런데 개인의 경우 자금의 규모가 작아서 전환사채 투자가 어렵다. 따라서 다른 방법을 찾아야 하는데, '잃을 확률'을 낮춰주는 가장 좋은 투자 지표가 바로 주당 장부 가치(PBR, PBV)다.

장부 가치가 100억 원인 회사가 현재 40억 원에 판매되고 있다면 앞으로 20억 혹은 10억 원에 팔릴 가능성보다 본래의 가치인 100억 원

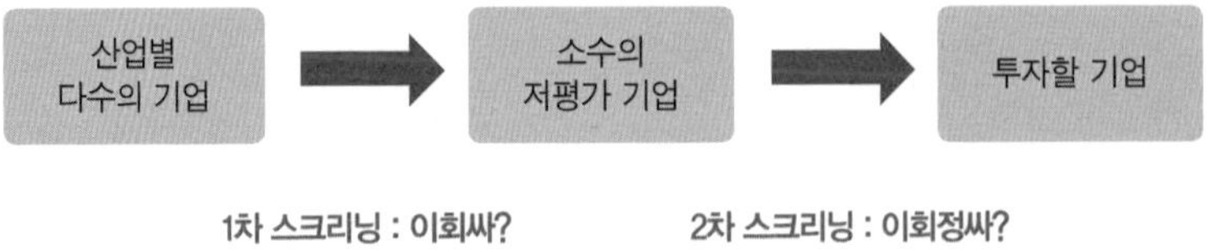

으로 회귀할 가능성이 훨씬 높다. 계산해보자. 40억 원짜리가 100억 원의 본래 가치로만 회귀하더라도 2.5배 수익이다. 1,000만 원을 투자한다면 2,500만 원이 되는 것이다.

여기에 한 가지 요소를 제외시켜야 하는데, 바로 세일 행사, 지점 폐업, 진열 상품 등의 리스크 요인이다. 이 회사가 싸게 팔리는 이유가 있을 수 있다. 가령 미래 성장성이 낮은 사양 산업이라던가, 경쟁사의 급성장으로 점유율이 지속적으로 낮아지는 경우도 있다. 혹은 초기 투자금이 많이 필요한 장치산업이라 적자가 계속 지속되고 있을 수도 있다. 바로 이러한 것들을 보완하기 위해서는 장기 지표인 매출액을 보면 된다.

공식 ② 매출액이 지속해서 증가하는가?(이 회사 정말 싸?)

회사의 순이익 감소 리스크 요인에는 여러 가지가 있을 수 있고 산업이나 기업별 상황에 따라 사정 역시 모두 다르다. 심지어는 해석하는 사람에 따라 다른 결과물이 나오기도 한다. 이를 가장 단순화하자면 지속해서 매출액이 발생하는지를 보면 된다. 바로 이 매출액을 장기 지표라고 한다.

초보 투자자의 경우 단기 지표인 순이익에 집중하는 경향이 있다. 기업에서 순이익을 내면 이 순이익을 바탕으로 주주들에게 배당하고 기업 구성원들에게 성과급을 지급한다. 상식적으로 순이익이 계속 잘 나와야 기업이 성장한다고 생각하기 쉽다.

이러한 지표로 많이 활용하는 것이 바로 EPS(Earning Per Share) 혹은 PER(Price Earning Ratio)인데, 이는 단기 지표다. 당장 지표가 잘 나오면 순익이 급증하지만 장기적으로 성장 가능성을 가늠하기는 어려운 지표다. 실제로 수익이 주요 제품이나 서비스 판매에서 나온 것인지, 가지고 있던 빌딩이나 부동산 자산을 매각해서 나온 것인지, 투자해둔 채권에서 나오는 이자 수익인지, 자회사 지분 매각 수익인지 알 수 없기 때문이다(이를 파악하기 위해 고수들은 재무제표를 면밀히 살펴보기도 한다).

기업이 잘하고 있다고 하는 것은 주력 제품이나 서비스를 잘 팔고 있다는 것을 의미한다. 기본을 잘하는 것이 사업 운영을 잘하는 것이다. 이를 가장 잘 알 수 있는 것이 바로 매출액이다. 순이익 지표는 여러 가지 회계적 기법을 통해 좋아 보이게 할 수 있고, 기업의 내부 정책이나 구조조정 등을 통해 좋아지게 할 수도 있다.

하지만 매출액 증가율이 둔화된다면 회사의 성장성이 낮아졌다고 해석할 수 있다. 심지어 매출액이 감소 중이라면 최악의 상황이다. 어떤 기업의 장기적인 성장성을 직관적으로 볼 수 있는 것이 바로 이 매출액이다. 따라서 이 회사의 매출액이 지속해서 상승하는지 확인하는 것은 PBR이 낮은 회사에 투자를 결정할 때 보조적인 수단이 될 수 있다.

실제로 필자도 한 회사의 매출액이 5년 이상 꾸준히 증가하고 있는지를 매우 중요한 요소로 보고 있다. 최근 5년간 매출이 꾸준히 늘었다면 앞으로도 꾸준히 성장할 가능성이 높다. 매출이 꾸준히 늘어나는데 주가가 저평가되어 있다면 이 회사는 정말 싼 것이다. 이후에 여러 가지 이유로(사실 우린 알 필요도 없다) 순이익이 급증하거나 해서 투자자들의 관심을 받게 되면 주가는 급등할 것이다. 이런 기업에 먼저 투자해둔 여러분들은 앞으로 이 주식을 언제 팔지만 고민하면 된다.

기억하자, '공식 1 이회싸?', '공식 2 이회정싸?'

LESSON 03

베트남 & 인도네시아 실전 주식 투자, '이제 시작이다!'

실전 투자 1: 건설, 부동산

앞선 내용을 통해 베트남과 인도네시아의 산업에 대한 간단한 분석과 어떻게 종목을 선정해야 하는지에 대해 다뤘다. 이제는 실전으로 들어가 산업별 유망 종목을 차례로 분석하려고 한다.

앞서 설명한 방식을 적용하기 전에 한 가지 주의해야 할 점은 베트남과 인도네시아의 산업 발전 단계가 다르기 때문에 실제로는 그대로 적용하기가 어렵다는 점이다.

필자가 실제로 인도네시아 9년, 베트남에 5년간 투자하고 스터디하면서 느낀 것이 있다. 인도네시아는 신규 산업군에서 점유율이 높은 1위 기업들이 폭발적인 성장을 보이는 반면, 베트남은 아직 시가총액 상위의 대형 종목 위주로 성장이 지속되고 있다.

따라서 인도네시아는 저평가 종목 위주로, 베트남은 각 산업의 상위 주요 종목 중 상대적으로 저평가된 종목 위주로 다루려고 한다. 만약 각 산업에 주목할 만한 저평가 종목이 없는 경우에는 업종별 상위 종목만 다루도록 하겠다.

베트남의 경우 먼저 성장하고 있는 인도네시아의 사례를 예시로 드는 경우도 있을 것이다. 먼저 시작 전에 PER, PBR, ROE 등 지표에 관한 공부를 먼저 하는 것이 좋다. 다만, 이런 지표를 전혀 알지 못해도 괜찮다. 이 책에서 진행하는 대로 기계적으로 골라내더라도 훌륭한 수익을 내줄 거라는 점은 자신한다. 효율적인 작업을 위해 삭제되는 종목이 있을 수 있으니 그 점은 양해해주시기 바란다.

아쉬운 분들은 책 맨 뒤 '부록'에 베트남 시가총액 상위 100종목과 인도네시아 시가총액 상위 200종목을 모두 공개하고 있으니 참고하시기 바란다.

1. 인도네시아의 건설, 부동산

가장 먼저 살펴볼 산업군은 인도네시아의 부동산 부문이다. 인도네시아의 부동산 산업은 크게 건설과 부동산 개발 두 가지로 나눌 수 있다. 도로, 철도, 항만 인프라 건설을 주로 하는 국영 기업들이 모두 부동산 개발을 함께하고 있어, 인프라 파트가 아닌 부동산 파트로 분류했다. 인도네시아 증권 거래소에서도 똑같이 나누고 있다.

인도네시아의 도시화율은 55%이며, 베트남은 35%다. 한국의 82%, 일본의 92%와 단순하게 비교해 보더라도 양국 부동산 시장의 성장이 지속될 것이라는 점을 쉽게 예상할 수 있다.

부동산 산업 관련 기업 중 시가총액 기준으로 1위부터 나열한 후에 1조 루피아 이상인 기업만 추렸다. 한화로 환산하면 약 1,000억 원 이상인 기업들이다. 1,000억 원을 기준으로 잡은 이유는 현재 인도네시아는 중견, 중소기업 중에 괄목할 만한 성장세를 보이며 주가가 급등하는 경우가 많이 생기고 있기 때문이다. 한국 또한 가치투자가 유행하면서 비슷한 스토리로 성장한 기업이 많다는 데에서 나온 아이디어다.

이렇게 구분했을 때조차 산업 내에 기업 수가 많아서 모두 넣지 않았다. 기형적으로 고평가(PER 30 이상, PBR 5 이상)되어 있거나 수익성 훼손으로 지표가 마이너스(-)인 회사는 모두 제외했다. 이렇게 구분했을 때 좋은 기업을 놓치면 어떻게 할 것인가에 대한 고민도 오랫동안 했다. 여러 방법을 반복해서 검증해보니, 그래도 이 방법이 가장 효과적이라는 결론을 내렸다.

우리는 지금 (주가가 상승할) 좋은 기업을 찾는 것이 아니다. (주가가 더 이상 떨어지지 않을) 싼 기업을 찾는 것이다. 따라서 '공식 1, 이회싸?'에 해당하는 기업만 보면 된다.

이렇게 총 26개의 기업을 선별했고 이 기업들의 평균을 내보면 산업 PER은 12.9, 산업 PBR은 1.1이었다. 따라서 PER은 12 이하, PBR은 1 이하가 되면 평균보다 싼 기업이라고 판단할 수 있다.

그런데 26개 기업에 관한 정보를 모두 보려고 해도 너무 많다. 때문에

인도네시아 부동산 종목 스크리닝 1단계(2019 1Q)

순위	티커	회사명	시가총액(mil, 루피아)	PER	PBR
1	PWON	Pakuwon Jati Tbk	34193317	12	2.6
2	BSDE	Bumi Serpong Damai Tbk	25983039	10.7	1
3	WSKT	Waskita Karya Persero Tbk	25654767	9.1	1.4
4	WIKA	Wijaya Karya Tbk	20989686	18.4	1.4
5	CTRA	Ciputra Development Tbk	19024310	17.8	1.3
6	MKPI	Metropolitan Kentjana Tbk	12895438	24.4	2.8
7	PTPP	Pp Persero Tbk	12771788	19	1
8	DMAS	Puradelta Lestari Tbk Pt	12435112	24.79	1.8
9	PPRO	PP Properti Tbk PT	7277729	15.1	1.4
10	DUTI	Duta Pertiwi Tbk	7067000	7.3	0.9
11	ASRI	Alam Sutera Realty Tbk	6327110	10.2	0.7
12	KIJA	Kawasan Industri Jababeka Tbk	5872618	17.6	1.1
13	ADHI	Adhi Karya Persero Tbk	5626142	18.9	0.9
14	CTRS	Ciputra Surya Tbk	5509971	13.6	1.6
15	APLN	Agung Podomoro Land Tbk	3563079	5.8	0.4
16	MTLA	Metropolitan Land Tbk	3506047	11.4	1.1
17	DILD	Intiland Development Tbk	3358536	17	0.6
18	MDLN	Modernland Realty Ltd Tbk	3158332	2.6	0.5
19	WEGE	Wijaya Karya Bangunan Gedung Tbk PT	3005608	10.4	1.5
20	BEST	Bekasi Fajar Industrial Estate	2701247	7.2	0.6
21	MMLP	Mega Manunggal Property TBK PT	2590314	18.8	0.6
22	RDTX	Roda Vivatex Tbk	2365440	9.6	1
23	ELTY	Bakrieland Development Tbk	2176095	0.5	0.3
24	TOTL	Total Bangun Persada Tbk	1841400	6.8	1.6
25	GWSA	Greenwood Sejahtera Tbk	1521148	24.5	0.2
26	LPCK	Lippo Cikarang Tbk	1092720	1.8	0.2
		26개 기업 평균 지표		12.90	1.10

출처 : IDX, 각 회사, 혁사곤

여기서부터는 극단적으로 싼 기업을 찾기로 한다. 바로 PBR만 보는 것이다. PBR이 1 이하인 기업만 골라낸 것이 바로 아래의 표다.

예상대로 업종 상위 종목들은 상대적으로 고평가되거나 혹은 적정한 가격에 거래되고 있는 것으로 보인다. 따라서 남은 기업 중에 업종 상위 기업들을 모두 제거했다. 총 11개 기업으로 선별했지만, 그래도 아직 많다. 직장 생활을 하면서 이 모든 기업에 대한 가치 평가를 다할 수 있겠는가?

그리고 앞으로 봐야 할 산업이 아직도 많다. 심지어 베트남도 살펴봐야 한다. 일을 덜기 위해 PER도 10 이하인 것들로만 골라낸다. PER이

부동산 종목 스크리닝 2단계

순위	티커	회사명	시가총액(mil, 루피아)	PER	PBR
10	DUTI	Duta Pertiwi Tbk	7067000	7.3	0.9
11	ASRI	Alam Sutera Realty Tbk	6327110	10.2	0.7
13	ADHI	Adhi Karya Persero Tbk	5626142	18.9	0.9
15	APLN	Agung Podomoro Land Tbk	3563079	5.8	0.4
17	DILD	Intiland Development Tbk	3358536	17	0.6
18	MDLN	Modernland Realty Ltd Tbk	3158332	2.6	0.5
20	BEST	Bekasi Fajar Industrial Estate	2701247	7.2	0.6
21	MMLP	Mega Manunggal Property TBK PT	2590314	18.8	0.6
23	ELTY	Bakrieland Development Tbk	2176095	0.5	0.3
25	GWSA	Greenwood Sejahtera Tbk	1521148	24.5	0.2
26	LPCK	Lippo Cikarang Tbk	1092720	1.8	0.2

출처 : IDX, 각 회사, 혝사곤

10 이상이지만, PBR은 1 이하인 싼 기업은 먼저 리스트업해두자. 순이익이 급등하면 PER이 낮아질 수 있다. 따라서 모니터링 리스트에 넣어두고 관찰하면 된다.

이러한 진행 방식을 필자는 '종목 스크리닝'이라고 한다. 이런 종목 스크리닝 방식은 특별한 방식이 아니다. 한국에서는 이미 많은 투자자가 활용하고 있고 이를 통해 수익을 내고 있다. 다만 확신이 들지 않으면 이 같은 방법을 잘 활용하지 못한다. 시장에 대한 경험도 많이 있어야 하고, 이런 투자 방법을 통해 수익을 낸 사례도 쌓아야 한다.

초보자들은 겉보기에 화려한 종목을 따라다닌다. 그러나 실제 대박 종목은 이렇게 스크리닝을 통해 골라낸 저평가 종목에서 나온다.

이제 한 가지 스크리닝이 더 남았다. '공식 2, 이회정싸?'에 해당하는 기업을 추가로 찾아내는 일이다. 바로 각 회사의 5년간 매출이 꾸준히 증가했는지를 보는 것이다.

부동산 종목 스크리닝 3단계

순위	티커	회사명	시가총액(mil, 루피아)	PER	PBR
10	DUTI	Duta Pertiwi Tbk	7067000	7.3	0.9
15	APLN	Agung Podomoro Land Tbk	3563079	5.8	0.4
18	MDLN	Modernland Realty Ltd Tbk	3158332	2.6	0.5
20	BEST	Bekasi Fajar Industrial Estate	2701247	7.2	0.6
23	ELTY	Bakrieland Development Tbk	2176095	0.5	0.3
26	LPCK	Lippo Cikarang Tbk	1092720	1.8	0.2

출처 : IDX, 각 회사, 혝사곤

장기 지표인 매출이 들쭉날쭉한 회사는 모두 솎아낸다. 지난 5년간의 자료를 살펴보니 ELTY의 경우 PER이 마이너스를 기록하는 경우가 2014년, 2015년, 2017년 3번이나 있었다. 지난 5년간 3번이나 순손해가 난 것이다. 따라서 자연스럽게 ELTY도 삭제했다. 극단적으로 수치가 낮은 회사의 경우 이렇게 순간적으로 좋은 지표가 나올 수 있으니 잘 스크리닝해서 골라내야 한다. 그러면 ELTY를 제외한 나머지 5개 기업의 매출액을 살펴보자.

이렇게 그래프를 그려보면 전반적으로 2017~2018년도 부동산 산업 업황이 좋지 않았다는 사실을 확인할 수 있다. 이 같은 스크리닝 작업으로 인도네시아 부동산 시장이 어떤 상황인지도 파악하게 되는 것

인도네시아 부동산 기업 5년간 매출액 추이

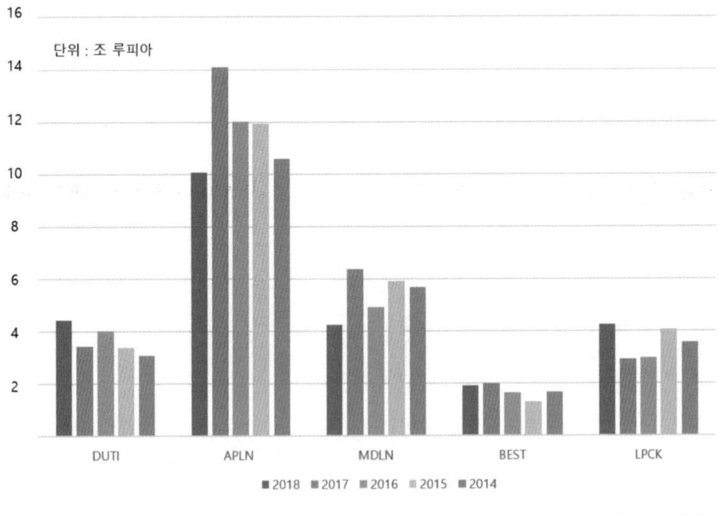

출처 : IDX, 각 회사, 헥사곤

이다. 이중 DUTI, LPCK, BEST의 경우에는 2018년 들어 매출 추세가 다시 개선되거나 선방하고 있다는 것을 알 수 있다. 실제로 2017년과 2018년 인도네시아 부동산 경기는 최악이었는데, 2019년 4월에 있을 대선 결과에 대한 불확실성이 가장 큰 영향을 미쳤다.

이제 비교해야 하는 종목이 단 3개로 줄어들었다. 여기서 LPCK는 매출이 들쭉날쭉하니 빼자. 그럼 DUTI, BEST 2종목만 남았다. 사실 이 작업을 반복적으로 하다 보면 눈으로만 쓱 봐도 종목이 보인다. 단 30분~1시간 정도만 투자하면 전체 부동산 시장에서 두 종목을 뽑아낼 수 있는 것이다. 덤으로 이렇게 뽑아낸 회사 중에 인프라 건설 부문은 없다. 따라서 건설업 또한 더 이상 살펴보지 않아도 된다. 공부해야 할 산업군이 또 하나 줄었다. 자, 그럼 이제 DUTI와 BEST를 비교해보자.

과거에는 신흥국 기업 정보를 얻기 어려웠지만, 이제는 인베스팅닷컴(investing.com)을 통해 대부분의 정보를 얻을 수 있다. 스크리닝을 위해 필요한 정보는 간단하게 활용할 수 있는 인베스팅닷컴을 적극적으로 이용하도록 하자. 이번 단계에서 필요한 정보는 거래량과 주가 차트다.

DUTI의 경우 2010년 이후 주가가 급등하고 거래량이 줄어들었다. 위에 실선이 주가 그래프고 아래의 막대 그래프는 거래량을 나타낸다. 초록색이면 순매도가 더 많고, 붉은색이면 순매수가 더 많은 것이다. 주가 급등을 예상한 투자자들이 물량을 내놓지 않고 있는 것으로 보인다.

최근에도 주가 급등이 있어 다시 확인해보니 이미 PER은 13, PBR은 1.6까지 올랐다. 앞에서 했던 스크리닝 작업에서 걸러내지 못했던 종목이다. 최근 지표로는 이미 저평가가 아닌 것으로 판단된다. 이 종목은 이제 삭제하면 된다.

이제 BEST의 주가를 살펴보자. 상장한 이후 지속적으로 주가가 하락했으며 2016년도부터는 횡보를 지속하고 있다. 3년간 주목받지 못했고 거래량도 적당하다. 그럼에도 불구하고 매출액은 계속 상승하고 있다. 이런 흐름을 보여주는 회사가 매수하기에 매력적인 회사다.

최근 지표를 체크해보니 PER 7.8, PBR 0.6으로 크게 변화가 없다. 아직도 싸다! 주가가 더 내려갈 만한 원인이 있다면 매출액이 앞으로 계속 낮아지는 경우다. 인베스팅닷컴을 통해 2019년 1분기 매출을 보니 전년 동기 대비 25% 상승했다. 올해도 사업을 잘하고 있다는 얘기다.

이제 이 상태 그대로 투자를 하면 원숭이가 고른 종목보다 나을 것이다(랜덤워크 이론이란 시장 가격은 제멋대로 움직이기 때문에 예측할 수 없다는

두따뻐르띠위(DUTI)

출처 : investing.com

이론으로, 버튼 맬키엘이 1973년 자신의 저서 《월스트리트의 랜덤워크》에서 소개해 널리 알려졌다. 실제로 2000년 월스트리트저널이 주최한 투자 대회에서는 무작위로 종목을 찍은 원숭이의 수익률이 1등을 차지했으며, 2002년 영국 런던에서 실험한 수익률 게임에서도 어린이가 찍은 종목이 수익률 1등을 기록했다). 왜냐하면 실제 기업 가치보다 싼 기업을 매수했기 때문이다. 이렇게 해서 이 회사가 어떤 사업을 하고 있는지도 모르면서 인도네시아 부동산 산업군 중에 투자할 만한 단 한 종목을 골라냈다.

실제로 이번 책을 쓰기 시작하면서 이 종목을 다룰 생각은 전혀 없었다. 스크리닝 과정을 통해 골라낸 것이다. 자, 이제 그럼 이 회사가 투자할 만한 회사인지 한번 살펴보자. 이제부터는 책 초반부에 설명했던 인도네시아 증권 거래소(IDX)와 연간사업보고서 등을 통해 확인하면 된다.

브까시빠자르 인더스트리얼에스테잇(BEST)

출처 : investing.com

2. 인도네시아의 건설, 부동산 기업

※ 유튜브 로고(▶)가 있는 종목은 〈헥사곤〉에서 운영 중인 〈머니머신〉 채널에서 무료 영상 시청이 가능하다. 타임트레이더라는 필명으로 활동하는 〈헥사곤〉 노태진 사원의 영상을 필자가 재구성해 책에 넣은 것이다.

▶ 인도네시아 부동산 기업 브까시빠자르인더스트리얼에스테잇(BEST, Bekasi Fajar Industrial Estate)에 대해 알아보자.

최근 Bekasi Fajar를 줄인 Befa와 첫 글자인 B를 디자인한 로고로 바꿨는데, 예전 로고에 비해 더 세련된 모습으로 바뀌었다. BEST는 일반적인 부동산 관련 기업과는 조금 다른 구조로 이루어져 있다.

일반적인 부동산 기업은 토지를 매입하고 건물을 지어 개발을 한 뒤에 이를 임대하고 판매한다. BEST는 그중에서도 산업용지 개발에 특화되어 있는 기업이다. 이는 기업이 공장 또는 창고를 지어 생산 활동을 할 수 있는 땅을 개발하는 것을 말한다. 일반적으로 아파트를 개발하고 분양해서 수입을 얻는 구조를 가진 여타의 부동산 기업과는 좀 다른 비즈니스다.

BEST가 개발하고 있는 땅은 서부 자바 자카르타 인근 브까시 지역의 MM2100라는 산업 공단이다. 805ha 규모의 산업용 부지를 유지, 관리하면서 기업들이 함께 사용할 수 있는 공단의 인프라 시설까지 운영하고 있다. 브까시는 최근 수년간 글로벌 기업들이 다수 입주한 지역이다.

BeFa
INDUSTRIAL
ESTATE

• 주요 사업 Main Business	Property & Real Estate	• 상장일자 Listing Date	2012.4.24
• 설립연도 Established Year	1989	• 상장거래소 Stock Exchange	인도네시아 증권 거래소(IDX)
• 주주구성 Shareholders	PT Argo Manunggal Land Development (48.1%) Daiwa House Industry Co. Ltd. (10.0%) HSBC-Fund Service, BOB Ltd.(6.19%) Others(< 5%) (58.2%)	• 시가총액 Market Cap.(IDR bn)	2,932.78
• 사업특징 Key Features	- 산업용지 개발에 특화되어 있으며 호텔, 식당, 카페 등 부대시설도 포함함 Specialized in the development of industrial property, including supporting facility like hotels, restaurants, cafes, etc - 자카르타 인근의 MM2100 공단의 유지, 보수, 임대 및 판매 Mainly maintain, repair, lease and sell industrial lots of MM2100 complex near Jakarta		

출처 : 2018년 사업보고서, 핵사곤

최대 주주는 아르고마눙갈랜드디벨롭먼트(Argo Manunggal Land Development)로 48.1%의 지분을 가지고 있다. 지분의 10%를 보유하고 있는 2대 주주인 다이와하우스인더스트리(Daiwa House Industry)는 일본계 기업으로 부동산 개발을 주로 하는 회사다. 사업 초기에 현대식 시설과 시스템 구축에 도움을 준 것으로 보이며 BEST 내부에도 다이와하우스(Daiwa House) 출신 임원들이 있는 것으로 볼 때, 긴밀한 협업관계에 있는 것으로 보인다.

BEST의 최대 주주는 모회사인 아르고 마눙갈 그룹으로 이 기업을 실질적으로 지배하고 있다. 바로 이 아르고 마눙갈 그룹에서 MM2100 공단을 관리하기 위한 목적으로 BEST를 설립했다. 1990년에 공단을 처음 설립하기 전에 개발과 유지 관리를 맡기기 위한 자회사로 BEST를 설립했던 것이다. BEST는 2012년 4월 인도네시아 증권 거래소에 상장되었다(티커로 검색할 경우 싱가포르에 상장된 다른 BEST가 튀어나올 수 있으니 주의해야 한다).

시가총액은 2조 9,000억 루피아 정도로 한화 2,300억 원 정도 규모다. 큰 규모의 기업은 아니지만 기업 유동성과 펀더멘털, 거래 패턴 등을 종합해 우수한 기업을 선정하는 Kompas100(현지 최대 언론사 KOMPAS에서 주식 시장에 상장된 종목 중 시가총액 규모가 크고 유동성이 높아 거래할 만한 종목들을 선정해 만든 지수다. 현지에서 LQ45 다음으로 신뢰받는 대표적인 지수다) 리스트에 속해 있는 기업이다.

최근 주가는 200~300루피아 안팎에 머무르고 있다. 상장 직후부터 차트를 보면 2013년 4월에 1,050루피아를 기록하며 전 기간 최고점을 갱신했다. 하지만 2014년부터 실적 하향세를 보이기 시작했고 2015년에도 하락하면서 200~400대 박스권을 벗어나지 못하고 있다.

2016~2017년에는 지표상 양호한 회복세를 보여줬지만 투자자들에게 확신을 주지 못하고 횡보했다. 2018년의 실적 또한 기대에 못 미치면서 4분기 주가는 소폭 하락했다.

현재 PER과 PBR은 2016년 이후로 계속 낮아지면서 저평가되어 있다. 기업의 공단 입주가 있어야 수익이 나는 구조이기 때문에, 미래 가치에 대해서는 쉽게 단정할 수 없는 것으로 보인다.

BEST의 재무 상태를 상세히 보자. 총자산과 부채 그리고 자본 모두 완만하게 상승하고 있다. 지난 5년간 자산과 자본의 연평균 증가율은 각각 15%, 10%로 안정적인 성장세를 보여주고 있다.

자산의 내용은 매우 간단한데, 현금 및 현금성자산 그리고 재고자산이 자산의 80% 넘게 차지하고 있다. BEST가 다루는 재고자산은 일반

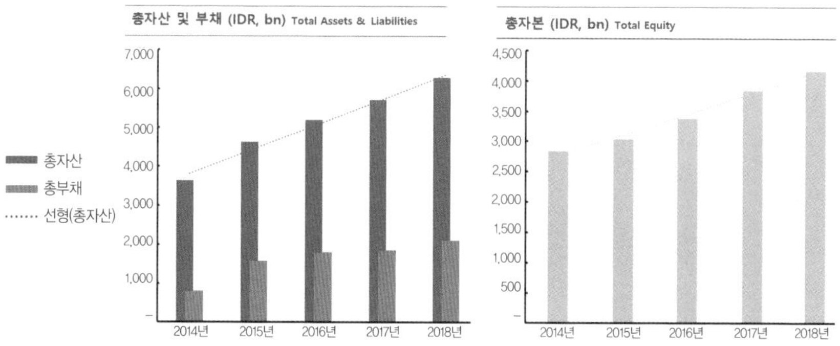

출처 : 2018년 사업보고서, 헥사곤

적인 기업들과 달리 대부분 판매용 토지에 해당한다. 이는 부동산 개발업을 하는 기업들의 특징이다. 토지를 임대, 분양하는 것이 주 사업이므로 가지고 있는 땅 또한 재고자산으로 잡히는 것이다.

현금자산으로 토지를 구입하고, 구입한 자산은 서비스와 함께 다시 팔며 이 과정을 반복한다. 그렇기 때문에 현금 및 현금성자산과 재고자산은 BEST의 가장 핵심이 되는 계정이다.

또한 보유한 토지는 시간이 지날수록 가격이 계속 올라간다. 토지는 재고자산으로 쌓여 있더라도 가치는 점진적으로 높아진다. 더군다나 BEST는 비즈니스 라인이 심플한 구조로 되어 있다. 그래서 재무제표를 좀 볼 줄 안다면 기업 운영 성과를 따져보기가 매우 쉽다. 현재 운영되고 있는 MM2100이라는 한 개 공단의 운영 상황만 보면 되는 것이다.

이런 단순한 비즈니스 라인은 주요 수익원이 훼손되었을 때 취약해지기 쉬워 주가에 악영향을 미치기도 한다. 역으로 말하면 주가에 긍정

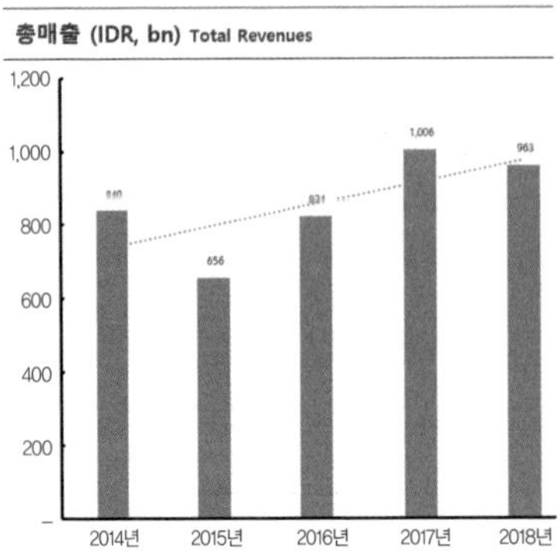

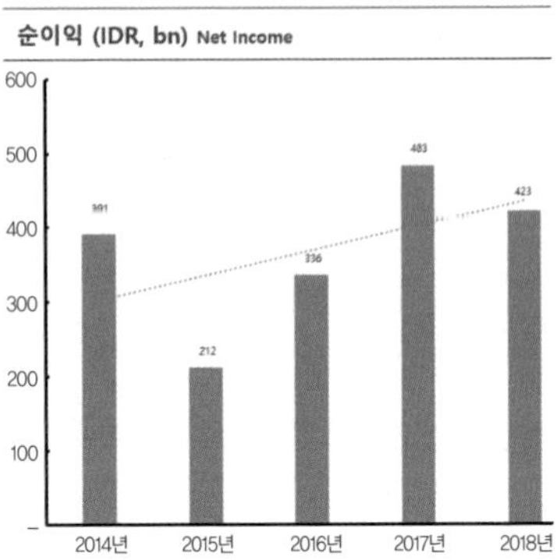

출처 : 2018년 사업보고서, 헥사곤

적인 이슈 또한 쉽게 분석 가능하다는 얘기다. 이런 기회를 포착했다면 매수해서 수익을 내면 되는 것이다.

매출과 순이익은 연도별로 등락을 반복하고 있다. 2015년에 특히 많이 감소했고 이후로 양호한 성장세를 유지하는 듯했으나, 2018년에 소폭이지만 매출 실적이 다시 감소했다.

BEST에서는 총매출의 86%를 차지하고 있는 공단 지역의 토지 판매가 감소했기 때문이라고 설명하고 있다. 2019년에는 정치적 불안정, 즉 대선 이슈로 인해 기업들이 투자를 꺼렸다는 설명도 있다. 이는 기업의 설명일 뿐이고 필자가 볼 때는 공단이라는 특성상 계절에 따라 경기가 좋지 않으면 공단의 토지 판매가 감소하는 경향이 있는 것으로 보인다.

또한 장기적으로 볼 때 공단 자체의 경쟁력이 떨어져서 그런 것은 아닌지도 고민해봐야 한다. 기본적으로 브까시 지역의 기업 입주가 상당히 많이 진행되었고 개발 또한 상당 부분 진행이 된 상태다. '앞으로 추가 입주할 만한 기업이 있는지?', '글로벌 시장에서 인도네시아가 생산기지로서 그만한 경쟁력이 있는지?' 또한 고민해봐야 한다.

BEST는 그룹이 운영하는 MM2100에서 발생하는 수익이 대부분이기 때문에 공단 자체의 경쟁력 하락에 의한 매출 감소는 방어할 수 없다. 대신 회사의 차입이 낮아서 이자 금액이 적기 때문에, 2015년 이후 40% 이상의 순수익률을 유지하고 있다. 이 부분은 긍정적으로 작용할 수 있을 것으로 보인다.

추가로 긍정적인 뉴스가 될 수 있는 것으로는 현대자동차의 인도네시아 진출 소식이 있다. 최근 전기차 부문 생산 공장을 인도네시아에 설립하는 것으로 최종 결정이 되었다. 아직 위치 선정이 명확하게 되지는 않았지만 브까시 지역이 최종 후보 중 하나라는 소식을 들었다. 관련 비즈니스를 하다 보니 이런 소식들이 간간히 들려오기도 한다.

이전의 단계가 정량적인 요소들을 나열하여 기계적으로 종목을 스크리닝했다면 기업을 분석하는 단계에서는 정성적인 판단 또한 많이 들어가게 된다. 오랜 시간 관찰해야 할 때도 있고, 때로는 직접 기업을 방문해서 현장을 보고 난 뒤에야 확신이 설 때도 있다. 때문에 앞의 스크리닝 단계에서 시간 낭비를 하면 안 된다.

〈헥사곤〉에서는 이러한 단계를 모두 점수화하여 Scoring Map을 작성한다. 나아가 현지 기업 방문을 통해 기업 운영진이나 전략을 평가하는 것까지 진행하고 있다. 일반적인 개인 투자자라면 이렇게까지 할 필요는 없다. 데스크톱 리서치를 통해서도 충분히 정성적인 평가가 가능하다.

물론 이 같은 판단을 내리려면 어느 정도 실력이 뒷받침될 필요가 있으므로 이러한 과정을 여러 번 반복하면서 경험을 쌓아야 할 것이다. 공부 잘하는 것과 돈을 잘 버는 데에는 왕도가 없다. 어떤 분야건 열심히 하는 것은 기본이다. 주식 투자도 마찬가지다. 투자 공부 대충 해서 돈 벌 생각은 하지 말자. 불로소득은 없다.

자, 이렇게 첫 저평가 기업인 인도네시아의 BEST에 대한 기업 분석이 끝났다. 그럼에도 불구하고 아직 투자 의사를 결정하면 안 된다. 우리의 자산은 한정되어 있고 앞서 강조한 것처럼 집중 투자를 진행해야 하기 때문이다.

따라서 앞으로 진행될 모든 산업 분야의 기업들에 대한 분석을 마친 후에 비교를 통해 이중 가장 좋은 회사만 최종 포트폴리오에 넣도록 할 예정이다. 최종 포트폴리오에 어떤 종목이 들어갈지, 몇 종목을 담을지는 아직 모른다.

3. 베트남의 건설, 부동산

베트남의 경우 대형 종목 또한 상승을 지속하고 있기 때문에 인도네시아와 같은 방법으로 투자해서는 수익을 내기 어려울 수 있다. 오히려 대형 종목을 상호 비교해서 가장 훌륭한 수익을 내는 기업에 투자하는 방향이 맞을 것으로 보인다.

언제 가치투자 시장이 도래하여 저평가 종목이 주목받는 경우가 생길지 모르니 기업 리스트에는 2조 동 이상인 종목을 모두 기록했다. 이 중 10조 동 이하인 종목 중에 PER 30 이상, PBR 5 이상 기형적으로 고평가된 종목은 모두 삭제했다.

실제 사업 회사가 아니고 지주 회사인 VIC는 리스트에는 그대로 두었지만, 실제 평가에서는 제외했다. 대형 종목의 상호 비교가 필요하기 때문에 이번 챕터에서는 10조 동 이상인 종목만 비교할 예정이다.

안정적인 투자를 위해 베트남의 경우 중소형 종목은 다루지 않겠다. 10조 동은 한화로 시가총액 약 5,000억 원 이상인 종목에 해당한다. 현재 인도네시아의 건설 부동산 시장을 보면 업계 1위는 37조 루피아(한화 약 3.5조 원)이고 13위까지 상위 종목이 모두 10조 루피아(한화 약 1조 원) 이상에 해당한다.

인도네시아의 사례를 참고한다면 베트남의 상위 종목에 투자해도 2배에서 5배까지 수익이 날 수 있다고 보는 것이다. 소형 저평가 종목이 필요하신 분들은 다음에 첨부된 기업 리스트를 추가로 모니터링해 보면 될 것이다.

다음 리스트에서 지주 회사인 VIC를 제외하고 실제 상위 기업 5개 사의 지표 평균을 내보니 PER 17.73, BPR 2.92가 나왔다. 그렇다면 이제 '공식 1. 이회싸?'를 적용해보자. 여기서는 인도네시아와 다르게 '상대적'으로 저평가된 종목을 골라내도록 한다. 위 리스트의 상위 5개 사 중 싼 기업을 뽑으라면 상위 기업 평균치보다 저평가된 기업을 골라내면 된다. 그렇게 최종적으로 NVL, BCM, KDH 세 종목을 선정했다.

베트남 부동산 종목 스크리닝 1단계(2019 1Q)

순위	티커	회사명	시가총액 (bil, VND)	PER	PBR
1	VIC	VinGroup Joint Stock Company	397,529.51	107.18	5.49
2	VHM	Vinhomes Joint Stock Company	261,597.04	20.33	5.72
3	VRE	Vincom Retail Joint Stock Company	79,179.83	31.97	2.72
4	NVL	No Va Land Investment Group Corporation	53,799.68	15.43	2.72
5	BCM	Investment and Industrial Development Joint Stock Corporation	25,148.46	8.45	1.99
6	KDH	Khang Dien House Trading and Investment Joint Stock Company	13,186.64	12.49	1.46
		상위 5개 기업 평균 지표(VIC 제외)		17.73	2.92
7	SDI	Sai Dong Urban Development and Investment Joint Stock Company	8,266.51	6.25	0.94
8	PDR	Phat Dat Real Estate Development Corporation	8,256.98	12.81	1.84
9	NLG	Nam Long Investment Corporation	7,090.41	7.55	1.49
10	KBC	Kinh Bac City Development Holding Corporation	6,764.55	10.78	0.74
11	VPI	Van Phu – Invest Investment Joint Stock Company	6,648.00	15.89	2.96
12	DXG	Dat Xanh Group Joint Stock Company	6,366.75	5.4	1.22
13	IDC	IDICO Corporation – JSC	6,018.60	17.99	1.71
14	HPX	Hai Phat Investment Joint Stock Company	5,339.90	16.34	2.1
15	TID	Tin Nghia Corporation	4,500.00	27.92	2.38
16	DIG	Development Investment Construction Joint Stock Corporation	4,079.30	11.67	1.11
17	HDG	Ha Do Joint Stock Company	3,714.09	3.38	1.46
18	FLC	FLC Group Joint Stock Company	3,074.29	9.92	0.34
19	SIP	Saigon VRG Investment Corporation	2,886.21	13.2	2.5
20	ITA	Tan Tao Investment and Industry Corporation	2,861.88	24.33	0.28
21	SCR	Sai Gon Thuong Tin Real Estate Joint Stock Company	2,476.32	7.71	0.58
22	TLP	Thanh Le Corporation	2,366.00	19.74	0.95
23	NTC	Nam Tan Uyen Joint Stock Corporation	2,256.64	4.45	3.43
24	LDG	LDG Investment Joint stock Company	2,089.30	2.87	0.63
25	SZC	Sonadezi Chau Duc Shareholding Company	2,030.00	20.05	1.73

출처 : VCSC, 각 회사, 헥사곤

전체 종목에서 저평가된 종목을 뽑아내는 것이 종목 스크리닝의 핵심이다. 다만 증권 시장의 역사가 짧은 베트남의 경우 아직도 업종 상위권 종목들이 지수를 이끌어가는 경향이 있다. 따라서 업종별로 상위권 기업 중에 가장 훌륭한 기업을 골라내는 전략을 취해야 한다. 그렇다면 이제 '공식 2. 이회정싸?'를 적용해보자.

베트남 부동산 기업 5년간 매출액 추이

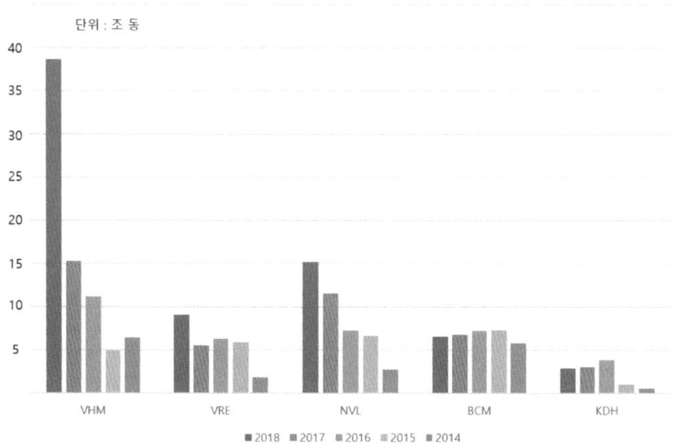

부동산 종목 스크리닝 2단계

순위	티커	2018 VND bil	2017	2016	2015	2014
2	VHM	38,664.33	15,297.31	11,217.38	4,920.36	6,512.81
3	VRE	9,123.95	5,518.24	6,385.89	5,958.14	1,927.49
4	NVL	15,290.39	11,632.34	7,359.18	6,673.44	2,801.81
5	BCM	6,570.93	6,803.72	7,299.66	7,337.54	5,832.35
6	KDH	2,916.60	3,054.81	3,931.64	1,049.94	621.08

출처 : VCSC, 각 회사, 헥사곤

상위 다섯 개 기업의 매출액을 살펴보니 빈홈즈(VHM)의 매출액 증가율이 두드러지는 것을 알 수 있다. 특히나 2018년도에는 빈홈즈 매출액이 두 배 이상 증가했다. 이는 한국과 중국 등 외국인들의 아파트 매매가 급증하면서 나타난 현상으로 보인다. 실제 현지 언론 보도를 통해 중국, 한국인의 부동산 매매가 현지 베트남인의 아파트 매매보다 앞서는 것으로 조사된 바 있다.

기업 리스트에서 보면 현재 빈홈즈의 경우 PER이 20 이상, PBR도 5 이상이라 고평가된 상태로 보인다. 또한 향후 외국인 투자에 대한 제한이 걸리거나 시장 경직으로 더 이상 판매가 어려워지게 된다면, 기업 매출이 감소할 수 있으니 주의해야 할 것으로 보인다.

이런 시각에서 본다면 좀 더 눈에 띄는 종목은 바로 노바랜드(NVL,

빈홈즈(VHM)

출처 : investing.com

No Va Land Investment Group Corporation)다. PER 15.43, PBR 2.72로 꽤 높은 편이지만 상위 5개 사의 평균치에는 약간 못 미친다. 상대적으로 저렴할 뿐만 아니라 상위권에 있는 타 회사에 비해 지속적으로 매출이 증가하고 있으며 매출액 기준으로 2위에 오르는 성과를 보이고 있다. 그렇다면 인베스팅닷컴을 통해 이 두 회사를 비교해보자.

빈홈즈의 경우 현재 베트남 주식 시장 시가총액 1위인 빈 그룹 자회사로 비교적 최근에 상장한 회사다. 이제 상장한 지 1년을 갓 넘기고 있어 투자 대상으로는 적절치 않아 보인다.

필자는 개인적으로 상장한 지 3년이 넘지 않는 회사에는 잘 투자하지 않는다. 실제로 상장을 위해 프리아이피오(Pre IPO) 단계에서 전환사채(CB) 발행 업무를 진행하다 보니 안정적이지 못하다고 판단했다. 신규 상장 종목의 경우 흥행을 위해 다양한 회계적 기법을 활용해 적정 가치보다 고평가되는 경우가 있기 때문이다.

앞서 기업별 매출액 그래프를 보면 빈홈즈의 상장 연도인 2018년의 매출액이 2배 이상 급증했음을 알 수 있다. 그런데 2019년 1분기 매출액은 전년 동기 대비 약 40%나 감소했다. 과연 상장한 지 1년이 지난 기업의 매출액 급감이 단지 우연에 불과한 것일까?

물론 모든 기업이 그런 것은 아니지만, 필자가 투자할 때마다 항상 고민하는 부분이다. 알기 어려운 보이지 않는 문제가 있다고 판단되면 고려 대상에서 제외함으로써 리스크를 없애야 한다. 앞서 설명했던 '비체계적 리스크'를 줄이는 것이다. 이렇게 해서 발생할 수 있는 위험을 피해갈 수 있다면 스스로 컨트롤이 가능한 리스크다.

실제로 부동산업 부문의 1위는 전체 시가총액 1위 빈 그룹(VIC)이고, 2위는 그 자회사인 빈홈즈(VHM), 3위는 마찬가지로 빈 그룹 자회사인 빈컴리테일(VRE)이다. 빈컴리테일 또한 2017년 하반기에 상장했다. 4위 BCM은 빈 그룹 계열사는 아니지만 마찬가지로 2018년에 상장했기 때문에 피하는 것이 좋다.

그렇다면 상위 5개 사 중에서 남은 것은 NVL와 KDH뿐이다. 이중 KDH는 상장한 지 꽤 됐고 주가는 계속 상승했지만 최근 매출액이 2년 연속 감소하고 있어 피하는 것이 좋아 보인다. 다만 지표상으로 저평가된 상태고 올해 1분기 매출은 전년 동기 대비 2배 이상 증가했으니, 리스트업해 두고 지속적으로 관찰해보자.

노바랜드는 2017년 초에 상장하여 아직 3년이 안 된 것으로 보인다. 다만 이제 3년이 다 되어가고 매출액이 지속적으로 상승하는 것으로

노바랜드(NVL)

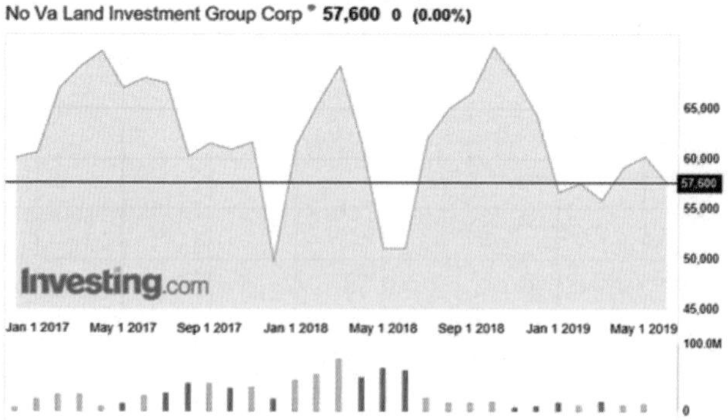

출처 : investing.com

볼 때 매력적인 종목이라는 생각이 든다. 그러면 이 회사 역시 투자할 만한 회사인지 상세히 한번 알아보도록 하자.

4. 베트남의 건설, 부동산 기업

▶ 이제 소개할 기업은 NVL, 노바랜드다. 노바랜드(NVL, Navaland)는 베트남 1위 개발사인 빈 그룹(VIC, Vingroup) 혹은 빈홈즈(VHM, Vinhomes)와 같은 사업 구조로 이루어져 있다. 특히 시가총액 1위인 빈 그룹이 자회사를 통해 다양한 사업군을 영위하고 있는 반면, 노바랜드는 부동산 개발에만 집중하고 있다.

필자는 다양한 사업군을 벌려 놓은 회사보다 단순한 사업 구조를 가진 기업을 좋아한다. 이는 워런 버핏의 의견도 마찬가지다. 매우 쉽고 단순한 사업을 하는 회사가 훌륭한 수익률을 안겨주기 때문이다.

사업이 단순하면 분석도 매우 쉽다. 예를 들어보자. 빈 그룹은 자회사 빈홈즈를 통해 부동산 개발 사업을 한다. 또 다른 자회사인 빈마트(Vinmart)는 빈홈즈가 개발한 부동산에 입점한다. 빈컴리테일(VRE, Vincom Retail)이라는 자회사의 백화점과 빈맥이라는 병원 브랜드 역시 이 부동산에 입점한다. 그리고 빈펄이라는 자회사를 통해 리조트와 놀이공원도 운영 중이다. 그 외에 학교와 편의점(Vinmart+)도 있고 최근에는 빈패스트(Vinfast)라는 자동차 회사와 빈스마트(Vinsmart)라는 휴대폰 제조 회사도 시작했다.

이제 빈 그룹을 분석하려면 이 모든 사업을 모두 따져봐야 한다. 할 수 있겠는가? 빈패스트가 앞으로 유망한 자동차 회사로 성공할 것 같다는 생각이 드는가?

정말 유망한 회사라면 빈패스트가 주식 시장에 상장한 후에 빈패스트에 투자하면 된다.

그런데 노바랜드에서 빈홈즈가 대규모로 개발해놓은 지역 옆에 땅을 산 다음 아파트를 분양해서 완판시킨다고 가정해보자(실제로 그런 경우가 많다). 노바랜드의 입주민들 또한 빈홈즈의 편의시설과 인프라를 이용하는 데 전혀 문제가 없다. 빈홈즈 단지의 가치가 올라갈수록 노바랜드 단지의 가치 역시 따라서 올라간다. 이중 누가 더 효율적으로 회사를 운영하는 것일까?

물론 빈 그룹은 규모가 크기 때문에 당연히 다양한 사업군을 운영할 수 있다. 다만 우리는 투자자 관점에서 보자는 것이다. 노바랜드의 경

NOVA LAND

• 주요 사업 Main Business	Real Estate	• 상장일자 Listing Date	2016.12.19
• 설립연도 Established Year	1992	• 상장거래소 Stock Exchange	호치민 거래소(HOSE)
• 주주구성 Shareholders	Novagroup Corporation (21.1%) Bui Thanh Nhon (20.4%) Diamond Properties JSC (11.3%) Others(< 5%) (58.2%)	• 외국인 지분 소유 한도 Maximum Foreign Ownership • 시가총액 Market Cap.(VND bn)	7.01%/49% 53,424.77
• 사업특징 Key Features	- 상장한 부동산 업종 기업 중 시가총액 2위 No. 2 company in market capitalization among HOSE-listed real estate industries - 롯데건설과 협업해 베트남 신도시 개발 계획 Plans to develop a new city in Vietnam in cooperation with Lotte Engineering & Construction Co.		

출처 : 2018년 사업보고서, 헥사곤

우 부동산 개발이 주요 수익원이기 때문에 부동산 개발을 잘하는지만 분석하면 끝이다. 실제로 노바랜드는 부동산 거래, 토지 개발, 임대사업 등 일반적인 부동산 관련 사업만 운영하고 있다. 1992년 설립 당시부터 2000년대 중반까지는 부동산 사업뿐만 아니라 제약 및 유통에도 관여했다.

하지만 2007년 아노바 그룹과 노바랜드 두 그룹으로 나뉜 뒤로 지금의 형태를 갖추게 되었다. 그리고 노바랜드는 2014년부터 현재까지 다양한 개발 프로젝트들을 진행하며 빠른 속도로 성장하고 있다.

노바랜드의 주주 구성은 노바 그룹 코퍼레이션(Novagroup Corporation) 21.1%, 부이탄농(Bui Thanh Nhon) 20.4%, 다이아몬드프로퍼티즈(Diamond Properties) 11.3%로 주요 주주의 지분을 모두 합하면 50%가 조금 넘는 수준이다. 실제로는 2005년에 부이탄농 그룹 회장을 주요 주주로 해서 설립되었다. 그리고 그 정확한 지분이 명시되어 있지 않지만 노바 그룹 코퍼레이션은 부이탄농이 높은 비중을 가지고 있을 가능성이 높다. 거기에 더해 3대 주주인 다이아몬드프로퍼티즈 또한 부이탄농이 회장직을 맡고 있어, 결국 주요 대주주들의 실권한은 50% 이상 지분을 차지한 부이탄농에 집중되어 있음을 알 수 있다.

2019년 5월에는 롯데건설이 노바랜드와 전략적 파트너십을 체결, 베트남 district 1과 district 2 지역의 아파트 단지와 호찌민 인근 신도시 개발을 공동으로 추진하겠다고 밝힌 바 있다. 앞으로 롯데건설과 노바랜드가 공동으로 진행할 프로젝트 또한 기대된다. 이와 관련한 정보는 카페와 블로그 등을 통해 꾸준히 공유할 생각이다.

최근 주가는 5만 7,000동 정도이며 2018년 말 급락한 이후로 6만 선 아래에 머물러 있는 모양이다. 바닥 기준으로는 완만하게 상승하고 있다. 먼저 분석한 바와 같이 현재 PER와 PBR은 각각 15.5, 2.7 정도로 동종 업종과 비교하면 다소 낮은 수준이기 때문에, 앞으로의 사업성이 나쁘지 않다면 괜찮은 가격대로 보인다.

다만 18년 상반기 이후로 거래량이 크게 줄었고 당분간 이대로 횡보할 가능성도 있으니 최종 투자 리스트에 올려두고 좀 더 지켜볼 생각이다.

아래 표는 노바랜드의 재무 상태다. 총자산 및 부채 그리고 총자본 모두 가파르게 상승하고 있다. 5년간 연평균 증가율을 계산해보면 자산은 45%, 자본은 58% 증가했다. 회사가 매년 1.5배씩 성장한 것이니 매우 빠른 성장 속도를 보여주고 있다.

특히 2018년에는 공격적인 투자를 실행하면서 자산 규모가 크게 늘

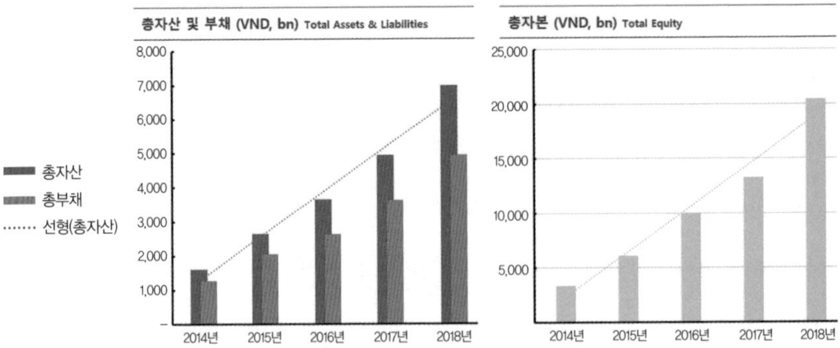

출처 : 2018년 사업보고서, 헥사곤

었다. 전에 없던 대규모 대출이 발생했고, 프로젝트를 진행할 자회사 및 계열사에 대한 투자도 전년 대비 7배로 끌어올렸다. 프로젝트 결과를 보면 그 성과를 알 수 있다.

실제로 지난해 완공, 분양한 프로젝트는 총 22개로 총 2만 2,000여 개 유닛에 해당하는데, 18년 연말 기준 95%가 계약되었고 안정적으로 수급되어 탁월한 운영 능력을 보여주었다. 2017년에는 15개를 완료했던 것에 비해 프로젝트 수도 늘어난 모습이다.

최근에는 나트랑(Nha Trang)과 판티엣(Phan Thiet) 등에 리조트 개발에 착수하는 한 가지 변수가 발생했다. 회사의 규모가 커지면서 다양한 사업군으로 비즈니스 라인을 넓혀가는 것은 당연하다. 하지만 리조트 프로젝트는 처음 진행하기 때문에 사업 경과를 주의 깊게 지켜봐야 할 필요성은 있어 보인다.

매출과 순이익은 자산과 자본보다 더 극적으로 상승했다. 매출과 순이익의 연평균 증가율은 각각 59%, 179%로 2014년과 비교하면 순이익은 거의 매년 두 배 이상 상승한 것이다. 이게 무슨 말인지 잘 이해가 되지 않는 초보 투자자라면, 연봉이 올해 59%가 상승했다고 이해하면 된다. 연봉 1억 원이던 사람의 연봉이 1억 6,000만 원이 된 것이다. 또 연봉이 늘어난 것에 비해 지출은 그대로이거나 오히려 줄었다. 그래서 저축하거나 다른 데 투자할 수 있는 돈이 작년보다 두 배 이상 늘어났다. 개인으로 보더라도 실로 엄청난 증가세라고 볼 수 있다.

상장 이후인 2016년부터 3년간을 기준으로 보더라도 연평균 41%의 놀라운 수익성을 보여주고 있다. 다만 앞서 이야기한 것처럼 상장 3년

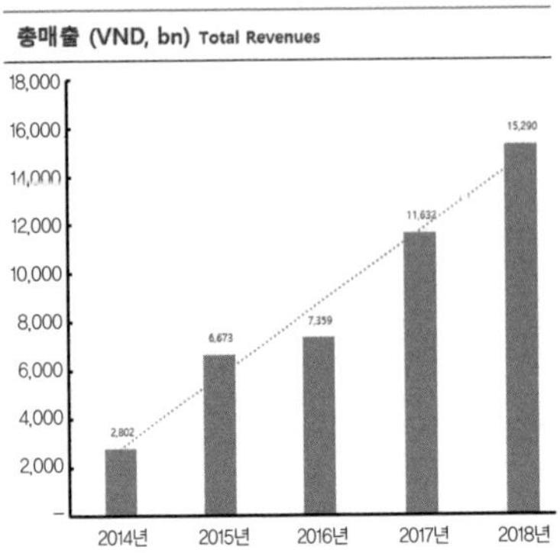

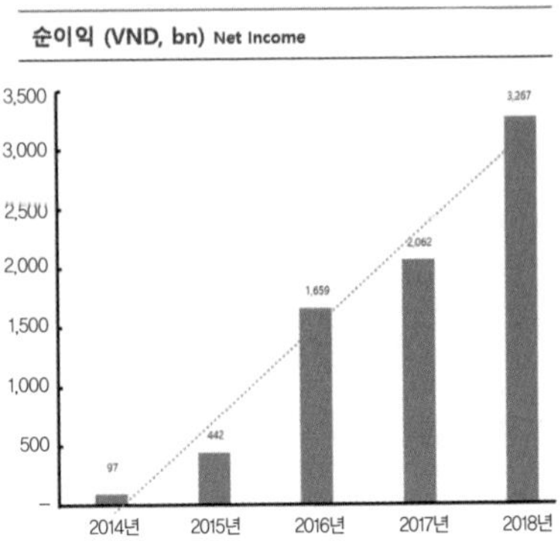

출처 : 2018년 사업보고서, 헥사곤

차 기업이기에 성과가 부풀려져 있을 수 있다. 따라서 이제부터 나오는 성과를 더 중요하게 봐야 할 것이다.

2017년과 비교해 2018년에 이토록 극적인 매출과 순이익 증가를 이끌어낼 수 있었던 것은 부지 매입금 대비 유닛의 수가 많아졌기 때문이다. 2017년 기준으로 개발 중이거나 개발이 완료되어 분양된 프로젝트들의 총면적은 90만 제곱미터에 총 2만 6,000유닛이었다. 2018년에는 71만 제곱미터에 2만 7,000유닛을 개발했다.

총 개발 면적이 22% 감소한 것에 비해 유닛 수는 늘어났기 때문에, 토지 매입 또는 기타 개발비 대비 이익을 더 실현할 수 있었던 것이다.

노바랜드는 총매출의 97%를 핵심 사업인 부동산에서 거두고 있다. 이중 아파트가 59%, 단독 주택 및 빌라 8%, 오피스 9%, 상가 4% 그리고 기타 20%의 비중을 가지고 있다. 실제 매출의 절반 이상이 아파트에서 나오고 있으니 이를 잘하고 있는지만 살펴보면 이 회사의 분석은 끝난다.

마지막으로 노바랜드는 2018년 공격적으로 투자를 진행했다. 그럼에도 유동비율, 당좌비율 등 기업의 유동성을 나타내는 지표들은 크게 흔들리지 않고 유지되고 있다는 점이 훌륭하다. 개발과 분양을 반복하면서 유동성을 확보하는 것이 핵심인데, 베트남 도심을 중심으로 도시화가 진행되면서 주택 수요는 계속 증가할 전망이다. 때문에 수익성이 크게 떨어질 가능성은 낮아 보인다.

첫 번째 유의할 점은 신사업으로, 2019년 4분기 완공 예정인 투어리즘 프로젝트, 리조트 사업이 있다. 현재 2개의 리조트 프로젝트가 더 추가될 예정이기 때문에 신사업 진행의 결과물이 어떻게 될지가 앞으로 기업 성장에 큰 영향을 줄 것으로 보인다.

두 번째 유의점은 고평가된 베트남의 부동산 시장 상황이다. 베트남 부동산에 투자하려는 외국인들이 유입되면서 가격이 많이 올라 있다. 다만 이는 노바랜드뿐만 아니라 베트남의 모든 부동산 산업에 해당하는 것이기 때문에, 이 분야가 어떻게 변화할지 지속적으로 점검해야 한다.

이렇게 해서 노바랜드에 대한 기업 분석이 끝났다. 인도네시아의 BEST와 마찬가지로 이 기업에 실제 투자를 할지는 아직 결정하지 못했다. 일단 최종 리스트에 올려 두도록 하자.

실전 투자 2 : 인프라

1. 인도네시아의 인프라

앞서 진행했던 스크리닝 방법과 마찬가지로 과도하게 지표가 왜곡될 수 있는 종목들은 모두 삭제했다. 인도네시아의 산업 구분상 인프라 업종에는 통신 관련 업종, 교통과 도로 관련 업종, 해운 항만 등의 업종 또한 모두 포함되어 있다.

인도네시아의 인프라 산업은 정치적인 영향을 많이 받기 때문에 정부에 대한 이해가 조금 필요하다. 먼저 올해 4월에 있었던 대선에서 재선에 성공한 조코 위도도 대통령은 총 700억 달러(80조 9,000억 원) 규모의 고속도로 건설 프로젝트를 내놓았다(아시아경제, 〈80조 원 인니 고속

인도네시아 인프라 종목 스크리닝 1단계(2019 1Q)

순위	티커	회사명	시가총액(mil, 루피아)	PER	PBR
1	TLKM	Telekomunikasi Indonesia Persero	386342644	15.8	3.7
2	PGAS	Perusahaan Gas Negara Persero	46907318	12.9	1.3
3	JSMR	Jasa Marga Tbk	41188419	17.5	2.4
4	TOWR	Sarana Menara Nusantara Tbk	36730530	20.1	4.4
5	TBIG	Tower Bersama Infrastructure Tbk PT	17536517	20.1	4.9
6	POWR	Cikarang Listrindo Tbk PT	14317568	9.4	1.5
7	GIAA	Garuda Indonesia Persero Tbk	10509949	9.5	0.8
8	BIRD	Blue Bird Tbk	7156006	20.4	1.4
9	TRAM	Trada Maritime Tbk	6056522	19.4	1.2
10	BUKK	Bukaka Teknik Utama Tbk Pt	5201690	6.8	2.4
11	CMNP	Citra Marga Nusaphala Persada	4435519	5.1	0.7
12	PPRE	Pembangunan Perumahan Presisi PT	3946568	10.7	1.7
13	META	Metal Component Engineering Ltd	3382745	16.3	1.4
14	ASSA	Adi Sarana Armada Tbk	2548125	21	2.3
15	SHIP	Sillo Maritime Perdana Tbk PT	2366217	12	2.2
16	IPCC	PT Indonesia Kendaraan Terminal Tbk	2091142	11.4	1.9
17	SOCI	Soechi Lines Tbk	1524744	4.6	0.3
18	IPCM	Jasa Armada Indonesia Tbk PT	1437468	11.3	1.3
19	BULL	Buana Listya Tama Tbk PT	1401334	7.9	0.6
20	BLTA	BerlianLaju Tanker Tbk	1297009	12.5	2.9
21	MBSS	Mitrabahtera Segara Sejati Tbk	1120017	13.4	0.5
22	RAJA	Rukun Raharja Tbk	1082133	9.2	0.8
		22개 기업 평균 지표		13.06	1.85

출처 : IDX, 각 회사, 헥사곤

도로 동서남북 연결, 조코 위도도 2기 대역사〉 기사 내용 참조). 인도네시아 전역의 유료 고속도로를 2024년까지 현재의 3배로 늘리겠다는 계획이다.

실제로 조코 위도도 2기 정부는 국가 현대화 프로젝트 예산 4,120억 달러 중 60%를 교통 분야에 집중한다는 계획이다. 첫 임기 5년 동안에도 인프라 확충에 많은 공을 들였는데 총 3,423Km 국도, 941km 고속도로, 10개의 공항, 19개의 신항만, 지하철(MRT), 지상철(LRT) 등도 대거 완공했다.

이 같은 조코 위도도 정부의 인프라 집중 투자 정책은 2기 정부에서도 지속할 것으로 보인다. 특히나 유료 고속도로에 집중하고자 하는 것은 산업 규모가 급격하게 커짐에도 운송 인프라 부족으로 물류 효율성이 세계 최악인 것을 염두에 둔 것으로 보인다.

베트남과 인도네시아 부동산 기업을 통해 이미 1회씩 스크리닝을 해봤으니 이번에는 바로 '공식1 이회싸?'를 적용해 PER 10 이하 PBR 1 이하인 기업만 골라내보자.

그러면 GIAA, CMNP, SOCI, BULL, RAJA 5개 종목으로 압축된다. 이 5개 종목에는 앞서 출간한 책에서 유명세를 탔던 통신 1위 종목인 TLKM은 포함되지 않는다. 공식을 기준으로 한다면 이 종목은 저평가된 종목이 아니기 때문이다. 물론 동종 산업의 타 종목보다는 매우 훌륭한 종목임에 틀림없다. 하지만 다시 한번 명심하자. 우리는 훌륭한 종목을 찾는 것이 아니라 하락하지 않을 종목을 찾는 것이다.

여기서 PER의 의미에 대해 간단하게만 정의하자. 검색을 통해서도 찾아볼 수 있는 내용이다. 직관적으로 알기 쉽게 설명하자면 "이 회사

인프라 종목 스크리닝 2단계

순위	티커	회사명	시가총액(mil, 루피아)	PER	PBR
7	GIAA	Garuda Indonesia Persero Tbk	10509949	9.5	0.8
11	CMNP	Citra Marga Nusaphala Persada	4435519	5.1	0.7
17	SOCI	Soechi Lines Tbk	1524744	4.6	0.3
19	BULL	Buana Listya Tama Tbk PT	1401334	7.9	0.6
22	RAJA	Rukun Raharja Tbk	1082133	9.2	0.8

출처 : IDX, 각 회사, 헥사곤

가 지금과 같은 수익을 몇 년간 지속하여야 지금의 주가만큼 돈을 벌 수 있는가?"이다. 필자도 PER의 여러 의미에 관해 공부하고 쉽게 설명하기 위해 고민하면서 내린 결론이다. 시간이 지나고 투자 경험이 쌓이다 보니 이것이 가장 명쾌한 해석인 듯하다.

PER에서 'P'는 Price, 즉, 가격을 뜻하고 주가를 말한다. 'E'는 Earning, 수익을 말하며 EPS(Earning Per Share, 주당순이익)에 해당한다. R은 Ratio, 비율이다. 따라서 PER은 지금의 EPS(E)가 몇 년간 반복되어야 지금의 주가(P)가 되는지를 나타내는 수치이다. 따라서 PER이 100인 종목은 앞으로 100년간 지금과 같은 주당순이익(EPS)이 발생해야 한다는 의미로 볼 수 있다. 물론 순이익이 지속 상승할 수 있다는 기대감에 의해 주가가 먼저 반영되므로 이 기간은 짧아질 수 있다.

그런데 지금 우리는 PER이 10 이하, 혹은 극단적으로 더 낮은 종목을 고르고 있기 때문에 10년 내로 지금의 회사 주가만큼 순이익을 낼 만한 회사를 찾는 작업을 하는 것이다. 그렇다면 골라낸 다섯 개 종목

의 매출을 비교해보자. '공식 2, 이회정싸?'

자, 이제 이 회사들이 정말 싼 것인지 확인해봐야 한다. 이번 산업군에서는 두각을 나타내는 회사들이 많다. 검증에 좀 더 신중을 기하도록 하자. 마지막 회사인 RAJA를 제외하고 모두 매출액이 꾸준히 늘어나고 있다. 특히나, GIAA, CMNP, BULL 세 종목의 매출이 급증하고 있으니 먼저 살펴보자.

가장 규모가 큰 GIAA(Garuda Indoenesia Persero Tbk는 가루다인도네시아로 인도네시아의 국영 항공사다. 한국의 경우를 봤을 때, 항공사 비즈니스가 투자자들에게 장기적으로 큰 수익을 남겨주기는 어렵다. 항공기 구매비, 유지비

인도네시아 인프라 기업 5년간 매출액 추이

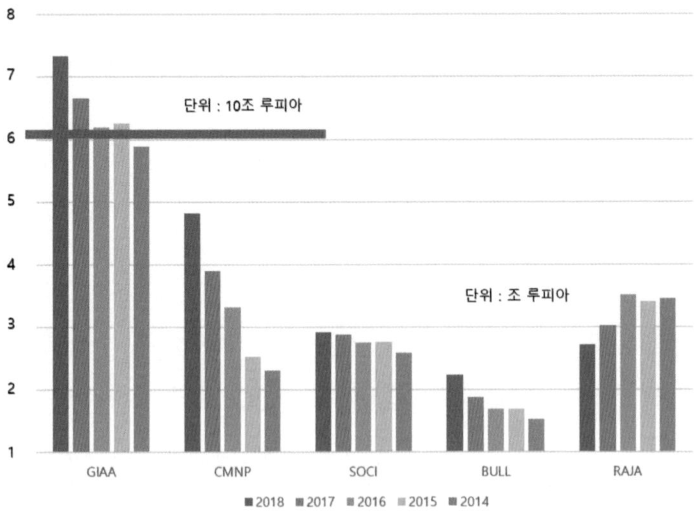

출처 : IDX, 각 회사, 헥사곤

등 비용은 많이 들어가고 다양한 이해관계가 얽혀 있어 수익성은 낮은 구조이기 때문이다. 그럼에도 인도네시아에서 가장 큰 국영항공사이기 때문에 상식적으로 알아두고 가면 좋겠다)는 타 기업들보다 매출이 10배 이상 될 정도로 규모가 큰 곳이다. 현재의 PER과 PBR을 비교했을 때 저평가로 나타났지만, 실제로 2018년, 2017년, 2016년 PER이 모두 마이너스를 기록한 종목이다. 따라서 정적인 현재의 정보가 왜곡되었으니 삭제해야 한다.

BULL 또한 매출이 꾸준히 증가하면서 좋은 성과를 내는 것으로 보인다. 다만 최근 주가가 급등해 PER이 10을 넘어갔다. 아쉽지만 이 종목은 모니터링 리스트에 두도록 하자. 이미 주목받기 시작하는 바람에 주가가 올라 버렸으니 지속적으로 체크하면서 다음에 올 좋은 기회를 모색해보자. 이런 종목들을 아까워하지 말자. 아직도 스크리닝할 종목은 많고 좋은 기업도 많이 남아 있다.

CMNP는 매출이 급증하고 있으나 주가는 지속적인 하락세를 보여주고 있는 모습이다. 그럼에도 불구하고 '공식 1, 2'에 모두 해당하는 저평가 종목으로 판단되니 리뷰할 종목에 넣기로 하자.

마지막으로 매출이 급증하고 있지는 않지만 서서히 꾸준히 증가하고 있는 SOCI의 경우 지표가 매우 좋다. PER 4.8, PBR 0.3으로 '공식 1'을 적용했을 때 가장 좋은 기업이다. 우리가 가장 중요하게 생각해야 하는 것은 '공식 1'이다. 1번이 저평가 기업인지 보는 것이고 2번은 정말 그런 것인지 확인하는 보조 작업이다. 따라서 매출액이 급등하는 종목에 현혹되는 것보다 저평가된 기업에 집중해야 한다. 이런 회사들이 차후에 매출액이 급등하면 주가가 폭발적으로 성장한다.

그럼 CMNP와 SOCI 두 종목을 비교해보자.

CMNP는 거래량이 적기 때문에 거래에 주의해야 할 것으로 보인다. 그런데 여기서 한 가지 특이한 점이 보인다. 거래량이 늘어나면서 주가가 올랐는데 현재는 횡보 중이다. 이후 거래량이 매우 낮은 상태로 현재까지 유지되고 있다.

이런 모습은 대주주 혹은 관심 있는 누군가가 시장에 나와 있는 지분을 지속적으로 매입하는 경우에 주로 나타나므로, 긍정적인 신호가 될 수 있다. 이 종목이 정말 그런 종목인지, 상세히 알아볼 필요가 있다.

SOCI의 경우 그동안 지속적으로 주가가 하락했던 종목이다. 2014년 말에 상장한 종목으로 올해 햇수로 6년 차에 이른 종목이다. 일반적으로는 상장 직전 부풀려졌던 재무제표가 상장 이후 3~5년 사이

찌뜨라마르가누사빨라뻐르사다(CMNP)

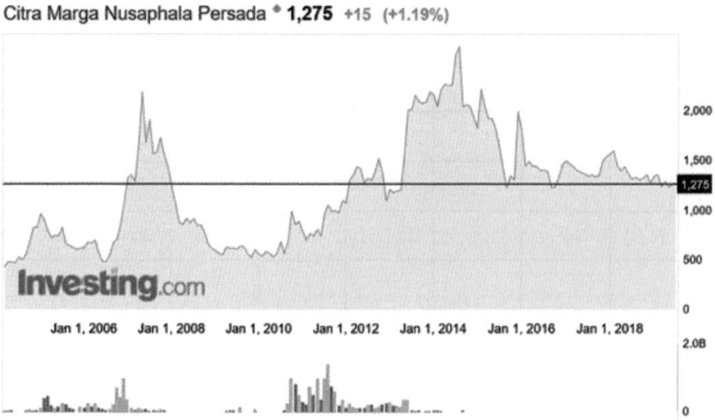

출처 : investing.com

에 거품이 빠지고 정말 좋은 종목과 나쁜 종목으로 정체를 드러내기 시작한다.

이 종목 또한 4년 차까지 거품이 쭉 빠지고 5년 차인 작년부터 반등을 시작한 것으로 보인다. 그러는 동안 대중의 관심은 멀어지고 상장 전 투자자들은 매도를 통해 엑시트(EXIT, 재무적 투자자의 경우 투자 시점부터 매각을 고려하고 참여하게 되는데 일반적으로 3~5년의 기간 동안 투자하는 것을 선호한다. FI 혹은 SI들이 일정 시간이 지나고 매각하는 것을 엑시트라고 한다)를 했을 것이다. 그러면서 주가가 지속적으로 하락했다. 그런데 매출은 꾸준히 증가했고 순이익 또한 꿈틀하는 모습을 보이기 시작한 것이다. 그러다 보니 실제 실적보다 주가가 저평가된 종목으로 탈바꿈한 것이다. 이 종목도 포기할 수 없다.

소치라인스(SOCI)

출처 : investing.com

인도네시아의 인프라 기업은 CMNP, SOCI 두 종목 모두 상세히 살펴보기로 하겠다.

2. 인도네시아의 인프라 기업

▶ 먼저 인도네시아의 유료 고속도로 기업인 찌뜨라마르가누사빨라 빠르사다(CMNP, Citra Marga Nusaphala Persada)를 살펴보자. 고속도로 건설에 참여하거나 그 고속도로를 운영하면서 고속도로 이용료, 흔히 말하는 톨비를 운영 수익으로 삼는 기업이다. 설립 당시 CMNP는 지금 같은 상업적인 유료 고속도로 기업이 아닌 인프라 관련 기업들을 합쳐놓은 협력체였다. 그저 건설, 부동산, 건설 원자재 기업 등의 협력체였던 CMNP는 1993년 정부로부터 고속도로 운영 라이선스를 취득한다. 이 라이선스를 취득한 것이 CMNP의 시작이자 현재를 만든 사건이라고 할 수 있다.

이때 운영 허가를 따낸 고속도로가 바로 자카르타 내부 순환도로다. 자카르타 링 로드라고도 하는데, 우리나라로 치면 서울의 내부 순환로와 유사하다. CMNP는 이 도로를 운영하면서 막대한 순이익을 올리고 있고 이를 통해 또 다른 고속도로 사업으로 확장하고 있는 상황이다.

주주 구성은 비엔피파리바(BNP Paribas) 싱가포르에서 45.25%, 라자버르까뜬뜨람(Raja Berkah Tentram)이 7.59% 그리고 기타 개인 주주가 47.16%를 보유하고 있다.

주요 사업 Main Business	Toll Road	상장일자 Listing Date	1995.01.10
설립연도 Established Year	1987	상장거래소 Stock Exchange	IDX
주주구성 Shareholders	BP2S Sg/BNP Paribas Singapore Branch Wealth Management (45.25%) PT Raja Berkah Tentram (7.59%) Others(< 5%) (47.16%)	시가총액 Market Cap.(IDR bn)	5,087.27
사업특징 Key Features	- 1993년 공동 운영을 위해 고속도로 건설 및 운영 라이선스 취득, 유료 고속도로 사업 시작 The company started toll road business at 1993 after obtained license to carry out joint operations - 자카르타 내부 순환 도로 건설 및 운영으로 안정적인 수익 창출 Making revenues stably by construction and maintenance service of Jakarta Inner Urban Toll Road(JIUT) which is the company participated in		

출처 : 2018년 사업보고서, 헥사곤

비엔피파리바는 프랑스계 다국적 금융 그룹으로 싱가포르 지사를 통해 인도네시아 등 동남아 시장에 많은 투자를 진행하고 있다. CMNP 또한 그런 취지에서 지분을 취득한 것으로 보이고 2016년에 과반의 지분을 차지한 이후 점진적으로 비중을 낮추는 추세다.

이에 반해 라자버르까뜬뜨람은 지분을 늘려나가고 있다. 이에 따라 시중에 나와 있는 거래 물량은 많지 않은 것으로 보인다. 대주주가 지분을 늘려가는 상황은 아니지만 유의미한 움직임으로 보인다. 지속해서 라자버르까뜬뜨람의 지분 상황을 체크하면서 대응해야 할 것으로 보인다.

상장일자는 1995년으로 당시 나뉘어 있었던 자카르타 증권 거래소와 수라바야 증권 거래소에 동시에 상장했다. 현재 시가총액은 5조 루피아 정도로 한화 4,200억 원 정도에 해당하는데, 시가총액으로는 인프라 기업치고 작은 편에 해당한다.

CMNP의 자산과 자본은 매우 안정적인 모습이다. 5년간 연평균 증가율이 26%에 달할 정도로 빠른 성장을 하고 있다. 일반적인 기업이라면 자산이 증가함에 따라 부채가 늘어나는 것이 당연하다. CMNP도 현재까지는 매우 안정권에 해당한다.

하지만 2014년부터의 부채비율 추이를 보면 50%에서 110%로 계속 증가하는 추세이기 때문에, 이후에도 계속 증가할지 지켜보는 것이 좋겠다.

CMNP의 자산 구조에서 특징적인 점은 현금 자산과 도로 운영권 비중이 높다는 점이다. 도로 운영권이란 정부로부터 받은 도로 운영에 대한 권한을 금액으로 산정해놓은 것이다. 2023년 자카르타 내부 순환도로 승인 기간이 추가 연장되지 않고 만료되면 운영권에 해당하는 자산의 변동이 있을 것으로 보인다. CMNP는 이에 대비하기 위해 자카르

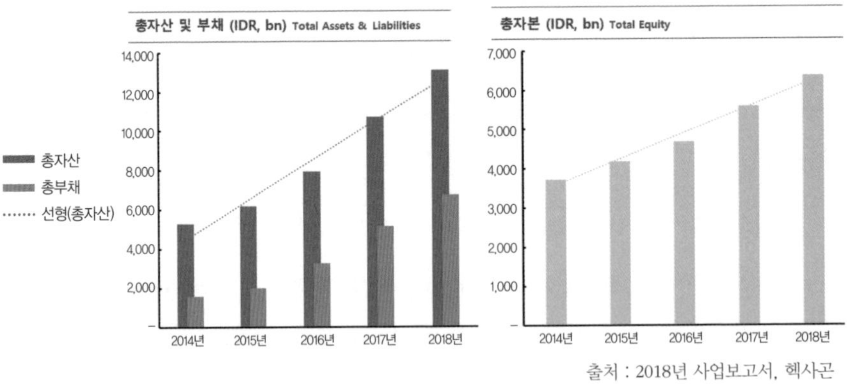

출처 : 2018년 사업보고서, 혁사곤

타 도로 외에 수라바야, 반둥 등 지방 도시 유료 프로젝트를 운영하고 있다. 아마도 서서히 자카르타 도로의 수익 외에도 다양한 수익원을 만들어나갈 것으로 보인다.

매출과 연간 이익에서도 안정적인 모습이다. 매출과 연간 이익의 연평균 증가율이 각각 32%, 17%에 달했고 큰 변동 없이 증가세가 이어지고 있다. 특히 최근 2018년 4분기와 2019년 1분기 실적이 두각을 나타냈다. 지난 4분기에는 평소 분기의 2배에 달하는 매출을 올려 2018년 전체 매출을 끌어올렸고, 2019년 1분기에는 영업이익률이 많이 증가했다.

CMNP의 2018년 말 실적 향상은 인도네시아 대선 이후 인프라 정책이 추진되었기 때문으로 보인다. 그 예로 정부 주도의 인프라 개발을 위한 자금 모집이 있었고, 국영 고속도로 회사인 JSMR과 신규 프로젝트

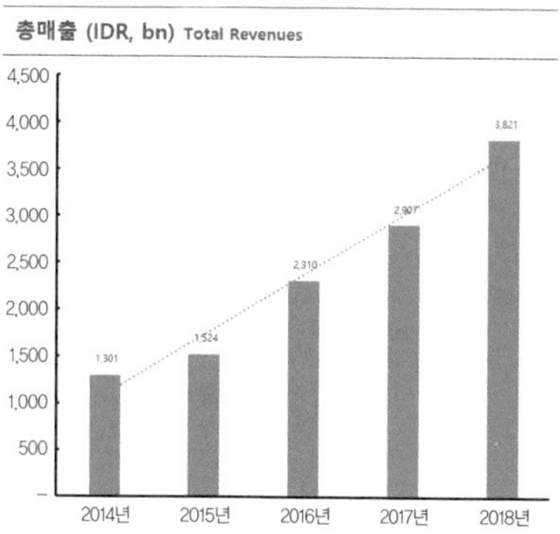

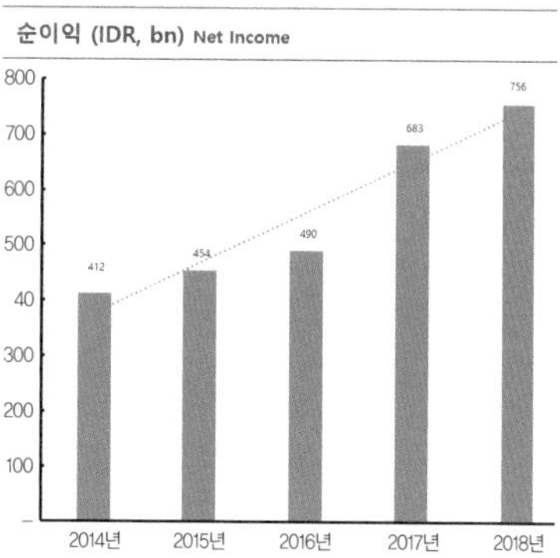

출처 : 2018년 사업보고서, 헥사곤

에도 참여했다. 조코 위도도 정부의 인프라 개발 정책과 CMNP의 고속도로 프로젝트는 방향성이 매우 유사하기 때문에 정책적으로도 수혜를 볼 수 있을 것으로 보인다.

CMNP는 기본적으로 자산, 자본, 매출, 연간 이익 모두 꾸준히 증가해온 안정적인 기업이다. 이를 가능케 했던 것은 자카르타 내부 순환도로 운영권이다.

2023년 그 권리가 만기될 예정인데, CMNP는 정부와의 관계도 긴밀해 또 다른 운영권을 따내 자카르타 내부 순환도로를 대체할 수 있을 것으로 보인다. 혹은 추가 연장 가능성도 있으니 다음 현지 탐방 시 방문해서 확인해보려고 한다. 무리한 고속도로 운영권 취득과 정부 입맛에만 맞춘 도로 사업은 CMNP의 사업성을 해칠 수도 있기 때문에 장기적인 안목에서 잘 관찰해 투자해야 할 것으로 보인다.

▶ 다음으로 소개할 기업은 소치라인스다. 소치라인스(SOCI, Sochi Lines)는 인도네시아의 물류 및 해상 운송 서비스 공급사업자다. 석유나 가스 같은 에너지 자원과 화학 물질을 운반하는데, 그중 가장 비중이 큰 것은 석유다. SOCI의 가장 중요한 거래 상대는 인도네시아 국영기업인 빼르따미나(Pertamina)이다. 빼르따미나는 국영 석유 기업으로 인도네시아 석유 공급 전반을 관리한다고 할 수 있다.

인도네시아 각지의 정유소에서 최종 소비지인 각 지역으로 원유를 운반하는 것이 SOCI가 빼르따미나와 하는 일이다. SOCI에서 빼르따미나와 거래를 통해 발생하는 매출은 2019년 1분기 기준 약 70%에 달한다.

주주 구성은 소치 그룹(Soechi Group) 79.9%, 기타 개인 주주가

SOECHI LINES

Quality • Reliability • World Class

• 주요 사업 Main Business	Logistic and Shipping	• 상장일자 Listing Date	2014.12.03
• 설립연도 Established Year	2010	• 상장거래소 Stock Exchange	IDX
• 주주구성 Shareholders	PT Soechi Group (79.9%) Others(< 5%) (20.1%)	• 시가총액 Market Cap.(IDR bn)	1,750.63
• 사업특징 Key Features	- 원유와 가스 운송을 주로하며 국영 에너지 기업 쁘르따미나(PT Pertamina)와 거래 Mainly engaged in crude oil and gas transportation and transactions with PT Pertamina which is owned by government - 현지 정유소를 중심으로 인도네시아 각지로 운송함 Transport to all parts of Indonesia centering on local oil refineries		

출처 : 2018년 사업보고서, 헥사곤

20.1%를 차지하고 있으며 비교적 장기간 동일한 지배 구조를 이어오고 있다. 20.1%의 개인 주주 중에는 일부 SOCI의 임원들이 1.7%씩 지분을 소유한 것을 확인했는데, 이들은 동일한 비중의 지분을 계속 유지하고 있다. 임원들과 최대 주주가 많은 지분을 가지고 있는 것은 긍정적인 신호다.

상장일자는 2014년 12월로 올해가 5년째이고 시가총액은 1조 7,000억 루피아, 한화 약 1,500억 원이다. 다른 기업과 비교하면 규모는 작지만 해상 운송 업종에서는 중상위권 규모에 해당하기에 비교적 안정적이다. SOCI는 작년 말까지 하락하며 최저점을 기록한 후 1분기 실적이 나오기 직전인 4월부터 폭발적인 매매량과 함께 50% 정도가 상승했다. 이런 SOCI의 변동 추이는 1분기 실적이 먼저 반영된 것으로 볼 수 있다.

그럼에도 불구하고 현재 PER과 PBR이 각각 5.1, 0.4 정도로 아직도 매우 낮다. 따라서 2분기, 3분기에 안정적인 매출 증가가 관찰된다면 추가적인 주가 상승도 가능할 것으로 보인다.

SOCI의 자산은 2017년과 비교해 22% 증가하면서 예년보다 큰 폭으로 증가했다. 해상 운송업에서 선박은 많으면 많을수록 수익 창출 능력이 향상한다. 또한 선박은 일반적으로 자산으로 잡히기 때문에 SOCI 같은 해상 운송 기업의 자산 증가는 매출 증가로 이어지게 된다.

실제로 SOCI는 고정자산의 약 3분의 2가 선박에 해당하고 매년 선박 구입으로 비용이 잡히고 있어 긍정적으로 성장하고 있는 것으로 보인다.

매출과 연간 이익을 살펴보면 최근까지 계속 주가가 하락했던 이유를 알 수 있다. 매출은 일정 수준을 유지했지만, 순이익은 계속해서 하락했다. 2016~2018년 각 연도마다 선박 처분 비용, 선박 운용 비용, 이자 비용 등이 크게 발생했기 때문이다.

이 항목들은 모두 단기적인 비용에 해당한다. 그러므로 다음 연도에

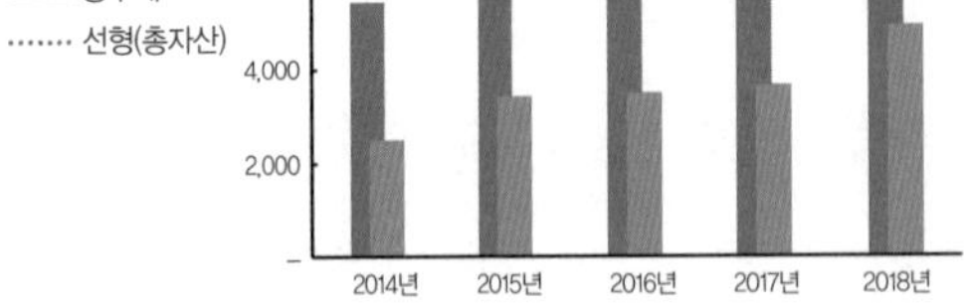

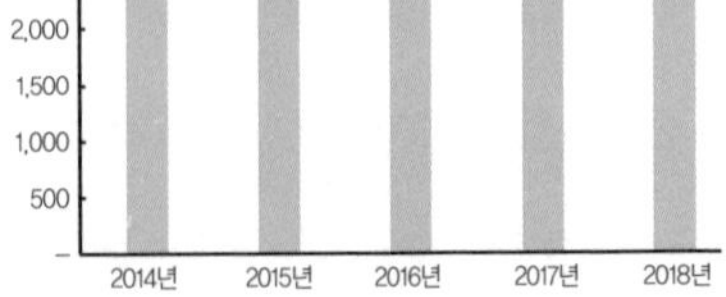

출처 : 2018년 사업보고서, 헥사곤

는 발생하지 않을 가능성이 높다.

실제 영업이익만 놓고 보면 연간 이익보다는 하락폭이 크지 않다. 2018년은 2015년의 영업이익과 비슷한 수준이다. 그렇기 때문에 실적 향상을 위해 채무로 인한 이자 비용을 줄이는 것이 우선되어야 할 것이다.

최근 주가는 2019년 1분기 실적을 반영한 것으로 보이는데, 매출과 연간 이익이 모두 개선되면서 전년 동기 대비 190%의 영업이익이 발생했다. 매출 규모가 상당히 늘었는데, 이는 빠르따미나의 자회사 빠르따미나 인터내셔널(Pertamina International)과의 거래에서 매출이 늘어났기 때문으로 보인다.

원래 빠르따미나는 SOCI와 인도네시아 국내 운송 계약을 주로 진행해왔다. 그런데 2019년 들어 국외 운송 계약 비중도 늘리기 시작한 것이다. 국외 운송 계약은 1분기 기준 국내 비중의 절반을 차지할 정도로 늘어났다. 이런 국영 회사와의 거래는 비교적 마진이 높고 안정적이기

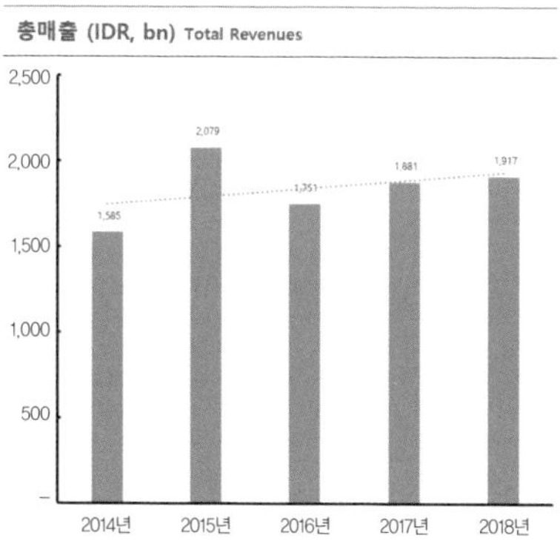

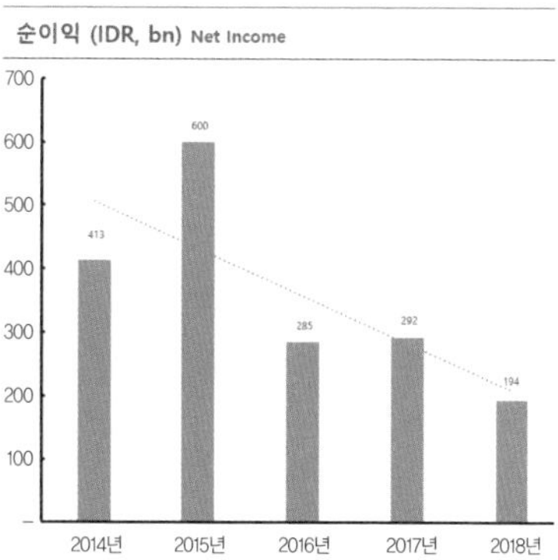

출처 : 2018년 사업보고서, 헥사곤

때문에 이 같은 비중 확대는 매우 긍정적이다.

SOCI는 해상 국가인 인도네시아에 필수적인 해운업에 해당하며 그 중에서도 에너지 산업을 지원하기 때문에 앞으로 인구 규모와 경제 발전에 비례해 성장할 것으로 보인다. 만약 성장성이 약화되더라도 국내 운송은 자국 선박만 운송할 수 있다는 카보타지(Cabotage, 국가 내에서 여객 및 화물을 운송하는 권리를 외국 선박에는 주지 않고 자국 선박이 독점하는 국제관례를 의미하며, 우리나라 또한 선박법 제6조에서 국내항간운송을 한국 국적 선박으로 제한하고 있다) 제도를 적용하고 있기 때문에, 이를 통하면 외부와의 경쟁 없이 일정 수준의 매출을 발생시킬 수 있어 비교적 안정적이라 볼 수 있다.

한 가지 리스크 요인으로는, 2018년 발생한 채무와 채권 발행 등으로 인한 이자 비용이 당분간 계속 발생할 것으로 보인다. 실제로 현재 이 비용들을 뛰어넘는 매출액 증대를 통해 수익이 증가하고 있기 때문에 레버리지를 적절하게 잘 활용하고 있다고 볼 수 있다. 아직 인도네시아 해상 운송업의 규모가 크지 않아 앞으로의 성장이 기대되는 종목이다.

3. 베트남의 인프라

베트남 인프라 기업은 비엣캐피탈 기준으로 '인더스트리(Industry)'라고 분류되어 있다. 인도네시아와 산업 명칭을 통일하기 위해 여기에서는 '인프라'라고 하겠다.

베트남은 아직 자회사로 분리되지 않아 모회사에서 여러 사업 분야를 영위하는 기업들이 많다. 혹은 분리된 자회사는 상장이 아직 안 되어 있는 경우도 많다. 더 나아가 이름과 전혀 다른 분야의 사업을 하는 경우도 있다.

신규 사업을 시작했는데 해당 사업 분야가 기존 사업 분야보다 더 빨리 성장하는 경우가 그렇다. 심지어 베트남은 기존에 잘 나가던 사업부를 매각하고 완전히 다른 사업에 진출하는 경우도 더러 있다. 스크리닝 작업을 하지 않고 이런 기업들의 사업 분야를 모두 파악해야 한다면 굉장히 혼란스러울 것이다. 더군다나 영어 정보만으로도 파악하는 데 시간이 오래 걸리는데, 베트남어로 되어 있는 경우라면 정보 파악이 더 어렵다.

베트남 증권 시장의 규정상 베트남어 1개 언어로만 공시하면 되기 때문에 규모가 작은 회사인 경우 베트남어로 된 사업보고서만 발행하는 경우도 많다. 따라서 지금 진행하는 방법과 같은 스크리닝 작업이 더욱더 필수적으로 선행되어야 한다. 이런 과정을 통해 시간 낭비를 줄여야 하기 때문이다.

베트남 인프라 기업 중에서 시가총액 기준으로 규모가 가장 큰 에어포트코퍼레이션오브베트남(ACV, Airport Corporation of Vietnam)은 '공식 1, 이회싸?'에서 벗어나지만 비교를 위해 리스트에 그대로 두었다. 마찬가지로 시가총액 2조 동 이상인 것들로만 리스트에 올려두었다.

이렇게 리스트를 나열한 다음 업계 1위인 ACV를 제외하고 상위 기

베트남 인프라 종목 스크리닝(2019 1Q)

순위	티커	회사명	시가총액 (bil, VND)	PER	PBR
1	ACV	Airports Corporation of Vietnam	184,179.05	25.49	5.63
2	VEA	Vietnam Engine and Agricultural Machinery Corporation	76,406.00	10.46	2.95
3	VCG	Vietnam Construction And Import – Export Joint Stock Corporation	11,661.16	21.76	1.83
4	REE	Refrigeration Electrical Engineering Corporation	10,340.20	5.89	1.14
5	VCS	VICOSTONE Joint Stock Company	10,333.12	8.99	3.49
		4개 기업 평균 지표(ACV 제외)		11.78	2.35
6	GEX	Vietnam Electrical Equipment Joint Stock Corporation	9,212.95	11.18	1.56
7	VGC	Viglacera Corporation	9,191.18	14.9	1.43
8	CTD	Coteccons Construction Joint Stock Company	8,172.54	5.9	1
9	GMD	Gemadept Corporation	8,046.67	11.67	1.34
10	DTK	Vinacomin – Power Holding Corporation	7,616.00	20.97	1.04
11	SNZ	Sonadezi Corporation	7,341.59	15.69	1.61
12	LGC	CII Bridges and Roads Investment Joint Stock Company	6,084.57	28.54	2.24
13	HT1	Ha Tien 1 Cement Joint Stock Company	6,066.52	9.07	1.15
14	PAN	The PAN Group Joint Stock Company	4,931.22	17.18	1.35
15	PVT	PetroVietNam Transportation Corporation	4,643.76	7.02	1.2
16	BMP	Binh Minh Plastics Joint Stock Company	3,642.81	8.42	1.43
17	PTB	Phu Tai Joint Stock Company	3,358.26	8.39	1.99
18	PHP	Hai Phong Port Joint Stock Company	3,269.60	8.32	0.91
19	HBC	Hoa Binh Construction Group Joint Stock Company	3,180.77	5.1	1.08
20	NTP	Tien Phong Plastics Joint Stock Company	3,034.17	8.36	1.31
21	PC1	Power Construction Joint Stock Company No. 1	2,995.28	6.16	0.78
22	SGN	Saigon Ground Services Joint Stock Company	2,969.21	11.14	3.04
23	CAV	Vietnam Electric Cable Corporation	2,960.64	6.93	1.88

24	AST	Taseco Air Services Joint Stock Company	2,880.00	17.11	3.85
25	SJG	Song Da Corporation	2,475.00	17.31	0.5
26	VCP	Vinaconex Power Development and Construction Investment Joint Stock Company	2,040.60	8.1	2.81
27	TV2	Power Engineering Consulting Joint Stock Company 2	2,009.49	9.26	2.23

출처 : VCSC, 각 회사, 헥사곤

업들끼리 비교해보니 너무 쉽게 스크리닝 결과가 나왔다. 이 리스트 중에 10조 동 이상인 상위 4개 사의 PER 평균은 11.78이고 PBR 평균은 2.35다. 이 지표보다 낮은 기업은 단 한 기업 REE밖에 없다. 이제 두 번째 질문이다. '공식2 이회정싸?'를 적용해보자.

베트남 인프라 기업 5년간 매출액 추이

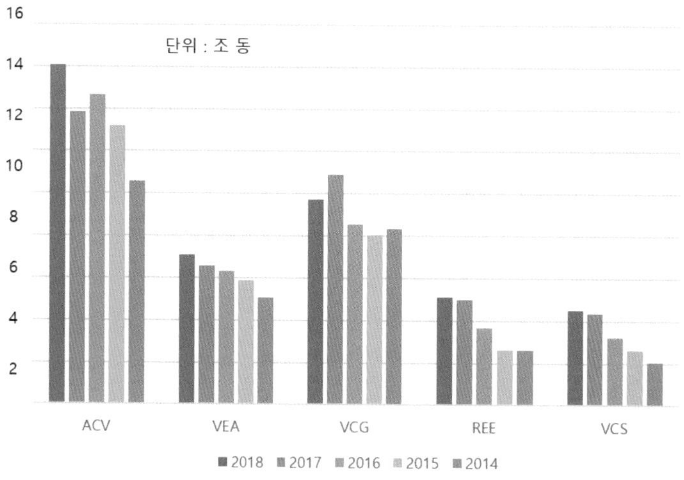

출처 : VCSC, 각 회사, 헥사곤

베트남엔진엔에그리컬쳐러머시너리(VEA)

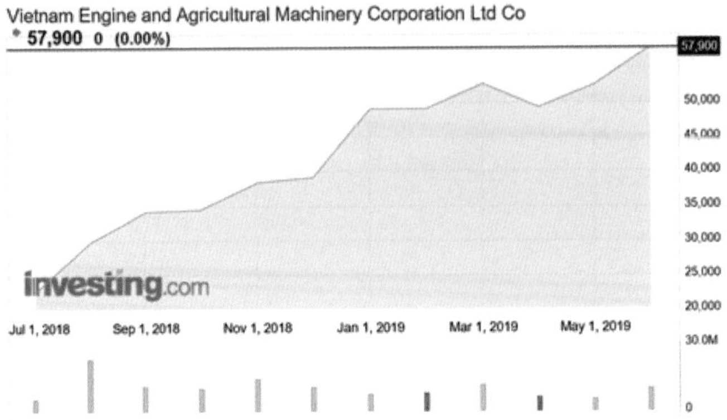

출처 : investing.com

ACV를 제외하고 보니 VEA, REE, VCS의 매출이 꾸준히 증가하고 있다. VCG의 경우 매출이 들쭉날쭉하고 심지어 2018년은 감소했다.

따라서 이 회사를 제외하고 VEA, REE, VCS 3개 회사의 차트와 거래량을 간단하게 살펴보자.

VEA는 상장한 지 이제 갓 1년을 넘었다. 이 회사의 이름조차 몰라도 된다. 과감하게 버리자.

'공식 1 이회싸?'에 통과했던 유일한 회사 REE다. 지난 금융 위기 이후 주가가 이미 3배 이상 올랐다. 그럼에도 상대적으로 저평가되어 있다. 그렇다면 이 회사를 조사해봐야 한다. 사실 필자는 이 종목을 이미 오래 전부터 알고 있었다. 하지만 거래는 하지 못했다. 왜냐하면 베트남은 아직 외국인 지분 한도가 있기 때문이다. 이 회사는 외국인 지분 한

리프리져레이션일렉트리컬엔지니어링(REE)

출처 : investing.com

도가 49%로 현재 이 한도가 모두 꽉 찼다.

2015년 이후 증권 시장이 전면 개방되면서 금융, 통신 등 국가 보호가 필요한 산업 외에는 외국인 한도가 100%까지 허용된다. 그런데 '외국인 지분 한도가 왜 아직 남아 있지?'라고 생각할 수 있다. 거꾸로 생각해보자. 베트남은 공산국가이기에 이전에는 대부분의 상장 회사가 국영 회사였다. 그런데 외국인 지분 한도가 100%로 풀렸다고 해서 한 번에 외국인 지분 한도가 늘어날 수 있을까? 불가능하다. 실제로 과거에도 국영 기업들의 지분을 매각하려고 여러 차례 시도했으나 무산된 사례가 많다. 이런 경우 지분 규모가 크기 때문에 블록딜(Block Deal, 기업과 기업 혹은 기관과 기관 간에 주식의 대량 양수양도가 일어나는 경우를 말한다. 시장에 직접 매수, 매도할 경우 주가에 영향을 주기 때문에 사전 협의가

이뤄진 가격에 대량으로 거래가 발생하게 된다. 지나친 할인 가격이 적용될 경우 시장에 영향을 주기도 한다. SK의 마산 그룹, 빈 그룹 지분 인수건 또한 블록딜로 거래가 진행됐다) 형태로 기관에 넘기는 거래가 진행되어야 한다. 여러 이해관계가 얽혀 있는 베트남 국영 기업의 지분 개방이 한 번에 진행될 리 없다.

또한 외국계 기관이 바라보는 베트남은 '투기 등급'의 국가다. 베트남에 신규 진출하고자 하는 전략적 투자자(SI, Strategic Investor, 기업의 M&A 또는 대형 개발, 건설 사업으로 대규모 자금이 필요할 때 경영권 확보를 목적으로 자금을 지원하는 투자자를 전략적 투자자라고 한다. 영문 머리글자를 따서 'SI'라고도 부른다. 보통 인수하는 기업과 업종이 같거나 시너지를 낼 수 있는 기업이 전략적 투자자가 된다) 기업들에서 서서히 자금이 들어올 것이다. 최근 마산 그룹과 빈 그룹에 투자한 SK 같은 경우를 말한다.

이런 외국인 한도는 비엣캐피탈 종목 정보에 아주 잘 나와 있다. '현재 외국인 지분(Current Foreign Ownership)'과 '최대 외국인 지분(Maximum Foreign Ownership)' 항목으로 나뉘어 있으니 현재의 외국인 지분이 최대 외국인 지분 한도에 도달하지 않았는지 체크해보자. 미리 공부해두고 '외국인 지분이 좀 더 풀리면 투자해야겠다'라고 생각할 수도 있겠지만 그것은 시간 낭비다. 이미 3년 전에도 이 종목은 외국인 지분이 꽉 차 있었다. 그러므로 과감하게 투자 목록에서 삭제하자.

VCS의 차트를 보면 '와, 2014년에 매수했으면 도대체 수익이 몇 배나 난 거야?'라는 생각이 들 것이다. 너무 걱정하지 말자. 지금 하는 스크리닝 작업이 바로 이런 기업을 찾기 위한 방법이다.

어드벤스드컴파운드스톤(VCS)

출처 : investing.com

이런 종목은 한 차례 더 스크리닝해야 한다. 바로 과거의 역사적인 PER과 PBR을 비교해보는 것이다. 그렇게 어렵지 않으니 이 또한 공유해드리겠다.

직관적으로 이해하기 위해 4년 평균치를 계산해두었지만, 눈으로 쓱 봐도 보일 것이다. 현재의 PER은 과거 4년 평균치보다 높고 2017년에

VCS의 역사적 PER, PBR 지표 비교

지표	4년 평균치	2019 1Q	2018	2017	2016
PER	7.28	8.99	9.38	4.7	6.03
PBR	3.07	3.49	3.86	2.2	2.2

출처 : VCSC, 각 회사, 헥사곤

비하면 50% 이상 높게 평가받고 있다.

2018년 주가가 최고치를 경신했을 때에 비하면 지표가 소폭 하락했지만 역사적으로 보면 결코 싼 가격은 아니다. 이렇게 빠르게 성장하는 국가의 산업 상위권에 있는 종목의 경우 고평가된 경우가 많다. 이런 경우 '공식 1'에 해당하지 않기 때문에 상대평가를 해야 한다. 그렇게 상대평가를 통해 골라낸 종목들도 한 번 더 역사적 지표를 확인해보자.

베트남 인프라 기업들 중에는 '공식 1'을 통과한 기업은 REE 하나밖에 없다. '외국인이 거래가 불가능하니 차선책으로 VCS라도 사둘까?'라는 생각은 금물이다. 이미 상위 기업의 지표 평균치를 벗어났기 때문이다.

그렇다면 이번 챕터에서는 지난 5년간 이 종목의 주가가 이렇게 폭발적으로 성장할 수 있었던 계기가 무엇이었는지 한번 알아보는 시간을 가져보도록 하자. 뒤에서 이런 종목이 또 나온다면 과감히 삭제하고 다루지 않겠다.

4. 베트남의 인프라 기업

▶ 이번 기업은 매우 생소한 베트남의 석영석 가공 기업 비코스톤(VCS, Vicostone)이다. 석영석 또는 석영은 일반인의 귀에 익숙한 소재는 아니다. 하지만 요즘 우리나라에서도 활용도가 높아져 카페나 가정에

서 인조 대리석과 같은 용도로 석영석이 쓰이고 있다. 천연 대리석 수준으로 단단하고 인조 대리석처럼 친환경적인 특징이 있어 인테리어 소재로 자주 사용된다.

VCS는 석영석을 깎은 절삭 제품을 주로 제조, 판매하고 있는 기업이다. 자연 상태의 석영석을 가공해 주방의 조리대, 화장대, 욕조, 벽, 바닥 등의 형태로 가공한 후에 판매한다. 베트남에서 제조된 VCS의 제품은 미국, 캐나다, 호주, 뉴질랜드, 유럽 등 32개국에 수출되며 특히 미국, 캐나다, 호주의 수출 비중이 높다.

회사의 설립연도는 2002년이고, 상장일자는 2007년으로 설립 이후 단 5년 만에 상장한 기업이니 성장이 매우 빠른 편에 속한다. 다만 베트남의 주요 종목들이 상장되어 있는 호찌민이나 업컴이 아닌 하노이 증권 거래소(HNX)에 상장되었다는 점이 특징이다.

외국인 소유 지분 또한 2.5%로 매우 낮은 편인데, 비즈니스 라인이 생소하다는 점과 하노이에 상장되어 있다는 점이 영향을 끼친 것으로 보인다. 시가총액은 12조 동으로 하노이 거래소에서는 5위권에 속하는 대형 종목이다.

주요 주주로는 프엉 호앙 싼 A&A(Phuong Hoang Xanh A&A)에서 81.6%를 보유하고 있다. 페니카(Phenikaa)라고도 부르는 이 그룹은 VCS 외에도 여러 자회사를 보유하고 있다. VCS가 처음부터 페니카의 자회사였던 것은 아니고, 2014년에 페니카가 58%의 지분을 매입하면서 자회사로 편입되었다. 그 후로 지분을 집중적으로 늘리며 현재에 이른 것으로 보인다.

VICOSTONE

주요 사업 Main Business	producing and trading artificial ashlar	상장일자 Listing Date	2007
설립연도 Established Year	2002	상장거래소 Stock Exchange	HNX
주주구성 Shareholders	Phuong Hoang Xanh A&A Joint Stock Company (81.6%) Others(< 5%) (18.4%)	외국인 지분 소유 한도 Maximum Foreign Ownership	2.5%/49%
		시가총액 Market Cap.(VND bn)	12,042.24
사업특징 Key Features	- 석영석(Quartz Stone)을 가공해 조리대, 화장대, 욕조, 벽, 바닥 등으로 판매 Selling processed quartz stone as a cooker, dressing table, bathtub, wall and floor - 미국, 캐나다, 호주, 뉴질랜드, 유럽 등 32개국에 특허를 출원하는 등 해외부문 운영 Operate overseas sectors by applying for patents in 32 countries, including the United States, Canada, Australia, New Zealand and Europe		

출처 : 2018년 사업보고서, 헥사곤

VCS의 주가는 작년부터 계속 하락하는 추세다. 불과 1년 사이에 주가가 반토막이 났다. 그런데 길게 보면 VCS의 주가는 2015년부터 3년 동안이나 계속 상승 랠리를 이어왔다. 약 7,000동 정도의 가격대에서 14만 동 가까이 갔으니 2015년에 투자했다면 3년 만에 20배 수익이 난 것이다.

VCS의 자산과 자본은 장기간에 걸쳐 증가하고 있다. 5년간 자산 연평균 증가율이 14%에 달할 정도로 긍정적이다. 2014~2015년에는 자본보다 부채가 과도해 재무 안정성이 안 좋았을 뿐 아니라 이자 비용으로 인해 수익성에도 악영향이 있었다. 최근에는 이자 비용이 감소하고 부채보다 자본이 많이 증가하고 있어 재무 비율에서는 대부분 양호하다.

매출과 연간 이익에서도 꾸준한 성장률을 보이고 있다. 5년간 매출과 연간 이익의 연평균 증가율이 각각 22%, 56%로 절대 작지 않은 성

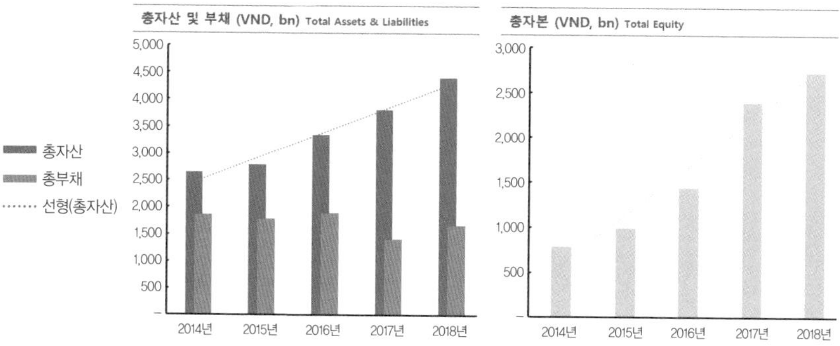

출처 : 2018년 사업보고서, 헥사곤

장폭이다. 그동안 인테리어용 석영석은 주로 중국에서 생산되었다. 최근 중국 기업들의 무역 전쟁으로 베트남 제품의 경쟁력이 상대적으로 높아진 것으로 보인다. 올해는 중국 물량의 감소가 비코스톤에 얼마나 이득을 가져다 줄지 확인할 수 있을 것으로 예상된다.

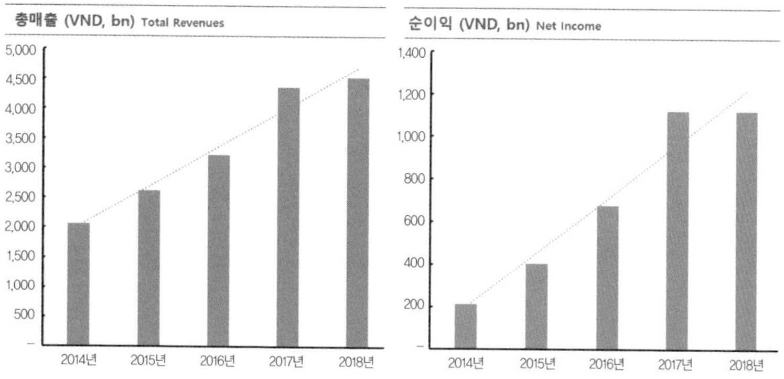

출처 : 2018년 사업보고서, 헥사곤

VCS의 매출은 북미와 호주에서 약 87% 정도가 발생한다. 따라서 국내 경기보다는 글로벌 경기의 영향을 더 많이 받을 것으로 보이고, 환율 리스크 또한 늘 체크해야 할 것 같다.

이번 종목은 영문으로 된 자료가 없어 베트남 직원의 도움을 받을 수밖에 없었다. 이렇듯 상당수 종목이 베트남어로만 사업보고서를 내거나 정보 공시를 하고 있어 정보가 매우 제한적이다. 그나마 사업 구조가 매우 단순한 기업을 리뷰했기에 이해가 빠를 수 있었다.

VCS가 지루한 종목으로 보일 수도 있지만 이미 앞서 설명한 것처럼 우리는 멋들어진 종목보다는 이렇게 지루한 종목에서 수익을 낼 가능성이 높다.

실전 투자 3 : 금융

신흥국에서 가장 비중이 크고 국가의 근간이 되는 산업은 바로 금융 시장이다. 실제로 베트남 시가총액의 40% 정도가 금융 산업으로 구성되어 있고, 인도네시아 또한 30% 정도 수준에 이를 정도로 차지하는 비중이 매우 크다. 과거 인도네시아의 금융 산업 비중은 40% 수준이었으나 현재는 30% 수준으로 줄어들었다.

이는 산업이 축소됐다기보다는 다른 산업의 발전 속도가 빨라지면서 상대적으로 금융업의 비중이 줄어든 것이다. 실제로 인도네시아 금융 산업은 지금도 계속 성장하고 있다. 금융업 중에는 일반적으로 산업 발전의 기초가 되는 은행업이 가장 큰 비중을 차지한다. 그다음으로 보험 시장의 성장 정도를 보면 국가의 발전 단계를 짐작해볼 수 있다.

아시아 국가의 금융 계좌 보유 현황

국가명	총인구 대비 금융 계좌 보유 비율
일본	94.90%
한국	98.20%
중국	80.20%
인도네시아	48.40%
베트남	30%

출처 : WB, 헥사곤

먼저 아시아 선진국과 인도네시아. 베트남의 금융 계좌 보유 비율은 위의 표와 같다.

월드뱅크 데이터 기준으로 살펴보면 2017년 말 인도네시아의 계좌 보유율은 아직 50%에 미치지 못했고, 베트남은 이제 겨우 30% 수준에 머물고 있음을 알 수 있다. 중국이 80% 수준인 것과 비교해보면, 인도네시아는 지금 계좌 보유율에서 65%가 더 늘어나야 중국과 비슷한 수준이 되는 것이다. 베트남은 2배 이상 늘어도 중국의 계좌 보유율에 못 미치는 수준이다.

2014년 인도네시아의 계좌 보유율은 35.9%였다. 베트남이 인도네시아 수준으로 올라오려면 앞으로 최소 5년은 걸릴 것으로 보인다. 참고로 2014년 35.9%에서 2017년 50% 수준 근방까지 올라오는 동안 인도네시아 금융 대장주의 주가는 2배 상승했으며 지금도 계속 올라가고 있다. 인도네시아의 금융 계좌 보유 비율은 50% 수준이기에 앞으로도 성장성이 높을 것이라 예상할 수 있다.

간혹 한국 종목에는 투자하지 않느냐고 문의하시는 분이 있어 이 기회를 빌려 말씀드리고 싶다. 신흥국 시장을 공부하면 할수록 눈에 뻔히 보이는 기회들이 많다. 그렇기 때문에 필자는 한국보다 베트남, 인도네시아에 돈 벌 기회가 더 많다고 생각한다. 신흥국 시장을 더 잘 알게 될수록 그곳에 집중하게 되는 것이다.

많은 분이 관심을 가지고 있는 보험 시장에 대한 내용도 간략하게 알아보고 가자. 스위스 리(Swiss Re Institute에서는 연간, 분기별, 지역별 보험 시장 보고서를 꾸준히 발간하고 있어 보험 시장 트렌드 파악에 용이하다. 본문의 보험 시장에 대한 내용 및 그래프는 Sigma World Insurance : the great pivot east continues 보고서 수치들을 재구성해 새롭게 재해석한 저자의 의견을 넣었다) 보고서 수치를 살펴보면, 선진 시장의 보험 산업은 점진적으로 수익성이 악화하고 있는 것으로 보인다. 그런데 이에 반해 신흥 이머징 국가들의 보험업은 성장을 지속하고 있다.

특히나 생명보험(Life Insurance)의 성장이 두드러지는데 이는 신흥국 임금이 지속적인 상승을 보이면서 개인 생명의 중요성을 인식하고 있는 단계이기 때문인 것으로 보인다. 보험 시장을 분석할 때는 생명보험사 위주로 살펴보는 것이 좋다. 규모 면에서도 더 크지만 세분화되어 있지 않고 단순하게 구성되어 있기 때문이다.

실제 2018년도 시장의 규모를 보면 보험료 기준으로 볼 때 생명보험의 규모가 2조 8,200억 달러이고, 손해보험(Non-life Insurance) 분야가 2조 3,730억 달러다. 이중 손해보험은 자동차, 사고, 부동산, 대출,

신흥국 국가별 보험료 총액

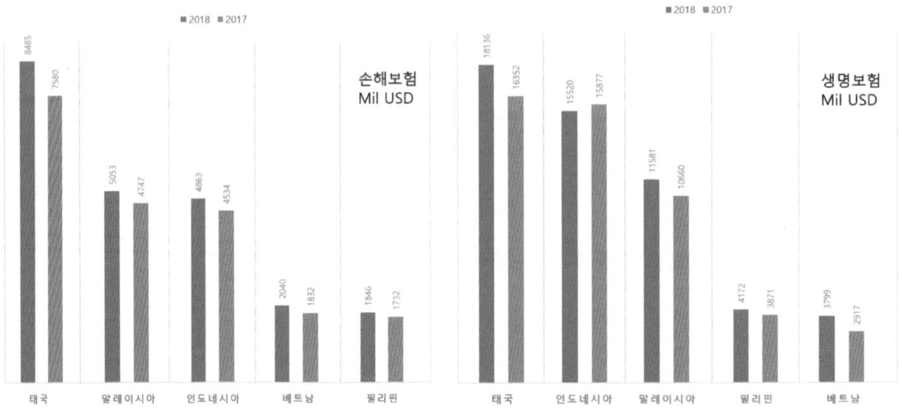

출처 : Swiss Re Institute, 혁사곤

해상, 농업, 신용 등등 다양한 분야로 세분된다. 따라서 규모가 크고 쉽게 이해할 수 있는 생명보험에 집중하려는 것이다.

위 표는 신흥국 각국의 손해보험료와 생명보험료 총액의 2년간 변화율을 나타낸 것이다. 베트남, 인도네시아와 비교 대상이 될 만한 국가들을 예로 들었다.

여기서 수치까지 살펴보면 왼쪽의 생명보험 보험료 규모가 오른쪽 손해보험 보험료 규모보다 훨씬 크다는 것을 알 수 있다. 또한 신흥 시장 중에 베트남은 이제 초기 성장 단계가 시작되어 생명보험의 보험료 총액이 급증하고 있음을 알 수 있다.

인도네시아의 경우는 2017년에 비해 2018년 들어 소폭 감소했다. 그럼에도 인도네시아의 임금이 태국 정도 수준에 이르면 다시 한번 급성장할 것이라 기대하고 있다.

이렇게 독자들을 위해 시장에 대해 간단히 다뤄보긴 했으나 스크리닝을 했을 때 저평가 기업이 없다면 은행이나 보험업종을 다루지 않을 수도 있다. 이런 이유로 종목 스크리닝을 먼저 해야 한다.

그럼 본격적으로 스크리닝 작업을 시작해보자.

1. 인도네시아의 금융

개발도상국의 금융 산업 비중이 가장 크기 때문에 그런지 많은 종목이 최초 리스트에 올라왔다. 마찬가지로 정보가 왜곡될 수 있거나 극단적으로 높은 수치(PER 30, PBR 5 이상)의 기업은 모두 제외한 다음 1조 루피아 이상 종목을 모두 리스트업했다.

산업 대장주 BBCA는 지표상으로 고평가 상태이지만 산업 성장을 고려하면 추가 상승도 가능하기 때문에, 타 기업과 비교해볼 수 있도록 리스트에 넣었다.

자, 이제 인도네시아 금융 업종에 '공식 1 이회싸?' 공식을 활용해보자.

'공식 1'을 적용하면 총 8개 기업이 저평가 기업이다. 이중 극단적으로 저평가된 종목만 다시 추려내자. 기본적으로 PER 10, PBR 1 이하에서 추가로 PER 5 이하이거나 PBR 0.5 이하인 것들을 먼저 살펴보자.

저평가 종목이 많은 경우 실제로 이런 작업을 통해 저평가 종목 중에 상대적으로 더 저평가된 종목을 먼저 다룬다. 이때 적절한 기업을 못

인도네시아 금융 종목 스크리닝 1단계(2019 1Q)

순위	티커	회사명	시가총액(mil, 루피아)	PER	PBR
1	BBCA	Bank Central Asia Tbk.	707235103	30.2	4.6
2	BBRI	Bank Rakyat Indonesia (Persero)	512871877	16.6	2.8
3	BMRI	Bank Mandiri (Persero) Tbk.	360359999	12.8	1.9
4	BBNI	Bank Negara Indonesia (Persero)	156005335	10.7	1.5
5	BDMN	Bank Danamon Indonesia Tbk.	41122223	14.4	1.1
6	MEGA	Bank Mega Tbk.	39813648	21.1	2.8
7	BTPN	Bank BTPN Tbk.	29037112	14.5	1
8	PNBN	Bank Pan Indonesia Tbk	28843551	9.6	0.8
9	BBTN	Bank Tabungan Negara (Persero)	27048978	9	1.1
10	BNGA	Bank CIMB Niaga Tbk.	26373108	7.3	0.7
11	BNLI	Bank Permata Tbk.	22071037	15.2	1
12	NISP	Bank OCBC NISP Tbk.	19649146	6.7	0.8
13	BNII	Bank Maybank Indonesia Tbk.	18085784	13.4	0.8
14	BJBR	Bank Pembangunan Barat Dan Banten	16071658	9.8	1.4
15	PNLF	Panin Financial Tbk.	10887504	5.8	0.5
16	ADMF	Adira Dinamika Multi Finance	9750000	5.3	1.5
17	BFIN	BFI Finance Indonesia Tbk.	9420598	6.6	1.5
18	BJTM	Bank Pembangunan Timur Tbk	9129033	5.9	1.1
19	BSIM	Bank Sinarmas Tbk.	8578900	19.1	1.9
20	BBMD	Bank Mestika Dharma Tbk.	6519194	21.2	2
21	PNIN	Paninvest Tbk.	5553262	3.3	0.4
22	SDRA	Bank Woori Saudara Indonesia 1906	5407547	9.7	0.8
23	TUGU	Asuransi Tugu Pratama Indonesia Tbk	5333333	7.8	1
24	BBKP	Bank Bukopin Tbk	3368333	19.6	0.4
25	IMJS	Indomobil Multi Jasa Tbk	3202100	15.6	1
26	MREI	Maskapai Reasuransi Indonesia	3132639	18.3	2.2

27	MFIN	Mandala Multifinance Tbk.	2756000	7.5	1.3
28	MCOR	Bank Windu Kentjana Int	2453307	27.2	0.9
29	AMAG	Asuransi Multi Artha Guna Tbk	1550481	19.8	0.9
30	BVIC	Bank Victoria International	1488887	21.1	0.5
31	BMAS	Bank Maspion Indonesia Tbk	1372496	26.2	1.1
32	CFIN	Clipan Finance Indonesia Tbk	1227232	4.1	0.3
33	TRIM	Trimegah Securities Tbk	1208581	18.8	1.3
34	BPFI	Batavia Prosperindo Finance	1176557	18.4	1.8
35	INPC	Bank Artha Graha Internasional	1125952	23.59	0.2
36	WOMF	Wahana Ottomitra Multiartha	1114074	6.7	1
37	PANS	Panin Sekuritas Tbk	1022400	2.7	0.8

출처 : IDX, 각 회사, 혝사곤

찾는다면 다른 종목까지도 살펴본다. 그런데 경험상 대부분 더 저평가된 종목의 향후 투자 수익이 높다.

공교롭게도 이렇게 뽑아낸 회사 중 3개 회사가 파닌 그룹의 계열사다. 또한 CFIN이라는 회사는 그동안 필자의 모니터링에도 들어온 적이 없는 처음 보는 회사였다. 아무래도 한화 1,000억 수준의 기업이다 보니 쉽게 눈에 띄지 않았다.

괜찮다. 아직 이 회사들이 뭘 하는지는 알 필요 없다. 먼저 남은 필수 검증, '공식 2, 이회정싸?'를 적용해보자. 이 기업들은 모두 5년간 매출액이 꾸준히 증가했을까?

숫자로 봤을 때보다 그래프로 봤을 때 트렌트를 직관적으로 파악하기가 좋다. 이 그래프에서도 파닌 그룹에 속해 있는 기업들이 왜 저평

금융 종목 스크리닝 2단계

순위	티커	회사명	시가총액 (mil, 루피아)	PER	PBR
15	PNLF	Panin Financial Tbk.	10887504	5.8	0.5
21	PNIN	Paninvest Tbk.	5553262	3.3	0.4
32	CFIN	Clipan Finance Indonesia Tbk	1227232	4.1	0.3
37	PANS	Panin Sekuritas Tbk	1022400	2.7	0.8

출처 : IDX, 각 회사, 혹사곤

가되어 있는지 단박에 알 수 있다.

CFIN을 제외한 3개 사 모두 매출액이 들쭉날쭉 일관성이 없다. 시장이 안 좋아서도 아니고 금융 위기 같은 외부 요인도 아니다. 단정지을 수는 없지만 이런 매출을 보이는 것은 일반적으로 경영 능력이 부족해서가 아닐까 싶다.

기본적으로 성장하는 기업의 순이익은 훼손될 수 있으나 매출액은 꾸준히 증가하는 것이 맞다. 간혹 금융 위기나 해당 시장의 분위기가 좋지 않아 매출액 증가가 주춤하는 해가 있을 수는 있다. 먼저 설명했듯이 외부에서 발생하는 체계적 위험은 피할 수 없기 때문이다. 그런데 이렇게 매출액에 문제가 생기는 일이 반복된다면 경영 능력 외에는 다른 해석을 하기가 어렵다. 물론 다른 이유가 있을 수 있으나 우리는 굳이 알아볼 필요가 없다. 아직도 시장에는 내가 투자할 만한 기업이 수두룩하기 때문이다.

파닌 그룹이 저평가되어 있다는 것은 과거부터 알고 있었다. 이렇게

인도네시아 금융 기업 5년간 매출액 추이

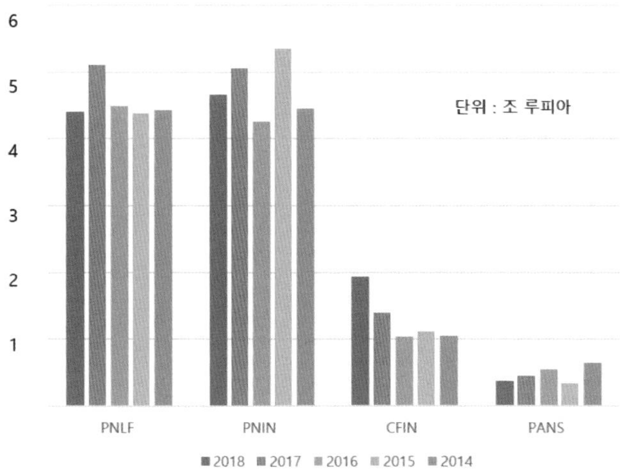

출처 : IDX, 각 회사, 헥사곤

쯜리빤 파이낸스인도네시아(CFIN)

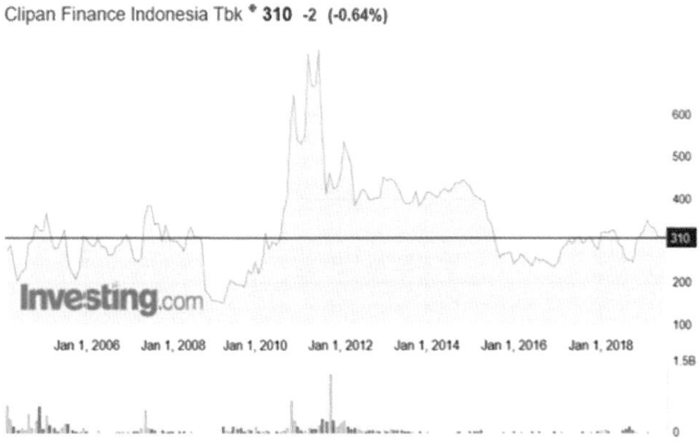

출처 : investing.com

그래프로 그려보니 경영상의 문제 때문에 그렇다는 결론을 내리게 됐다. 직관적으로 트렌트를 가늠해볼 수 있는 시각적인 그래프를 잘 활용하자. 인도네시아 금융 기업 중에는 CFIN 하나만 살펴보면 될 것 같다.

이제 차트를 통해 거래량과 주가 변화를 살펴보자.

그래프를 보면 오랜 기간 횡보를 해온 것을 알 수 있다. 거래량이 아주 많은 것은 아니지만, 거래하는 데는 문제가 없는 수준이다. 특히 최근 2년간 매출액이 급등하고 있다. 주가는 아직 오르지 않아서 저평가된 상태이니 매우 좋은 기회가 될 수 있다.

아직 사람들의 눈에 띄지 않은 저평가된 종목을 찾아냈다. 그렇다면 CFIN이 어떤 회사인지 상세히 알아보도록 하자.

2. 인도네시아의 금융 기업

▶ 쯜리빤파이낸스인도네시아(CFIN, Clipan Finance Indonesia)는 투자처 또는 자금이 필요한 회사에 유동성 자금을 공급하는 파이낸싱 기업이다. 파이낸싱 부문 중에서도 가장 핵심은 팩터링이다. 팩터링(Factoring, 소비자에게 물건을 판매하는 상인이 외상채권을 전문적인 채권회수업자에게 양도하여 회수하게 하는 것을 말한다. 이 관계에서 3명의 주체가 바로 채권회수업자, 판매상인, 소비자에 해당하며 이중 Factor의 역할을 하는 것을 팩터링이라고 한다)이란 기업의 돈 받을 권리를 매입, 관리하는 것을 말한다. 소비자에게 현금을 주고 대신 채무자로부터 돈을 받는 것이다. 간

혹 화장실이나 지하철 광고에 붙어 있어 흔히 볼 수 있는 "못 받은 돈 받아드립니다"의 회사 버전이다.

여기서 돈 받을 권리를 매출채권이라 하는데, 팩터링 대상 기업(판매상인)은 팩터링을 통해 매출채권을 빠르게 현금화할 수 있고, 채권 관리비용도 덜 수 있다. 팩터링 회사는 판매상에게 헐값에 매출채권을 넘겨받은 후 채무자에게 비싸게 받아 이윤을 남긴다.

CFIN의 원래 사명은 Clipan Leasing으로 자동차나 오토바이 리스를 주로 했었다. 1990년 상장하면서 현재와 같은 사명으로 변경함과 동시에 파이낸싱 부문을 편입했다. 따라서 팩터링뿐만 아니라 오토바이나 중고차, 신차, 중장비 그리고 주택 금융까지 다양한 사업 분야를 운영하고 있다. 시가총액은 1조 3,000억 루피아 정도인데, 유사 파이낸싱 기업들 중에서는 중위권에 해당한다.

설립연도는 1982년으로 인도네시아의 파이낸싱 시장 초기에 설

Clipan Finance

PANIN GROUP

A PUBLICLY LISTED SUBSIDIARY OF PANIN BANK

• 주요 사업 Main Businessff	Finance	• 상장일자 Listing Date	1990.08.27
• 설립연도 Established Year	1982	• 상장거래소 Stock Exchange	IDX
• 주주구성 Shareholders	PT Bank Pan Indonesia (51.48%) BBH Luxembourg S/A Fidelity Fd Sicav, Fds Pac Fd (8.23%) Others(< 5%) (40.29%)	• 시가총액 Market Cap.(IDR bn)	1,283.01
• 사업특징 Key Features	- 파이낸싱 기업 중 인도네시아에서 가장 오래된 기업 중 하나 One of the oldest financing companies in Indonesia - 오토바이, 중고차, 신차, 중장비 등의 파이낸싱과 팩터링(Factoring), 주택 금융 등의 업무를 주로 함 Mainly engaged in financing for motorcycles, used cars, new cars, heavy equipment and factorying, housing financing, etc.		

출처 : 2018년 사업보고서, 헥사곤

립되었다고 할 수 있다. 주주 구성은 뱅크파닌인도네시아(Bank Pan Indonesia) 51.48%, BBH룩셈버그피델리티펀드(BBH Luxembourg Fidelity Fund) 8.23%, 그리고 기타 주주가 40.29%를 보유하고 있다. 51.48%를 보유하고 있는 파닌은행은 CFIN의 모회사다.

앞서 스크리닝 과정에서 파닌 그룹 계열사를 대거 탈락시켰다. 그럼에도 파닌은행의 영향권을 벗어나지 못했다. CFIN 지분의 특징은 기관 투자자가 많다는 것이다. 비중을 보면 국내 기관 56.21%(파닌뱅크 포함), 해외 기관 31.61%, 국내 개인 11.64%, 해외 개인 0.54%로 개인보다 기관과 외국인의 선호도가 높다.

기관 투자자들의 거래 볼륨이 크기 때문에 극적인 주가 움직임이 발생하기도 한다. 상장 후 지속 하락해왔으나, 지표로 볼 때는 몇 년 동안 PER 5 안팎, PBR 1 이하의 낮은 수준을 유지하고 있다.

자산 자본 부채를 보면 2017년 자산과 부채에서 큰 폭의 증가가 있

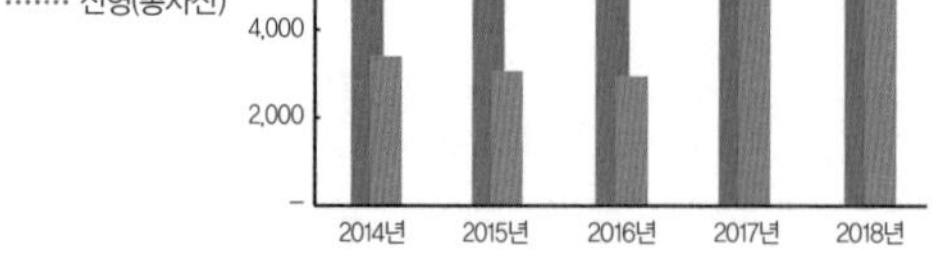

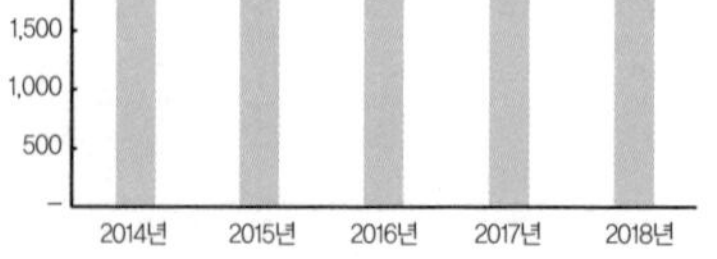

출처 : 2018년 사업보고서, 헥사곤

었다. 이 때문에 2016년 약 80%였던 부채비율이 2018년 155%로 증가했다. 그런데도 타 금융 업종에 비해 CFIN의 부채비율은 비교적 낮은 편에 해당한다.

유동비율(Current Ratio, 유동비율이란 〈유동자산/유동부채〉 × 100으로 산출된 수치다. 일반적으로 기업이 보유한 유동자산의 크기 책정을 통해 지급 능력이 있는지 안정성을 판단하는 지표로 활용된다. 은행에서 기업 대출 여부를 평가할 때 주로 활용해 은행가 비율이라고도 한다) 또한 2018년 200%가 넘어 단기 자금의 유동성에는 문제가 없는 것으로 보인다.

매출과 연간 이익을 보면 각각 2016년을 기점으로 변동이 있었다. 먼저 매출은 2014~2016년 비슷한 수준을 이어오다가 2017년과 2018년에 지난 실적을 뛰어넘는 증가율을 보였다. 지난 3년과 비교하면 2배에 가까운 매출이 증가한 것이다.

반면 연간 이익은 큰 폭으로 하락해 2016년을 기점으로 조금씩 회

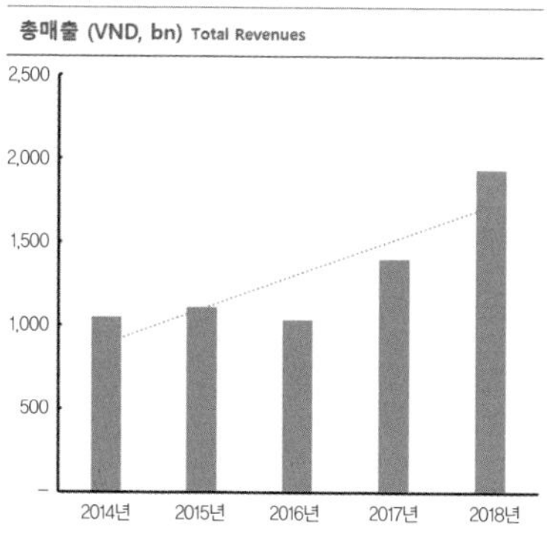

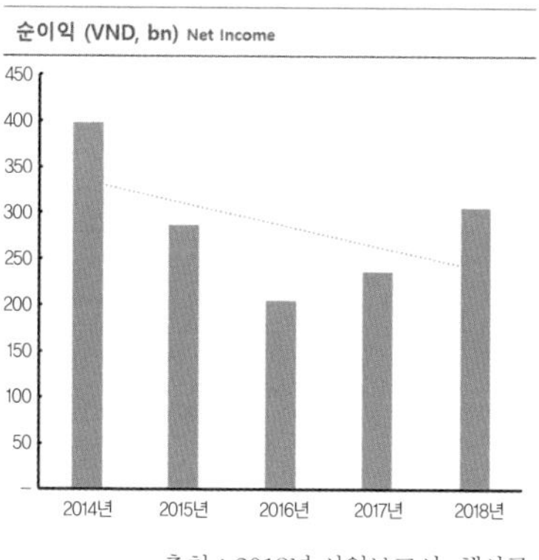

출처 : 2018년 사업보고서, 헥사곤

복하고 있는 상황이다. 순이익률도 2014년 38%로 높던 것이 2018년 16%로 하락했다. 이 같은 수익성의 변화는 사업 부문의 비중이 극적으로 바뀌었기 때문이다. 매출 대비 수익성이 좋은 팩터링 부문을 2014년부터 점차 줄이면서 순이익률이 감소했다. 그에 비해 소비사 금융 부문이 크게 늘면서 매출이 올랐지만, 전과 비교하면 연간 이익이 매우 낮은 상황이다.

연간보고서 기준으로 팩터링 부문 목표 비중이 0%로 되어 있어 이후 팩터링 수익은 사라질 것으로 보인다. 실제로 2018년 수익 또한 소비자 금융이 98% 정도를 차지하고 있다. 최근에는 채널을 통해 공동으로 돈을 빌려주는 플랫폼을 만들어 핀테크 기업으로 거듭나고 있다.

CFIN의 시장 전망은 긍정적이다. 경제 성장과 소비 증대로 차량과 주택 수요가 증가하고 금융 소비에 대한 접근성도 높아지고 있기 때문에 CFIN의 매출 규모는 당분간 유지될 것으로 보인다.

다만 시장 자체의 규모가 늘어나면서 수혜를 보는 부분이 많다. 같은 분야의 경쟁이 심화하고 있기 때문에 실질적인 모회사인 파닌뱅크의 외형 성장과 파닌 그룹 내 계열사 간의 협조가 필요할 것으로 보인다.

그런데 먼저 언급했듯이 파닌 그룹의 모회사와 계열사(자회사)들의 성장률은 최근 3년간 타 거대 은행보다 부진한 모습을 보인다. 그래도 다양한 상장 회사가 있는 파닌 그룹 중에 괜찮은 지표를 나타내고 있으니, 최종 리스트에 넣고 다른 종목들과 비교 평가해보자.

3. 베트남의 금융

베트남 금융의 경우 업종별 종목이 그리 많지 않고 산업별 상위 종목을 알려드려야 할 것 같아 업종 분류를 해뒀다. 위쪽부터 은행업, 증권업, 보험업 순이며 생각보다 금융 업종에 속한 회사가 아직 많지 않다. 마찬가지로 업종별 1위 회사를 제외했고, 기형적인 지표를 보이는 회사도 모두 삭제했다.

여기서 초보 투자를 갓 벗어난 분들은 궁금증이 하나 생길 것이다. 'IT나 바이오 업종 같은 산업군에서는 높은 PER과 PBR을 나타내는 경우도 있는데, 이렇게 일괄적으로 스크리닝을 해도 되나?'라는 의문이다. 답은 '된다'이다. 지금 우리가 하는 스크리닝 방법은 업종을 불문하고 모두 통하는 방법이다. 만약 특정 산업군에서 통하지 않는다면 그 산업은 안 보면 그만이다. 지금까지의 과정을 통해 이미 몇몇 쓸 만한 기업을 찾아낸 것으로도 확인할 수 있다.

이를 다시 글로벌 시장에 적용하면 수십, 수백 개의 회사를 찾을 수 있을 것이다. 워런 버핏이 IT와 바이오 업종에 투자하지 않는 이유다. 물론 지금은 규모가 커져서 이런 업종들에도 투자를 늘리고 있지만 기본적인 철학은 그렇다. 원칙은 쌓일수록 명확해진다. 우리도 과거의 현인들이 투자에 성공한 방법을 따라 하면 된다.

베트남의 경우 리스크를 줄이기 위해 스크리닝 과정을 업종별 상위 그룹으로 하고 있다. 그러나 규모가 아직 작아서 이 책에서 언급하지는 않더라도 저평가 기업은 지속해서 모니터링할 예정이다.

베트남 금융 종목 스크리닝(2019 1Q)

순위	티커	업종	회사명	시가총액 (bil. VND)	PER	PBR
1	VCB	은행업	Joint Stock Commercial Bank For Foreign Trade Of Vietnam	269,264.50	16.61	3.69
2	BID		Joint Stock Commercial Bank for Investment and Development of Vietnam	112,133.86	15.26	1.98
3	CTG		Vietnam Joint Stock Commercial Bank For Industry and Trade	78,750.01	14.26	1.12
4	TCB		Vietnam Technological And Commercial Joint Stock Bank	74,652.24	8.77	1.39
5	VPB		Vietnam Prosperity Joint Stock Commercial Bank	47,660.92	7.14	1.32
6	MBB		Military Commercial Joint Stock Bank	45,015.39	7.03	1.25
			은행업 1위를 제외한 5개 회사 지표 평균		10.49	1.41
7	ACB		Asia Commercial Joint Stock Bank	36,417.22	6.8	1.63
8	HDB		Ho Chi Minh City Development Joint Stock Commercial Bank	25,751.24	8.93	1.45
9	STB		SaiGon Thuong Tin Commercial Joint Stock Bank	20,561.65	9.19	0.81
10	TPB		Tien Phong Commercial Joint Stock Bank	19,093.84	9.58	1.68
11	VIB		Vietnam International Commercial Joint Stock Bank	13,423.93	5.29	1.19
12	BAB		North Asia Commercial Joint Stock Bank	11,275.00	15.93	1.55
13	SHB		Saigon-Hanoi Commercial Joint Stock Bank	8,181.22	4.6	0.48
14	LPB		Lien Viet Post Joint Stock Commercial Bank	7,065.19	6.95	0.61
15	KLB		Kien Long Commercial Joint Stock Bank	3,294.93	13.91	0.86
16	SSI	증권업	SSI Securities Incorporation	14256.77	10.72	1.57
17	HCM		Ho Chi Minh City Securities Corporation	8585.12	9.56	2.01
18	VCI		Viet Capital Securities Joint Stock Company	6306.16	7.64	1.73
19	VND		VNDIRECT Securities Corporation	3545.61	9.01	1.19
20	FTS		FPT Securities Joint Stock Company	1836.46	3.75	0.93
			증권업 5개 사 평균 지표		8.14	1.49
21	BVH	보험업	Bao Viet Holdings	66584.21	59.18	4.51
22	BIC		BIDV Insurance Corporation	2849.83	20.24	1.36
23	BMI		BaoMinh Insurance Corporation	2384.34	13.56	1.06

출처 : VCSC, 각 회사, 헥사곤

개인적으로는 그냥 베트남 은행업 1위인 VCB에 투자해도 무방하다고 생각한다. 인도네시아의 사례를 볼 때 은행 1위 BCA의 경우 고평가되어 있음에도 지난 5년간 주가가 두 배 이상 올랐기 때문이다.

먼저 옆의 표에 나온 종목들에서 VCB를 제외하고 '공식 1, 이회싸?'를 적용해 상위 5개 사의 평균을 냈다. 평균 PER 10.49, PBR 1.41이다. 이보다 낮은 기업들은 TCB, VPB, MBB 3개 종목이다.

여기서 빼먹으면 안 되는 것이 있다. 바로 앞 챕터에서 언급했던 외국인 지분이다. 금융업의 경우 외국인 지분이 100%까지 개방되지 않은 대표적인 산업군이기 때문에 항상 확인해야 한다. 아무리 좋은 종목이라도 내가 살 수 없으면 볼 필요가 없는 것이다. 이 세 개 종목 중 MBB는 외국인 매수 가능 지분이 20%밖에 안 되는데 이미 모두 꽉 차 있어 거래가 불가능하다. 여기에 소형 종목이긴 하지만 극단적으로 저평가된 SHB, LPB가 있어 2차 스크리닝 리스트에 포함했다.

증권업은 많지 않아서 5개 기업 모두의 평균을 낸 결과 PER 8.14, PBR 1.49였으며, 이보다 낮은 증권사는 FTS 1개뿐이었다.

보험업은 종류가 많지 않은데 지표만 보더라도 아직 매력적인 종목이 눈에 띄지는 않는다. 그럼에도 불구하고 지속 성장 가능성이 높다는 산업 특성이 있으니 상대적으로 가장 저평가된 BMI를 1차 스크리닝 대상에 넣기로 결정했다.

그럼 어떤 결과가 나올지 위에서 언급한 총 6개의 종목을 '공식 2, 이회정싸?'에 적용해보자.

지난 5년간의 매출액을 본다면 TCB, VPB 두 개 기업이 독보적인 성

베트남 금융 기업 5년간 매출액 추이

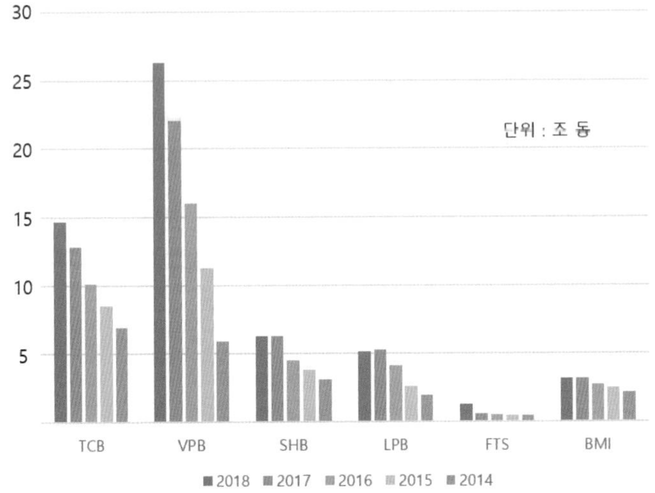

출처 : VCSC, 각 회사, 헥사곤

장을 하고 있는 것이 확연히 보인다. 안타깝게도 이번 챕터에서는 은행업종 외에 타 산업의 저평가 종목을 다룰 필요는 없을 것 같다. 은행업종이 너무나 독보적으로 성장하는 시장이기 때문이다.

보험업은 아직 성장 가능성이 높은 시장이니 스크리닝 과정 중에 탈락한 종목이 생기더라도 모니터링 리스트에 놓고 꾸준히 관찰하도록 하자. 그러면 빠르게 성장하고 있는 이 두 종목의 차트를 통해 한번 흐름을 살펴보자.

TCB 은행은 최근 6월 탐방으로 다녀온 마산 그룹(MSN)의 관계사다. 현지 탐방 미팅에서 관계자에게 질문해보니, 마산 그룹에서 앞으로 꾸준히 지분을 늘릴 생각이 있다고 한다. 하지만 안타깝게도 상장한 지

베트남테크놀로지컬앤드커머셜조인트스톡뱅크(TCB)

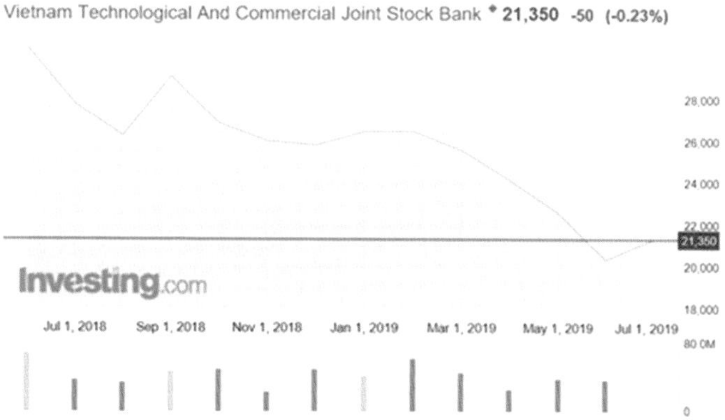

출처 : investing.com

이제 2년 차인 회사다. 그렇다면 주가가 하락세를 보이고 있는 것이 바로 이해가 간다.

상장 작업을 위해 재무제표에 부풀려졌던 거품이 빠지고 있는 것이다. 거품이 다 빠지는 데는 일반적으로 3년 이상이 걸리니 당분간 이 종목은 기억에서 지워도 될 것으로 보인다. 걱정할 것 없다. 아직 우리에겐 VPB가 남아 있다.

이런! VPB 역시 상장한 지 2년 차인 기업이다. 매출액이 급증하는데 주가가 계속 떨어지는 이유가 있었다. 이 종목은 아마 2020년 하반기부터는 관심을 가져도 좋을 것 같다. 지금까지의 조사에 따르면 베트남 금융 산업의 경우 아직 스크리닝할 만한 수준으로 성장을 하지 않은 듯하다.

베트남프로스퍼티조인트스톡커머셜뱅크(VPB)

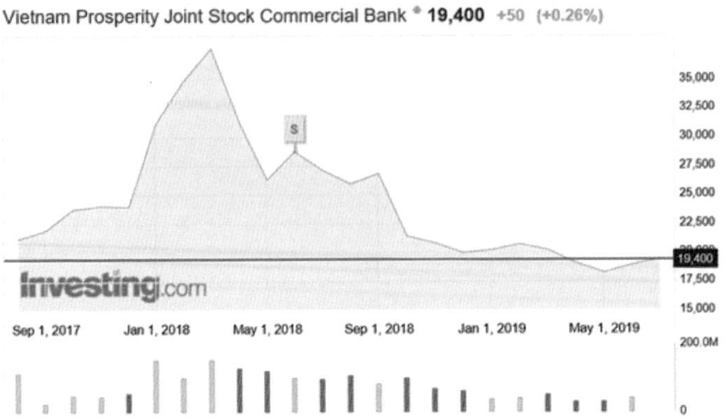

출처 : investing.com

인도네시아의 사례를 본다면 은행업종 1위 BBCA가 지난 5년간 2배 이상 상승했고, 10년 기준으로는 3배 상승했다. 베트남 또한 은행업 1위인 VCB를 매수해 안정적인 수익과 배당을 받는 것이 나을 수 있겠다는 판단이 든다.

이것이 가능성이 있는 판단인지 두 개 기업의 역사적 지표를 비교해 보자.

BBCA의 PER 지표는 점차 고평가 상태로 가고 있다. 시장 규모가 커지면서 성장성이 둔화하고 있는 것이다. 이에 반해 VCB는 주가가 계속 올라가고 있음에도 PER 지표는 저평가 상태로 낮아지고 있다. PBR 지표 또한 마찬가지다.

BBCA와 VCB 역사적 지표 평가

지표명	티커	2019 2Q	2018	2017	2016	2015
PER	BBCA	28.7	24.8	23.2	18.4	18.2
	VCB	16.7	19.46	24.3	31.26	40.74
PBR	BBCA	4.6	4.2	4.1	3.4	3.7
	VCB	3.79	4.57	4.2	5.41	4.59

출처 : IDX, VCSC, 각 회사, 헥사곤

역사적 지표 상대 평가를 통해 또 하나의 패턴을 발견했다. 위 표를 보면 VCB의 주가가 앞으로도 더 상승할 것이라는 판단이 들어야 한다. 스크리닝해보니 좀 더 명확해진다.

그러면 이번 챕터에서는 베트남 은행업 및 전체 금융업종 1위 VCB에 대해 알아보자.

4. 베트남의 금융 기업

▶ 비엣콤뱅크(VCB, VietCombank)는 은행업이 주요 사업이다. 우리가 아는 일반적인 은행처럼 예·적금, 대출, 환전, 카드 등의 서비스를 제공하고 있다. 당연하게도 순이자마진(NIM, Net Interest Margin, 은행이 고객의 예·적금을 받아 기업 대출, 주택담보 대출 등을 해주는 것에서 나오는 수익이다. 은행의 주 수입원이며 한국은 보통 전체 매출의 50~60%를 차지한다.

대출 이자가 높은 신흥국은 한국보다 높은 60~80% 정도 수준이다)이 주요 수익원이다.

설립연도는 1963년인데 정확하게는 베트남 중앙은행의 외환관리부에서 분리되어 무역은행으로서 출범한 국영은행이다. 지금과 같은 상업은행의 역할을 하기 시작한 것은 1990년부터다.

주주 구성은 베트남 중앙은행(The State Bank of Vietnam)이 74.8%로 상당한 지분을 보유하고 있다. 다음으로 주요 주주인 일본의 미즈호(Mizuho) 은행이 15%를 보유하고 있다.

VCB의 외국인 지분 소유 한도가 30%인데 반해 현 외국인 보유 지분은 20%가 조금 넘는 수준으로 아직 매수가 가능하다. 금융 업종은 특히나 투자하기 전에 외국인 지분 매수가 가능한지 필수적으로 확인해봐야 한다.

Vietcombank

• 주요 사업 Main Business	Bank	• 상장일자 Listing Date	2009.06.30
• 설립연도 Established Year	1963	• 상장거래소 Stock Exchange	호치민 거래소(HOSE)
• 주주구성 Shareholders	The State Bank of Vietnam (74.8%) Mizuho Bank (15.0%) Others(< 5%)(10.2%)	• 외국인 지분 소유 한도 Maximum Foreign Ownership	30.00 %
		• 시가총액 Market Cap.(VND bn)	248,124
• 사업특징 Key Features	- 베트남 중앙은행이 과반의 지분을 가지고 있는 국영 은행 A state-owned bank with a majority stake in Vietnam's central bank. - 금융 산업 종목으로서 외국인 지분 소유 한도가 비교적 낮음 Foreign ownership limit(FOL) is relatively low as a financial industry		

출처 : 2018년 사업보고서, 헥사곤

2019년 1월에는 기존 주식수 기준 약 3.6% 정도의 신주를 발행했는데, 신규 발행 주식 중 대부분을 싱가포르 국부 펀드인 싱가포르 투자청(GIC)에서 매입했다. 이로써 싱가포르 투자청은 지분 비율 2.55%로 3대 주주가 되었다. 2대 대주주인 미즈호 은행 또한 15% 비중을 유지하기 위해 일정량을 매수했고, 1대 대주주인 중앙은행은 2.3% 정도의 지분율이 하락한 상태다.

우리나라 금융사들도 적극적인 지분 매수를 통해 베트남 시장에 진출했으면 한다. 산업이나 회사에 따라 다르겠지만 지금 베트남 회사의 지분 매수는 용이한 편이다. 앞서 이야기한 것처럼 물량이 쏟아져 나오고 있기 때문이다. 이런 것들을 잘 이용하면 한국 기업이 베트남 현지에 진출하는 매우 좋은 방안이 될 수 있을 것이라 본다.

자회사로는 라오스의 현지 지사도 있고 사업 분야도 증권, 보험, 부동산 등 다양한 산업에 진출한 것으로 보인다. 그럼에도 은행업이라는 주업무를 직접하고 있어 매력적인 종목이다.

다음으로 자산 부채 상태를 보면 큰 변동 없이 연평균 약 13%의 증가율을 보여주고 있다. 은행업의 특성상 고객의 예금은 모두 부채로 잡히기 때문에 부채가 많은 것은 큰 문제가 되지 않는다.

실제로 글로벌 신용평가사인 S&P, 무디스, 피치에서는 VCB의 기업 신용도 평가등급을 BB-로 매겼으며 베트남의 국가 신용도 등급보다 더 높게 평가했다. 그리고 예대마진의 원천인 대출금이 2013년부터 2018년까지 연평균 18.2% 증가할 정도로 탄탄한 성장세를 이어오고 있다.

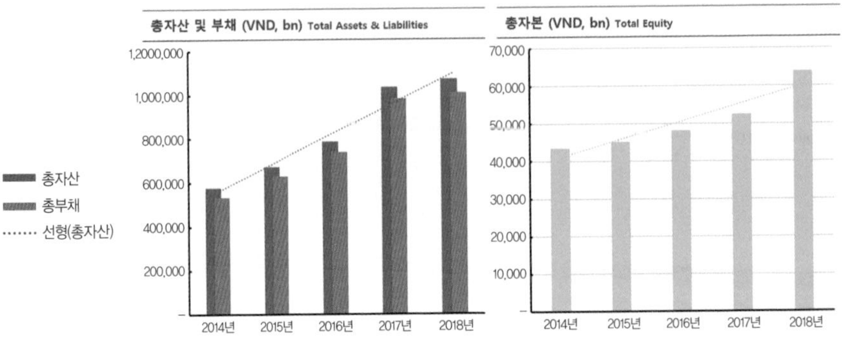

출처 : 2018년 사업보고서, 헥사곤

특히 전 국민 금융 계좌 보유율이 30% 정도로 아직 금융 인프라가 충분히 확충되지 않은 베트남의 환경을 생각하면 앞으로도 성장할 수밖에 없다는 결론이 나온다.

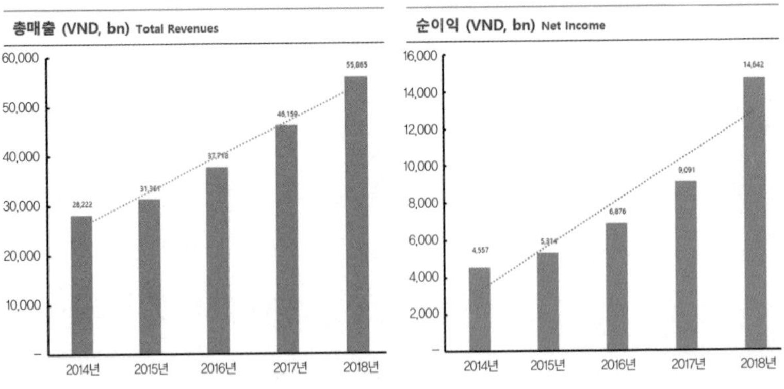

출처 : 2018년 사업보고서, 헥사곤

실제로 지난 5년간 총매출과 연간 이익이 각각 15%, 26% 오르는 매우 빠른 성장을 보여주고 있다. 특히 2018년 연간 이익에서 유독 큰 증가폭을 확인할 수 있다. 이때 예년보다 수익 대비 비용이 크게 절감되면서 매출 증가폭보다 더 큰 성장이 일어났다.

2018년 사업보고서를 보면 매출 구조로는 역시 이자수익이 72.3%로 가장 높았다. 은행업은 예대마진으로 인한 이자 수익이 매출 대부분을 차지하기 때문에 이것이 꾸준히 늘어나는지만 확인하면 된다. 그리고 앞으로 신용 사회로 나아감에 따라 예금은 늘어날 수밖에 없고 대출 또한 지금보다 더 활발하게 사용될 것이다.

이런 성장세는 이미 인도네시아에서 확인했으니 필자의 첫 책에 소개했던 BBCA에는 투자할 생각이 없다. 베트남에서 더 좋은 종목을 발견했으니 베트남 은행주에 투자하면 된다. VCB는 최종 비교 리스트로 올려놓자.

실전 투자 4: 소비재, 유통, 서비스

성장하는 신흥국 시장에서 항상 각광받는 투자가 바로 소비재 산업 분야다. 다만 이 분야는 상대적으로 다른 분야의 기업들보다 고평가된 경우가 많기 때문에 주의해서 접근해야 한다.

또한 우리가 가진 상식과는 다른 방향으로 산업 발전이 진행되는 경우도 있다. 가령 인도네시아의 유통을 장악하고 있는 백화점 기업 마따하리디파트먼트스토어(LPPF, Matahari Department Store Tbk)는 인도네시아 온라인 시장에 밀려 아직 뚜렷한 성과를 내지 못하고 있는 상황이다.

인도네시아의 대표 대형마트 헤로슈퍼마켓(HERO, Hero Supermarket Tbk)의 경우는 더욱 심각한데, 자존심 상하게도 오히려 전통 시장에 밀려서 매출액이 급감하며 고전을 면치 못하고 있다.

반대의 경우도 있다. 인도네시아의 대표적인 필수소비재 회사 유니레버인도네시아(UNVR, Unilever Indonesia Tbk)는 지난 10년간 5배 이상 성장했고, 15년 기준에서 보면 15배 이상 성장해왔다. 큰 규모의 회사가 이렇게 빠른 속도로 성장하는 것을 보면 경이롭기까지 하다.

그런데 가치투자 관점에서 살펴보면 감히 투자하기 어려운 종목이기도 하다. 필자의 첫 책에서도 이 종목을 소개하기 어렵다고 언급했던 적이 있는데, 현재도 PER이 49.1이고, PBR은 37.9다. 그리고 역사적 지표를 보더라도 늘 이렇게 고평가되어 있었다(2017년 PER 60.9, PBR 82.4). 저평가된 우량 기업을 찾는 우리로서는 이 지표를 보고도 투자를 결정하기 쉽지 않다. 최근에 조정을 좀 겪고 있긴 하지만 역사적으로 항상 고평가되어 있었던 종목이기에 앞으로 더 상승할 가능성도 있다.

이런 이유로 우리 회사는 소비재 회사를 조사할 때 오히려 더 많은 시간을 투여해서 시장 조사와 탐방을 다닌다. 이번 챕터에서는 소비와 관련 있는 유통업과 서비스업까지 모두 담았다. 양국 모두 소비재 시장 종목도 많고 분석이 만만치 않은 시장이니 잘 따라오시기 바란다.

1. 인도네시아의 소비재, 유통, 서비스

여러 연관 산업을 모두 리스트업하다 보니 51개 종목 정도를 선정하여 수가 꽤 많다. 마찬가지로 다음 표는 극단적으로 고평가(PER 30,

인도네시아 소비재, 유통, 서비스업 종목 스크리닝 1단계(2019 1Q)

순위	티커	회사명	시가총액 (mil. 루피아)	PER	PBR
1	GGRM	Gudang Garam Tbk.	147529447	16	3.2
2	INDF	Indofood Sukses Makmur Tbk.	60584942	11.5	1.8
3	ULTJ	Ultra Jaya Milk Industry Tbk	15770565	14.2	3.3
4	SIDO	Industri Jamu dan Farmasi Sido Muncul Tbk PT	14625000	19.1	4.8
5	GOOD	Garudafood Putra Putri Jaya Tbk	11991817	24.9	4.8
6	TSPC	Tempo Scan Pacific Tbk.	7042500	8.9	1.4
7	DLTA	Delta Djakarta Tbk.	5704695	16.6	4.1
8	WOOD	Integra Indocabinet Tbk.	5517968	24.6	2.2
9	STTP	Siantar Top Tbk.	4860100	7.8	2.4
10	KINO	Kino Indonesia Tbk.	3928571	3.4	1.7
11	TCID	Mandom Indonesia Tbk.	2814933	9.5	1.3
12	DVLA	Darya-Varia Laboratoria Tbk.	2744000	7.8	2
13	HOKI	Buyung Poetra Sembada Tbk.	1699160	19.6	3.1
14	PEHA	Phapros Tbk.	1600200	11.6	2
15	HRTA	Hartadinata Abadi Tbk.	1188157	7.9	1
16	SKLT	Sekar Laut Tbk.	1036110	28.8	3
17	UNTR	United Tractors Tbk	101832689	8.3	1.8
18	SCMA	Surya Citra Media Tbk	23334672	14.6	4.7
19	MNCN	Media Nusantara Citra Tbk	17202704	7.9	1.7
20	AKRA	AKR Corporindo Tbk	16620836	20.7	1.9
21	MAPI	Mitra Adiperkasa Tbk	14774000	20.2	2.7
22	LINK	Link Net Tbk	12657421	12.1	2.5
23	SRTG	Saratoga Investama Sedaya Tbk	9576773	2.1	0.6
24	EPMT	Enseval Putra Megatrading Tbk	6717427	12.9	1.1
25	BMTR	Global Mediacom Tbk	6195142	5.9	0.6

26	TURI	Tunas Ridean Tbk	6110100	9.8	1.7
27	FAST	Fast Food Indonesia Tbk	4788332	24	3.1
28	TELE	Tiphone Mobile Indonesia Tbk	4417827	10.1	1.1
29	BHIT	MNC Investama Tbk	4103191	19.8	0.3
30	PRDA	Prodia Widyahusada Tbk	4096875	21.4	2.5
31	CARS	Industri dan Perdagangan Bintraco Dharma Tbk	3780000	21	2.3
32	MPMX	Mitra Pinasthika Mustika Tbk	3704259	9	0.4
33	TGKA	Tigaraksa Satria Tbk	3582121	8.1	2.7
34	PZZA	Sarimelati Kencana Tbk	3263625	20.8	2.6
35	MCAS	M Cash Integrasi Tbk	3115880	22.4	4.5
36	SPTO	Surya Pertiwi Tbk	2943000	11.8	2.5
37	MTDL	Metrodata Electronics Tbk	2823683	8.5	1.5
38	HEXA	Hexindo Adiperkasa Tbk	2780400	5.2	1.2
39	DIVA	Distribusi Voucher Nusantara Tbk	2435714	29.4	3.4
40	BOLA	Bali Bintang Sejahtera Tbk	2220000	25	2.2
41	MSIN	MNC Studios International Tbk	2028780	7	1.5
42	DUCK	Jaya Bersama Indo Tbk	2027661	17.6	2.7
43	SONA	Sona Topas Tourism Industry Tbk	1871280	19.1	2.4
44	JTPE	Jasuindo Tiga Perkasa Tbk	1670187	20.3	2.8
45	ASGR	Astra Graphia Tbk	1618536	16.7	1.1
46	NFCX	NFC Indonesia Tbk	1466668	27.5	3.9
47	FISH	FKS Multi Agro Tbk	1392000	7	0.9
48	MLPT	Multipolar Technology Tbk	1293750	17.3	1.5
49	HKMU	HK Metals Utama Tbk	1192047	9.3	1.9
50	JGLE	Graha Andrasentra Propertindo Tbk	1129095	18.6	0.5
51	BNBR	Bakrie & Brothers Tbk	1043152	12.5	0.4
		51개 종목 평균		15.2	2.1

출처 : IDX, 각 회사, 혁사곤

PBR 5)된 종목은 앞쪽의 스크리닝 때와 같이 모두 삭제했다.

필자가 스크리닝 작업을 투자에 활용할 때는 중간값(평균값) 이상의 종목들은 보지 않는다. 그러나 이 책을 참고하시는 분들에게 최대한 많은 종목을 보여드리기 위해 최대한 많이 담았다. 또한 평균값에는 표본이 많을수록 정보를 왜곡하지 않고 보여줄 수 있다는 장점이 있다.

그럼에도 불구하고 극단적인 수치들을 삭제해서 시중에서 제공하는 플랫폼들과는 다른 값이 나올 수 있다. 인베스팅닷컴 등에서 제공하는 평균치는 실제로 과정을 공개하지 않으니 알 수 없었지만, 예외 없이 모든 값을 다 넣은 것으로 추정된다. 이런 극단적인 값들이 평균에 포함되면 오히려 왜곡될 가능성이 높아진다.

이런 과정을 거치다 보니 지난 책에서 소비재 유망주로 소개했던 ICBP, KLBF는 리스트에 오르지 못하고 삭제되었다. 그나마 INDF가 남아 있기는 한데, 사업 회사가 아닌 지주사 격이라서 전략적으로 투자할 만한 특별한 이슈가 있지 않다면 투자하기 적절한 기업은 아니라고 본다. 그럼에도 지주 회사 투자 전략이 필요할 때가 있다. 이 사례는 뒤에서 다시 소개하도록 하겠다.

51개 종목 중에 '공식 1, 이회싸?'를 통해 저평가된 종목들을 살펴보자.

'공식 1'을 통해 총 10개 종목이 선정되었다. 이중 극단적으로 저평가된 기업을 뽑아낸 것이 상위 5개 종목이다. 하단의 5개 종목은 이번 챕터에서 살펴볼 산업군 자체가 고평가된 경우가 꽤 많이 있기 때문에 극단적인 저평가 기업에서 조금 더 범위를 넓혔다.

소비재, 유통, 서비스업 종목 스크리닝 2단계

순위	티커	회사명	시가총액 (mil, 루피아)	PER	PBR
15	HRTA	Hartadinata Abadi Tbk.	1188157	7.9	1
23	SRTG	Saratoga Investama Sedaya Tbk	9576773	2.1	0.6
25	BMTR	Global Mediacom Tbk	6195142	5.9	0.6
32	MPMX	Mitra Pinasthika Mustika Tbk	3704259	9	0.4
47	FISH	FKS Multi Agro Tbk	1392000	7	0.9
6	TSPC	Tempo Scan Pacific Tbk.	7042500	8.9	1.4
11	TCID	Mandom Indonesia Tbk.	2814933	9.5	1.3
37	MTDL	Metrodata Electronics Tbk	2823683	8.5	1.5
38	HEXA	Hexindo Adiperkasa Tbk	2780400	5.2	1.2
41	MSIN	MNC Studios International Tbk	2028780	7	1.5

출처 : IDX, 각 회사, 헥사곤

이때 앞서 베트남 종목 스크리닝 때 설명했던 평균치를 구해서 상대적으로 저평가된 종목을 뽑는 방법을 활용한 것은 아니다. 베트남의 경우 업종 상위 위주로 계속 상승세이기 때문에 이 종목 중에서 골라야 한다고 판단했다. 따라서 상위 종목의 지표값이 높기 때문에 평균치를 내서 상대평가를 했다.

인도네시아의 경우 상위 종목보다 숨겨진 진주 같은 종목을 찾는 것이 목적이다. 따라서 저평가 종목처럼 PER은 그대로 10 이하로 두고 PBR은 좀 더 여유를 줘서 범위를 1.5까지 좀 더 넓혔다.

필자는 PER 수치를 저평가 종목을 스크리닝하는 데 활용하기도 하지만 절대적으로 신뢰하지는 않는다. 순이익 값에 따라 변동될 수 있는 단기 지표이기 때문이다. PER은 '공식 1' 스크리닝 과정에서 보조 지표에 좀 더 가깝다. 따라서 필자는 PBR을 좀 더 신뢰한다. PBR 저평가 기업 중에는 구조조정이나 사업 쇠퇴 등 다양한 이유로 인해 순이익이 마이너스인 경우가 많다. 실제로 순이익(EPS)이 마이너스인 경우 PER 수치가 마이너스로 표기된다. 혹은 마이너스는 아니더라도 순이익 수치가 낮아지면 PER 값이 극단적으로 높아지게 된다.

이런 과정을 거쳐 비정상적인 값들을 골라내고 나서 PER 10, PBR 1 이하인 종목들을 먼저 뽑는다. 먼저 극단적으로 저평가된 종목들을 먼저 살펴보고 유의미한 종목이 없다면, 조금 더 범위를 넓혀 다른 종목들까지 살펴보기로 하자.

자, 이제 '공식 2'를 적용할 시간이다. 어떤 회사가 정말 싼 회사일까?

실제로 5개 저평가 회사의 매출액을 비교해보니 대부분의 종목이 들쭉날쭉하다. 두 번째 공식인 매출액 평가를 꼭 해야 하는 이유다. BMTR의 경우 소폭 하락세를 보이다가 최근 반등하는 추세다. 지표를 보면 아주 매력적인 회사라고는 볼 수 없다.

그럼에도 불구하고 살펴보자는 생각이 드는 이유는 필자는 이 회사를 이미 잘 알고 있기 때문이다. BMTR은 인도네시아의 대표적인 언론사 MNC의 계열사다. MNC는 인도네시아의 대표적인 재벌 기업 중 하나로 현지 미디어 시장과 신규로 생기고 있는 엔터테인먼트 산업에서 중심 역할을 하고 있다.

한국의 경우 인터넷과 모바일 SNS 시장의 발달로 전통적인 미디어가 고전하고 있다. 그런데 MNC의 경우 유튜브 채널에도 자사의 모든

인도네시아 소비재, 유통, 서비스 기업 5년간 매출액 추이 1

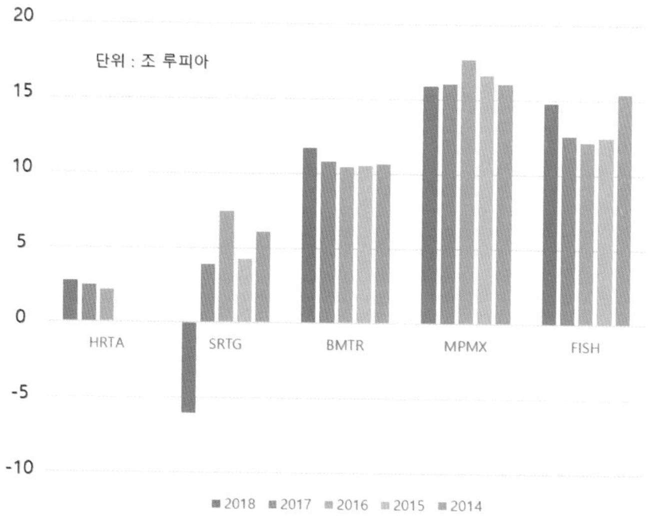

출처 : IDX, 각 회사, 헥사곤

프로그램을 공개하는 파격을 보이며, 유튜브 방송 시장에서도 강세를 보인다. 매출액이 차츰 증가하고 있으니 조금 더 시간을 두고 살펴봐야 할 종목으로 판단된다. 그럼에도 현재 지표상 매우 저평가된 상황이니 이번 챕터에서 살펴보자.

PBR 수치에 약간 여유를 주면 다음과 같이 5개 기업이 추가된다. 여기에도 언론, 미디어 회사들이 꽤 있다. 최근 필자가 관심을 두고 있는 산업군이기도 하다.

미디어 관련 회사 중 눈에 띄는 기업들이 꽤 보이는데 우리나라 엔터 산업의 성장을 지켜봐서 더 그런지도 모르겠다. 리스트 마지막에 있는

소비재, 유통, 서비스업 종목 스크리닝 3단계

순위	티커	회사명	시가총액 (mil, 루피아)	PER	PBR
6	TSPC	Tempo Scan Pacific Tbk.	7042500	8.9	1.4
11	TCID	Mandom Indonesia Tbk.	2814933	9.5	1.3
37	MTDL	Metrodata Electronics Tbk	2823683	8.5	1.5
38	HEXA	Hexindo Adiperkasa Tbk	2780400	5.2	1.2
41	MSIN	MNC Studios International Tbk	2028780	7	1.5

출처 : IDX, 각 회사, 헥사곤

MSIN이라는 티커를 가진 회사 또한 MNC의 자회사 중 하나다. MSIN은 1년 전 상장한 종목이라 매출액 스크리닝 과정에서는 빼기로 하겠다.

그러면 나머지 4개 회사 중에 정말 저평가된 회사들이 있는지 '공식 2'를 적용해 매출액을 한번 살펴보자.

다음 그래프에서 TCID는 최근 2018년도 매출액이 망가졌고 그전 매출액 또한 눈에 띄는 증가를 보여주고 있지 않다. HEXA의 경우 필자의 회사와 이름이 비슷해 봐주고 싶어도 최근 2년 동안 반등했음에도 과거 수치가 좋지 않아 빼야 할 것 같다. 특히 올해 1분기 매출은 아직 발표가 안 되고 미뤄지고 있다. 타당한 이유가 있다면 증권 거래소에 보고한 후 분기보고서를 늦게 제출하는 것이 허용되긴 하지만, 이런 경우에는 대부분 회사에 문제가 있을 때가 많다. 스크리닝 과정에서 그 이유까지 알 필요는 없다. 가차 없이 제외하자.

그러고 나면 TSPC, MTDL 두 개 회사가 눈에 띄게 성장하고 있는 것

인도네시아 소비재, 유통, 서비스 기업 5년간 매출액 추이 2

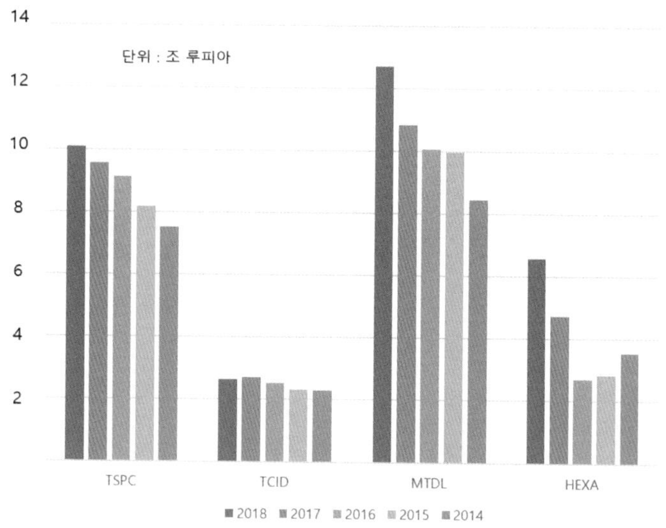

출처 : IDX, 각 회사, 헥사곤

을 볼 수 있다. 이 두 회사와 앞서 골라낸 BMTR까지 차트를 통해 흐름을 살펴보자.

BMTR의 회사명은 글로벌메디아컴(Gloabal Mediacom. Tbk)이다. 이 회사의 경우 지표상 저평가되어 있으나 주가는 꾸준히 하락해왔다. 매출이 반등하고 있으니 주가 또한 반등할 가능성이 높다.

특히나 앞서 언급했듯이 인도네시아 대표 미디어 그룹의 계열사이니 이번 기회에 인도네시아 미디어 산업에 대해서도 살펴보자.

TSPC 또한 지난 6년간 지속적인 주가 하락을 경험했다. 거래량을 보면 알 수 있듯이 활발한 거래가 일어나는 종목은 아닌 것으로 보인다.

글로벌메디아컴(BMTR)

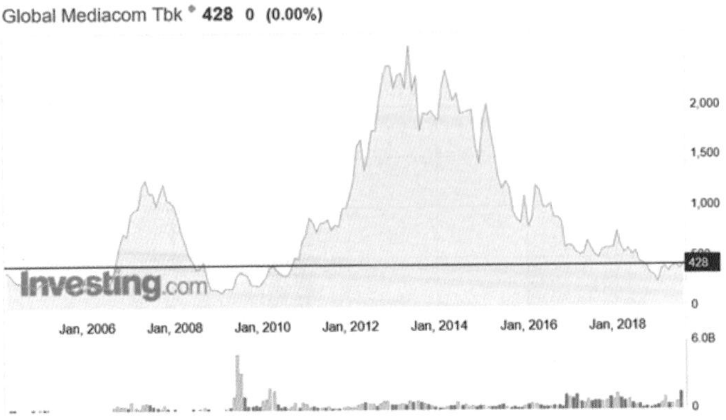

출처 : investing.com

메트로데이터일렉트로닉스(MTDL)

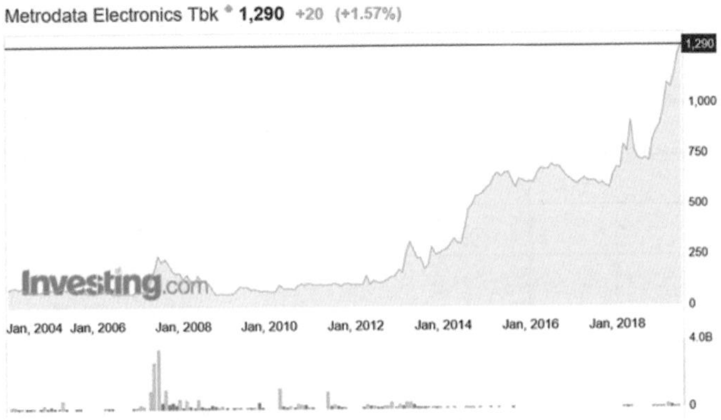

출처 : investing.com

2008년 이전에는 꽤 거래가 많았던 것을 보면, 주식 병합 혹은 대주주의 대량 지분 취득 같은 Corporate Action(기업 이벤트)이 있었던 것으로 보인다.

현재는 저평가 구간에 들어가기 시작했고 매출액은 꾸준히 증가하고 있다. 주가가 더 하락하거나 기업 매출과 순익이 급증하기 시작하면 반등하며 폭발적인 성장세를 보여줄 가능성도 있어 보인다.

그러면 과연 그만한 경쟁력이 있는 회사인지, 기업 분석에서 다뤄보도록 하겠다.

MTDL의 경우 장기적으로 꾸준히 성장해온 기업이라고 볼 수 있다. 최근 주가가 급등해 PER 9.5, PBR 1.7로 우리가 정해둔 저평가 범위를 벗어난 기업이다. 이 회사의 과거 흐름을 보면 매출이 꾸준히 증가해왔다는 것을 알 수 있다. 실제로 2015~2017년까지 3년간 주가 흐름에 큰 변화가 없었으나, 2017년 순이익이 증가하면서부터 주가가 급격하게 오르기 시작했다. 이는 가치투자 종목의 모범적인 사례라 볼 수 있다.

기업이 저평가되어 있는데 매출이 꾸준히 늘어난다면 투자를 고려해 봐야 한다. 그러다가 순이익이 증가하기 시작하면 주가는 급등할 가능성이 높다. 지금까지 우리가 해오고 있는 공식에 그대로 적용할 수 있는 기업이다. 지금 시점에서 보더라도 장기적으로 꾸준히 우상향하는 기업이고, 지표 또한 과도하게 평가된 종목이 아니니 모니터링 리스트에 올려놓자.

최근 주가가 급등했으니 조정이 있다면 매수 기회로 삼자. 참고 기

템포스캔퍼시픽(TSPC)

출처 : investing.com

다리면 분명히 기회는 올 것이다. 이번 기회를 놓치면 어떻게 해야 하느냐고? 여러분들은 투자할 기회를 무한하게 갖고 있다. 앞으로 이런 기업들을 평생 셀 수 없을 정도로 만날 것이다. 따라서 이번 챕터에서는 이미 범위에서 벗어난 MTDL은 잠시 잊어버리고 BMTR과 TSPC, 이 두 기업에 대해 알아보도록 하자.

2. 인도네시아의 소비재, 유통, 서비스 기업

▶ 글로벌메디아컴(BMTR)은 인도네시아의 가장 큰 방송 매체다. 지금 인도네시아는 TV 방송과 디지털 매체 등의 소비량이 계속 늘어나

는 추세이다. 아마 인도네시아 TV 채널을 접한 적이 있다면 MNC 방송이나 GTV 또는 RCTI를 보았을 수 있다.

이들은 모두 BMTR 아래에 간접 지배되고 있는 방송사들이다. 한국으로 치면 MBC, JTBC 등이 한 방송사에 소속되어 있는 것이다. BMTR은 이들을 통해 공중파, 유료방송 그리고 기타 매체 시장을 점유하고 있으며, 2018년 기준 프라임타임이라 부르는 황금시간대 시청률이 통합 34.7%에 달하는 거대 미디어다.

1981년 설립된 BMTR은 초기에는 방송뿐만 아니라 통신, IT, 숙박, 부동산, 화학, 인프라, 교통 등 여러 산업을 망라하는 거대 복합기업으로서의 위상을 가지고 있었다. 각 사업에 대한 투자와 철수를 반복한 끝에 회사의 주력사업을 미디어 분야에 집중하기로 했다. 2000년대 초에 Global TV의 지분 70%를 인수했고, 2007년에는 미디어 그룹으로 다시 브랜딩하면서 지금까지 사업을 확장해왔다.

주요 주주는 52.87%를 소유한 MNC Investama가 지배력을 갖고 있고 모회사를 제외하면 5% 이상의 대주주가 없는 것이 특징이다. 상장일자는 1995년 7월로 이때 BMTR의 핵심 비즈니스인 방송업으로 사업구조를 개편했다고 한다. 현재 시가총액은 5조 5,000억 루피아로 한화 4,600억 원 정도다.

지주 회사 MNC Investama의 경우 BMTR을 소유하고 있을 뿐 아니라 BMTR의 자회사까지 지배하는 중추적인 역할을 담당하고 있다. 이 모든 회사를 통틀어 MNC Group이라 보면 된다. MNC Group은 실질적인 오너인 개인 한 명 외에도 2개의 회사가 지분을 나눠 갖고 있다.

globalmediacom

주요 사업 Main Business	Broadcasting & Cable TV	상장일자 Listing Date	1995.07.17
설립연도 Established Year	1981	상장거래소 Stock Exchange	IDX
주주구성 Shareholders	PT MNC Investama Tbk (52.87%) Others(< 5%) (47,13%)	시가총액 Market Cap.(IDR bn)	5,508.82

- 사업특징 Key Features
  - 공중파(Free-to-Air), 유료방송(Pay-Tv), Multimedia content 등 다양한 채널 운영 중
    It operates various channels such as Free-to-Air, Pay-Tv, and Multimedia content
  - 2018년 기준 황금 시간대 시청률 34.7%로 영향력 있는 미디어 매체
    It is an influential broadcast with 34.7 percent viewership in prime time in 2018

출처 : 2018년 사업보고서, 헥사곤

그중에서도 하리따노수딥조(Hary Tanoesoedibjo)는 MNC Investama와 BMTR의 대표를 모두 맡고 있다.

BMRI의 자회사는 크게 세 분류로 나눌 수 있다. 공영 방송을 맡고 있는 미디아누산따라찌뜨라(MNCN, Media Nusantara Citra)와 유료 채널을 맡고 있는 MNC비전네트웍스(MVN, MNC Vision Networks), 그리고 기타 매체들을 맡고 있는 여러 자회사로 분류할 수 있다. 사실상 MNCN과 MVN을 통해 수많은 자회사를 간접 지배하고 있다. 그중에서도 MNCN은 IDX에 상장되어 있는데 방송 산업 분야에서는 주목받는 종목 중 하나이니 참고하기 바란다.

BMTR은 2014년 이후 주가의 지속적인 하락으로 인해 PER은 27.8에서 4.1로, PBR은 1.8에서 0.5로 크게 하락했다. 이와 같은 하락세는 실적 저조 때문이 아니라 시장에서 저평가된 결과라고 해석할 수 있다. 적어도 지난 3년간의 추이를 보면 주가에 비해 실적이 계속 개선되

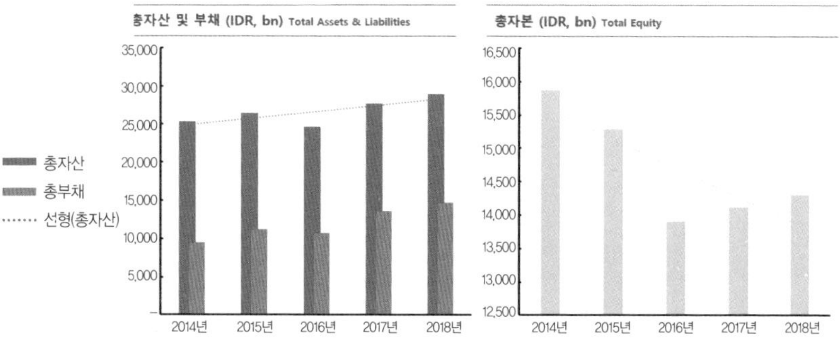

출처 : 2018년 사업보고서, 헥사곤

고 있기 때문이다. 실제로 주당순이익(EPS)은 2016년 14.7에서 2018년 59.7로 오를 정도로 긍정적인 지표를 보여주고 있다. 다른 외부 요인이 없다면 BMTR은 실적에 비해서 저평가된 것이라 할 수 있다.

특이사항으로는 방송 프로그램의 가치가 재고자산으로 잡히는 것인데, 방송 프로그램을 어떻게 금액으로 산정하는지는 알 수 없다. 또한 높은 금액으로 수입해온 프로그램일지라도 수익성을 보장할 수 있는 것은 아니기 때문에, 이 부분은 유의해야 할 것으로 보인다.

매출과 연간 이익에서는 연도별로 큰 차이를 보인다. 특히 2015년 순수익이 급격하게 떨어지면서부터 주가 하락세가 지속되었음을 알 수 있다. 당시 순수익 감소의 이유는 영업 전반의 효율이 하락했을 뿐만 아니라 영업 외 비용이 대폭 증가했기 때문이다. 2015년의 영업 외 비용은 예년과 비교해 2배 이상 발생했다. 이런 부분이 주가 하락에 지속적인 영향을 미쳤을 것으로 보인다.

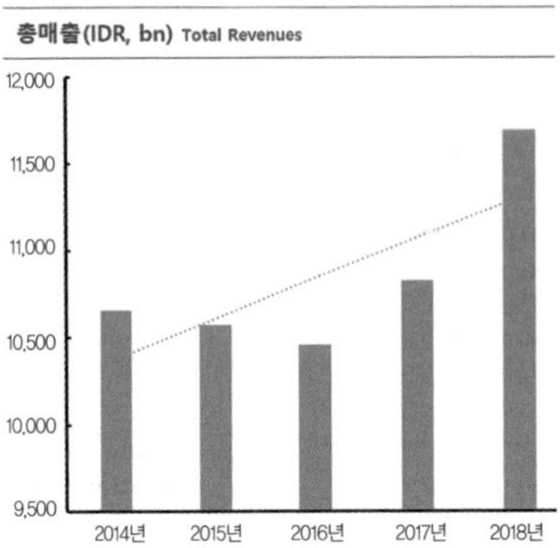

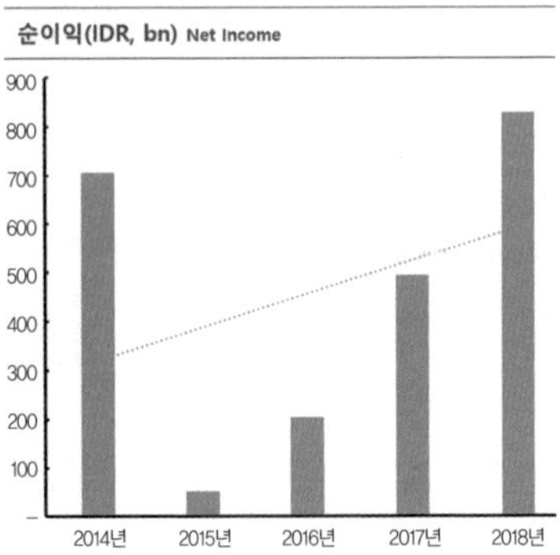

출처 : 2018년 사업보고서, 혝사곤

이에 반해 최근 실적은 빠른 속도로 회복되었는데 영업이익률과 순이익률 또한 각각 19%에서 27%로 그리고 1.9%에서 7%로 크게 개선되었다. 매출 비중은 공영방송의 메디아누산따라찌뜨라(MNCN, Media Nusantara Citra)가 62%, 유료 방송의 MNC비전네트웍스(MNC Vision Networks)가 28%, 기타 10%를 차지하고 있다.

인도네시아의 미디어 점유율 조사 결과를 보면 TV 64%, 인터넷 16%로 TV가 지배적인 입지를 계속해서 이어나갈 것으로 보인다. 다만 점차 휴대폰을 이용한 인터넷 소비자가 늘어나면 TV 비중을 유지하면서 디지털 미디어 부문을 어떻게 수용하느냐가 향후 전략의 요점이 될 것으로 보인다.

지금까지 BMTR은 채널 시청률과 광고 시장 점유율 등에서 시장 전반에 지배적인 입지를 유지하고 있다. 지난 4~5년 동안 비슷한 점유율을 기록해왔기 때문에 향후에도 비슷한 양상이거나 더 향상될 가능성이 높다. 또한 인도네시아의 방송 시장 규모가 아직도 성장하는 단계이기 때문에 BMTR의 시장 지배력과 선점 효과로 인한 수혜를 입을 것으로 판단된다.

그 밖에 미디어 채널의 다변화와 채널 경쟁 같은 신시장에 대한 대비 전략이 중요해질 것으로 보인다. 인도네시아 미디어 시장의 특성상 신시장 부문은 아직 크게 활성화되지는 않았지만 BMTR에서는 인터넷 방송 채널, 24시간 홈쇼핑, 유튜브 채널 등을 이미 확보하고 있어 적절하게 대응할 수 있을 것으로 보인다.

그럼에도 불구하고 실제 사업을 하지 않는 모회사의 입장이기 때문에 자회사들의 현황까지 파악해야 하는 점이 가장 큰 마이너스 요소라고 생각된다. 따라서 이 종목은 최종 비교 리스트에서는 제외하도록 하겠다. 그렇다 하더라도 자회사의 순익이 급등하면 모회사의 실적에 반영되는 경우도 있을 수 있다. 해당 사례는 '실전투자 5'에서 다시 살펴보기로 하고, 앞으로도 모니터링 리스트에 두기로 한다.

▶ 이번에는 두 번째 저평가 기업인 제약 회사 템포스캔퍼시픽(TSPC, Tempo Scan Pasific)을 살펴보자.

인도네시아의 제약 회사는 '제네릭'이라 불리는 복제약을 주로 개발하거나 영양제 같은 건강 제품을 생산하는 수준이다. 대부분의 의약품을 해외에서 수입해오기 때문에 인도네시아의 제약 시장은 유통업에 좀 더 가깝다고 봐야 한다. TSPC 또한 제약업뿐만 아니라 다양한 사업을 하고 있다. 때문에 샴푸나 비누 같은 소비재를 취급하며 제품 유통을 통해서도 매출이 발생한다.

주요 매출은 크게 세 가지이며, 첫 번째가 의약품, 두 번째는 화장품과 소비재 제품, 그리고 세 번째는 상품 유통으로 나눌 수 있다. 특히 TSPC는 51개 지점과 127개 판매점, 그리고 7개의 배송센터를 통해 인도네시아 전역에 자사 제품을 유통한다. 또한 다른 공급자와의 계약으로 각지의 판매점에 타사 제품을 유통하거나 물류를 관리해주기도 한다.

따라서 제품 공급자의 의약품 판매가 저조하더라도 물류 관리 비용을 받을 수 있는 TSPC의 전략은 긍정적이라 평가할 수 있다. 화장품에서는 MAC, BOBBI BROWN 같은 브랜드의 판권을 보유하고 있으며 유통까지 맡고 있다.

설립연도는 1953년인데, 처음에는 약품 유통업만 유지하다가 1970년 제약 분야로 확장했다. 1977년부터 자회사를 통해 화장품과 소비재를 판매하며 사업 영역을 확장했다. 상장일자는 1994년, 시가총액은 약 7조 루피아로 한화 약 6,000억 원에 달한다. 이는 인도네시아의 가장 대표적인 제약 회사 칼베파르마(KLBF, Kalbe Farma)의 10분의 1 수준이다.

주요 주주는 보가물리아 나가디(Bogamulia Nagadi)라는 회사이며 약 80%의 지분을 가지고 있다. 1990년에 설립된 회사인데, 설립연도가 TSPC보다 늦은 이유는 그룹사를 지배하기 위해 설립한 지주사이기 때문이다.

TSPC Group은 내부적으로 다시 제약, 소비재, 제조, 유통, 수출, 연구, 기타 계열사로 나뉜다. 이들 그룹사들의 지분은 실질적으로 그

TEMPO SCAN

• 주요 사업 Main Business	pharmaceutical industry	• 상장일자 Listing Date	1994.06.17
• 설립연도 Established Year	1953	• 상장거래소 Stock Exchange	IDX
• 주주구성 Shareholders	PT Bogamulia Nagadi (80.3%) CGML PB Client Account/Collateral (5.3%) Others(< 5%) (14.4%)	• 시가총액 Market Cap.(IDR bn)	7,204.27
• 사업특징 Key Features	- 51개 지점과 127개 판매점 그리고 7개의 배송센터를 통해 인도네시아 전국으로 유통 Supplying across Indonesia through 51 branches, 127 sales points and 7 distribution centers - 영업 활동은 크게 의약품, 화장품 및 소비재 제품과 상품 유통으로 나눌 수 있음 Operating segments can be largely divided into consumer good and cosmetic products division, pharmaciatical products division, distribution division		

출처 : 2018년 사업보고서, 헥사곤

룹 회장인 한도요 슬라맛 물야디(Handojo Selamat Muljadi)가 소유하고 있다. 제2대 주주로는 일본계 펀드인 Citigroup Global Markets Limited가 5.3%를 보유하고 있다. 그 외 지분 14% 중 외국인은 11%, 내국인은 3%로 외국인 비중이 높은 편이다. 지분 구성을 보면 외국인들에게 인기가 좋은 종목으로 보인다.

주가가 장기적으로 하락하면서 저평가 구간에 도달한 케이스로 잘 연구해서 적절한 시점에 투자한다면, 나쁘지 않은 수익을 낼 수 있을 것이라 판단할 수 있다. 그러면 재무 지표를 한번 살펴보자.

먼저 TSPC의 자산, 자본, 부채다. 세 항목 모두 증가하는 추세이며, 꾸준히 성장해오고 있음을 알 수 있다. 부채도 증가하고 있기는 하나 자본 대비 50%를 넘지 않아서 안정적인 편이다. 또한 꽤 많은 현금성 자산을 유지하고 있어 갑작스러운 위기나 비용 발생 상황에 유연하게 대처할 수 있을 것이라 판단된다.

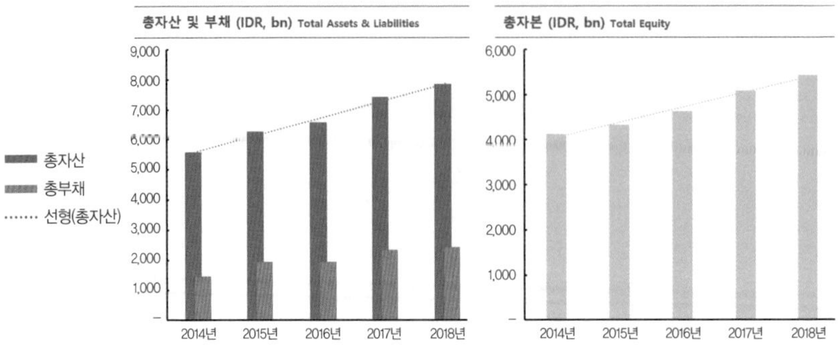

출처 : 2018년 사업보고서, 혁사곤

한편 TSPC는 이런 자금 조달력을 이용해 제조 설비를 증강하며 생산 규모를 점진적으로 확대하고 있다. 2018년 말에는 동부 자바의 응오로 모조꺼르또(Ngoro Mojokerto) 지역에 약 4만 2,000제곱미터 규모의 소비재 생산 공장을 짓는 등 과감한 투자를 이어가고 있다.

매출과 연간 이익을 살펴보면 주가가 지속해서 하락해온 원인을 알 수 있다. 총매출은 증가하는 추세에 있으나 연간 이익에서는 완만한 하락세를 보이고 있다. 2018년 매출은 5년 전보다 약 34%가 증가했는데, 실질적인 이익은 줄어들었다.

TSPC에서는 실적 감소의 이유로 제품 원재료 가격 상승과 기타 수익 감소를 들고 있다. 특히 기타 수익 변동을 주된 원인으로 볼 수 있다. TSPC는 영업 활동 외의 부문에서는 계속 수익을 내오고 있었다.

2017년에는 이자 수입 등으로 1,000억 루피아 정도가 발생했지만 2018년에는 260억 루피아로 전년 대비 수익이 많이 줄었다. 이는 제

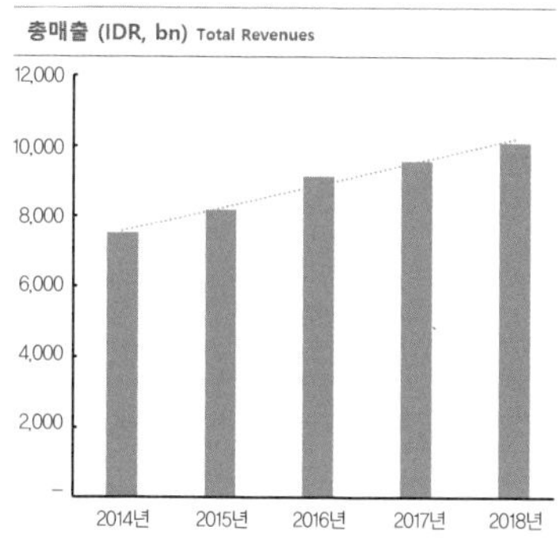

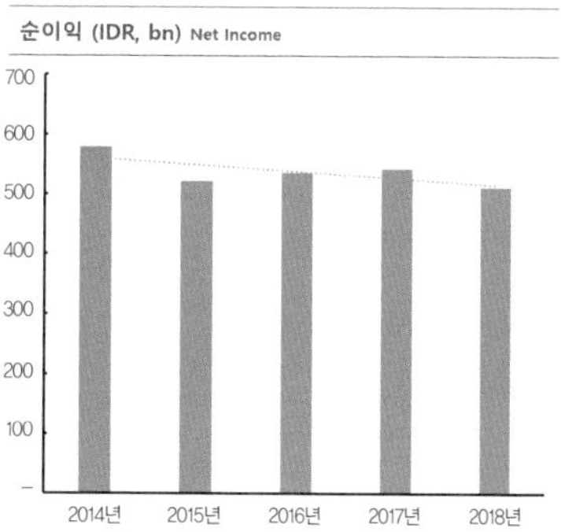

출처 : 2018년 사업보고서, 헥사곤

품 판매 수익이 하락한 것이 아니라 영업 외 부문에서 수익이 감소한 것이다. 실제 재무제표를 뜯어보면 영업 이익은 일정한 수준을 유지하고 있다. 부문별 매출을 보면 2018년 기준, 약품 26%, 화장품 및 소비재 31%, 유통 43%다. 소비재 생산 공장을 증설하면서 앞으로 화장품 및 소비재 부문의 비중이 더 커질 것으로 예상된다.

TSPC는 제약, 소비재 산업 시장에서 2억 7,000만에 달하는 인도네시아 내수 시장을 바탕으로 지속 성장할 것으로 보인다. 아직 제약 회사치고는 의약품의 비중이 작지만 인구 고령화에 따라 점차 시장 규모가 커질 것이다. 또한 현 조코 위도도 정부의 의료 복지 확대 정책에서 수혜를 받을 수도 있다.

무엇보다 지금 시점에서 다른 경쟁사인 칼베파르마(KLBF PER 30, PBR 4.5), 키미아파르마(KAEF PER 266.7, PBR 7.9)보다 지표상 저평가된 것은 확실하다. 그러니 최종 평가 리스트에 올려놓도록 하자.

3. 베트남의 소비재, 유통, 서비스

베트남의 경우 생각보다 많지 않은 종목이 이 산업군에 속해 있다. 소비재/서비스업, 헬스케어, IT 서비스 등이 모두 한 산업으로 묶여 있으며 업종 상위 종목은 대부분 고평가되어 있다.

사실 필자의 기준으로 본다면 이 분야에서는 투자할 만한 종목이 없다. 그럼에도 업종 상위권 종목들에 대한 상대 평가를 진행해보려고 한다. 임의로 소비재 서비스 업종의 3위권 회사와 제약업종 1위, IT 서비스 1위 회사 등 총 5개 회사를 상대평가 해보려고 한다. 또한 업종별 비교가 될 수 있도록 리스트 총평균 지표도 기록해두었으니 함께 참고해서 보시기를 바란다.

214쪽 표에서 보시는 바와 같이 총 5개 기업의 지표 평균은 PER 27.17, PBR 5.62로 매우 높은 것을 알 수 있다. 특히나 사이공맥주(Saigon Beear-Alcohol-Beberage Corperation)의 경우 PER 41.78, PBR 11.08로 매우 고평가되어 있다. 지표 평균보다 상대적으로 낮은 종목은 MCH, DHG, FPT 세 종목으로 시가총액이 높은 상위 기업 중에서는 투자를 고려해볼 만하다.

그런데 이중 FPT의 경우 외국인 지분이 막혀 있다. 사실 이 회사는 오래 전부터 여러 매체를 통해 유망한 종목으로 소개되었으나 일반인들은 투자가 불가능한 상황이었다. 대신 기관들이 운영하는 펀드에는 대부분 담고 있는 종목이다.

실제 필자는 FPT와 관련한 에피소드가 있다. 2019년 7월 비엣캐피

베트남 소비재, 유통, 서비스업 종목 스크리닝 1단계(2019 1Q)

순위	티커	업종	회사명	시가총액 (bil, VND)	PER	PBR
1	SAB	소비재 서비스	Saigon Beer – Alcohol – Beverage Corporation	178,917.45	41.78	11.08
2	MCH		Masan Consumer Corporation	58,553.20	17.28	5.11
3	BHN		Hanoi Beer Alcohol and Beverage Joint Stock Corporation	21,534.22	43.14	4.96
4	QNS		Quang Ngai Sugar Joint Stock Company	10,886.67	8.94	1.94
5	TCH		Hoang Huy Investment Financial Services Joint Stock Company	7,683.66	27.22	1.72
6	VGT		Vietnam National Textile And Garment Group	5,450.00	12.14	0.87
7	PRT		Binh Duong Producing and Trading Corporation	4,650.00	8.95	1.14
8	MSH		Song Hong Gament Joint Stock Company	3,100.58	7.29	2.97
9	VSN		VISSAN Joint Stock Company	2,856.25	22.36	2.77
10	VGG		Viet Tien Garment Corporation	2,760.66	6.01	1.68
11	VOC		Vietnam Vegetable Oils Industry Corporation – Joint Stock Company	1,948.80	7.31	0.94
			소비재 분야 11개 기업 지표 평균		18.40	3.20
12	DHG	제약	Hau Giang Pharmaceutical Joint Stock Company	13,610.67	22.03	4.52
13	PME		Pymepharco Joint Stock Company	3,671.82	12.01	1.98
14	DVN		Vietnam Pharmaceutical Corporation (VINAPHARM)	3,356.63	15.29	1.32
15	TRA		Traphaco Joint Stock Company	2,760.61	17.4	2.71
16	DMC		Domesco Medical Import – Export Joint Stock Corporation	2,507.32	11.11	2.13
17	IMP		Imexpharm Pharmaceutical Joint Stock Company	2,366.33	16.65	1.54
18	DBD		Binh Dinh Pharmaceutical and Medical Equipment Joint Stock Company	2346.58	15.01	2.54
			제약 분야 7개 기업 지표 평균		15.64	2.39
19	FPT	IT 서비스	FPT Corporation	31878.99	11.63	2.43
20	CMG		CMC Corporation	2766.92	18.09	2.56
21	SAM		SAM Holdings Corporation	2037.12	28.55	0.78
			IT 서비스 분야 3개 기업 지표 평균		19.42	1.92

출처 : VCSC, 각 회사, 헥사곤

소비재, 유통, 서비스업 종목 스크리닝 2단계

순위	티커	업종	회사명	시가총액 (bil, VND)	PER	PBR
1	SAB	소비재 서비스	Saigon Beer – Alcohol – Beverage Corporation	178,917.45	41.78	11.08
2	MCH		Masan Consumer Corporation	58,553.20	17.28	5.11
3	BHN		Hanoi Beer Alcohol and Beverage Joint Stock Corporation	21,534.22	43.14	4.96
12	DHG	제약	Hau Giang Pharmaceutical Joint Stock Company	13,610.67	22.03	4.52
19	FPT	IT 서비스	FPT Corporation	31878.99	11.63	2.43
			산업별 상위 기업 총 5개 기업 지표 평균		27.17	5.62

출처 : VCSC, 각 회사, 헥사곤

탈 증권과의 반기 컨퍼런스 콜에서 외국인 지분이 막혀 있는 이 종목을 계속 추천하는 것이었다. 그래서 지분이 꽉 찼다고 알고 있는데 혹시 외국인이 매수할 방법이 있는지 문의했다. 이때 필자는 당연히 불가능하다는 답변이 나올 것이라 생각하고 문의했었다. '많은 양을 브리핑하다 보니 착각했군' 하고 생각한 것이다.

그런데 가능하다는 대답이 돌아왔다. 다만 블록딜 형태로 다른 외국인들에게 프리미엄을 주고 사와야 하는 것이었다. 그렇다. 자금 규모가 크다면 증권사에 요청해서 매수가 가능했던 것이다. 실제로 기업 내용이 매우 좋기 때문에 지표 가격이 높기는 하지만 탐나는 종목이었다. 그래서 향후에 함께 투자하는 분들이 많아진다면 공동 펀드를 만들어 매입을 추진할 수 있겠다는 생각이 들었다. 어찌 되었든 지금은 투자가 불가능하다. 그러면 굳이 살펴볼 필요가 없다.

그렇다면 FPT를 제외하고 MCH와 DHG 두 개 종목을 차트를 통해 비교해보자.

MCH의 경우 상장한 지 이제 3년이 된 종목이다. 사실 상장 5년 이내의 기업은 투자 대상으로 잘 고려하지 않는다. 그런데 MCH의 경우 작년 초에 투자를 단행하여 100%에 가까운 수익을 얻은 종목이다.

MCH에 투자한 이유는 3가지가 있다.

첫째, 상장 후 주가가 하락세를 보였다는 점이다.

둘째, 마산 그룹의 가장 큰 자회사이다. 이전에는 마산 그룹에 투자하기 위해 MSN에 투자하고 있었는데, MCH가 상장한다는 것을 알고 이쪽에 투자한 것이다. 마산 그룹은 지주 회사로 실제 사업을 하는 회

마산컨슈머(MCH)

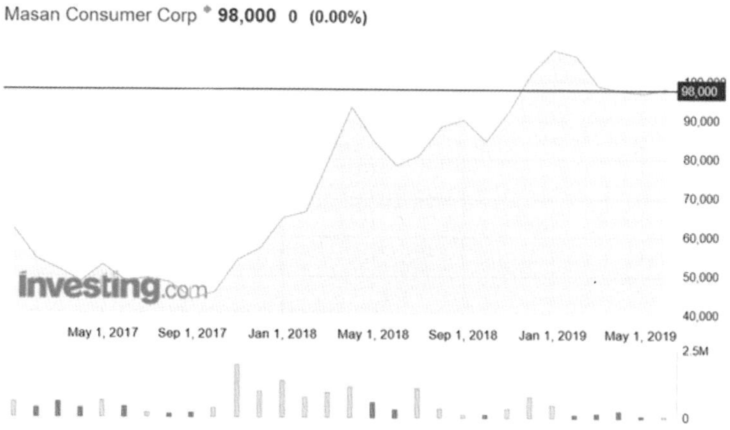

출처 : investing.com

사가 아니다. 마산 그룹에서 진행하는 사업 중 핵심 사업인 소비재 부문을 MCH를 통해 하고 있는 것이다. 그렇다면 인도네시아의 사례에 비춰볼 때 모회사가 아닌 실제 사업 회사의 수익이 더 높을 수밖에 없다고 판단했다.

셋째, 가장 큰 영향을 준 이유다. 바로 업컴(MCH는 현재 인베스팅 닷컴에는 하노이 시장에 상장되어 있다고 표기되어 있다. 업컴 시장을 NHX에서 관리하다 보니 그렇게 분류해놓은 듯하다. 실제 한국에서는 업컴 시장 거래가 가능한 증권사가 많지 않다. 관련 내용과 시장의 종류에 관해서는 다음 장에서 자세히 다루기로 한다) 시장의 소비재 부문 시가총액 1위인 대장주이기 때문이다.

과거 사례를 보면, 2016년 말 사이공맥주(SAB)가 업컴 시장에서 호찌민(HCM)으로 이전 상장하면서 주가가 곧바로 약 2배 급등했다. 당시 SBSCNBC 방송 활동을 하던 시기였기에 해당 종목의 상장을 좀 더 빨리 알 수 있었다. 증권 시장 주간 소식을 전하기 위해 베트남과 인도네시아 시장을 꾸준히 모니터링하고 있었기 때문이다.

그 전까지 업컴 시장에 대해 큰 관심이 없었는데, 이 일을 계기로 지금까지 상당 시간 업컴 시장에 대한 연구를 진행하고 있다. 앞으로 업컴 시장은 호찌민 시장과 더불어 2대 시장으로 성장하면서 점차 그 중요성이 높아지리라 판단하고 있다. 이러한 사례가 있어 MCH에 투자했었고 앞으로도 기회가 있다면 매수할 생각이다.

자, 이제 남은 종목은 DHG이다. 업력만 보더라도 상당히 오래된 회사이며, 특히 주가는 장기간 지속적으로 상승하고 있음을 알 수 있다.

DHG파머슈티컬(DHG)

출처 : investing.com

거래량도 충분한 편이지만, 최근 매도자보다 더 많은 매수세가 몰리면서 거래량이 줄어들고 있다.

실제로 베트남 증시에서는 시가총액 상위에 있는 종목 중 거래량이 충분한 종목을 중심으로 VN30이라는 지표를 만들었다(인도네시아는 45개 종목을 모은 LQ45 지표가 있다). 총 30개 종목의 지표를 다루고 있는데, 최근 DHG는 이 VN30지수에서 빠질 것이라고 한다. 거래량이 지속적으로 부족해지고 있기 때문이다. 과거 사례를 보면 일반적으로 VN30지수에서 빠지면 주가가 하락하는 경우가 있다. VN30지수를 추종하는 ETF가 상당히 많기 때문이다.

재무 지표를 확인해 보니 타 종목에 비해 아주 고평가되지는 않았고 주가 흐름도 좋은 편이다. 더군다나 지수에서 빠진다면 한동안 주가가 하락할 가능성이 있다. 실제로 하락으로 이어질지는 알 수 없지만, 혹시라도 주가 하락이 있다면 매수하기에 좋은 타이밍으로 보인다.

자, 그러면 정말 싼 종목인지 두 종목의 매출액을 비교해보자.

MCH의 경우 2017년 상장되었으니 2018년도 수치를 믿을 수 있을지는 모르겠다. DHG는 매출액이 잘 늘어나지 않는 구조인 듯하다. 아직 제약 산업이 크게 성장하는 단계는 아니다. 성장 단계가 더 빠른 인도네시아도 산업의 성장세가 뚜렷하게 눈에 띄지 않으니 어쩌면 당연할 수 있다.

지표상으로는 MCH가 더 저평가된 상황이고 산업군도 더 매력적이다. 또한 향후에 업컴에서 호찌민 시장으로 이전하는 상장 이벤트가 발

베트남 소비재, 유통, 서비스 기업 5년간 매출액 추이

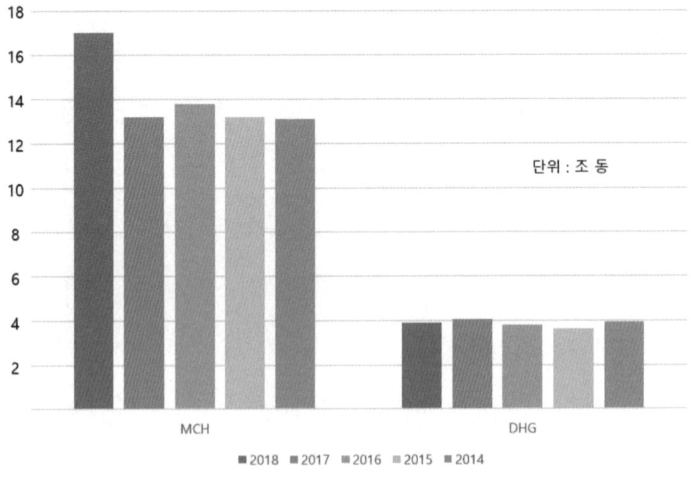

출처 : VCSC, 각 회사, 헥사곤

생할 수도 있다.

그러면 MCH를 좀 더 자세히 살펴보도록 하겠다.

4. 베트남의 소비재, 유통, 서비스 기업

▶ 마산컨슈머(MCH, Masan Consumer)는 소비재 대표 기업이자 사기업(Private Company) 중 2위 기업인 마산 그룹(MSN, Masan Group)의 자회사다(사기업 1위는 빈 그룹과 그 계열사들이다).

마산 그룹은 돼지고기 및 사료를 다루는 축산업과 텅스텐 같은 광물을 판매하는 광업, 그리고 양념이나 즉석 식품을 취급하는 소비재 산업을 동시에 운영하고 있다. 국내에는 마산 그룹의 인지도가 높은 반면에 마산컨슈머는 잘 알려져 있지 않다는 사실이 안타깝다. 다시 한번 강조한다. 우리는 지주 회사가 아닌 실제 비즈니스를 운영하는 사업 회사에 투자해야 한다.

설립연도는 1996년으로 약 23년이 되었지만 지금 같은 사업 구조는 최근에 만들어졌다. 마산 그룹은 1996년과 2000년에 각각 식품가공과 수출입을 전문적으로 하는 자회사를 설립했다(1996, Viet Tien Industry – Technology – Trading JSC), (2000, Minh Viet Industrial Import Export JSC). 바로 이 두 회사가 2003년에 합병하면서 마산컨슈머가 되었다. 마산컨슈머의 핵심사업인 양념 부문은 2009년 새로이 추가되었다.

현재 마산 그룹이 양념 시장에서 높은 점유율을 기록하고 있어 핵심 사업부가 얼마나 빠르게 성장했는지 알 수 있다.

현재 마산컨슈머의 주요 주주는 마산컨슈머홀딩스리미티드(Masan Consumer Holdings Limited)로 80% 이상의 지분을 가지고 있다. 당연히 마산컨슈머홀딩스는 마산 그룹에서 직접적으로 많은 지분을 보유하고 있다. 마산컨슈머의 상장일자는 2017년 1월로 비교적 최근인데, 시가총액은 약 58조 5,000억 VND로 업컴에서도 상위권에 해당하며, 호찌민(HOSE)을 포함한 전체 시장에서도 20위권이다.

마산컨슈머는 마산 그룹의 유통망을 통해 제품을 공급하고 있으며 친수(Chin-su), 남응으(Nam Ngu), 오마치(Omachi), 코코미(Kokomi) 등 유명 브랜드를 보유하고 있다. 이를 통해 2018년 식품 회사 Top 10, FMCG(Fast Moving Consumer Goods) 부문 Top 3에 이름을 올린 바 있다.

Masan consumer

• 주요 사업 Main Business	**Food product**	• 상장일자 Listing Date	2017.01.05
• 설립연도 Established Year	**1996**	• 상장거래소 Stock Exchange	UPCOM
• 주주구성 Shareholders	Masan Consumer Holdings Company Limited (80.1%) Others(< 5%) (19.9%)	• 시가총액 Market Cap.(VND bn)	58,006.70
• 사업특징 Key Features	- **베트남 2위 사기업이자 대표 식음료 기업 중 하나인 마산 그룹의 자회사** A subsidiary of Masan Group, Vietnam's second-largest private company and one of the leading food and beverage companies - **Chin-su, Vinacafe, kokomi 등 인지도 있는 브랜드 다수 보유** Many well-known brands such as Chin-su, Vinacafe and Kokomi		

출처 : 2018년 사업보고서, 헥사곤

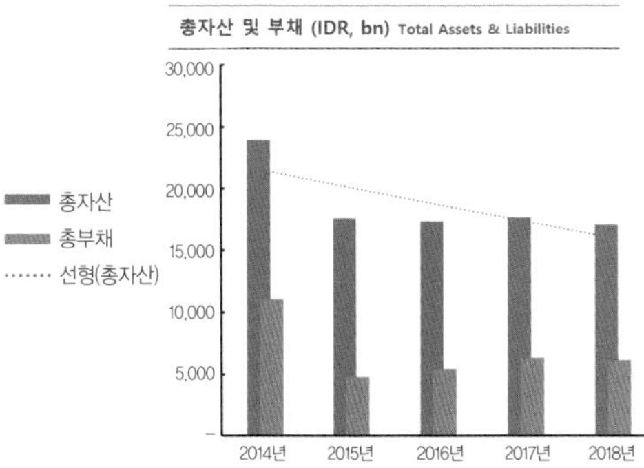

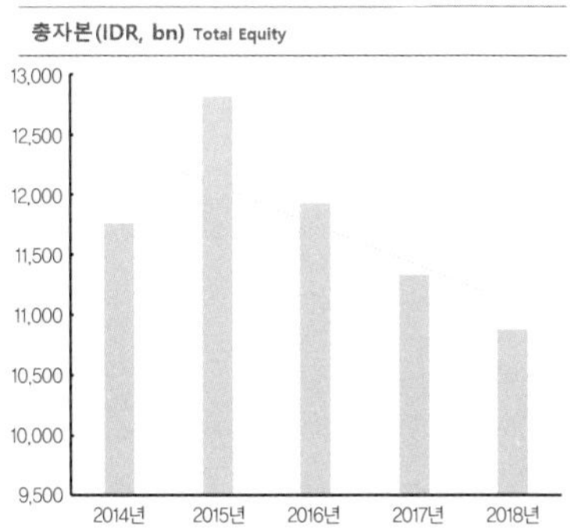

출처 : 2018년 사업보고서, 핵사곤

상장 3년 차 기업이기 때문에 자산이나 자본, 부채 상태는 아직 좀 더 지켜봐야 할 것으로 보인다. 마산 그룹의 대차대조표는 언급하지 않도록 하겠다.

상장 초기 기업이기에 매출과 순이익 또한 언급하기 어렵지만, 2018년 들어 매출과 이익이 빠르게 증가하고 있음을 알 수 있다. 총매출 28%, 영업이익 49%가 증가했고 결론적으로 순이익은 51% 증가했다. 이런 수치를 믿을 수 있을지는 모르겠지만 실제로 2019년 수치는 빠른 성장세를 보여주지 못하고 있다. 아마도 2020년도부터 나오는 실적을 유의해 살펴보면서 대응해야 할 것으로 보인다.

부문별 매출 비중은 양념 41%, 즉석 식품 28%, 음료 30%로 구성되어 있는데, 순이익 비중을 따져보면 양념 61%, 즉석 식품 16%, 음료 22%로 양념 부문의 수익성이 큰 것을 알 수 있다. 양념 부문의 순이익률은 약 35%로 다른 부문 순이익률의 2배 이상에 해당하며, 비용 대

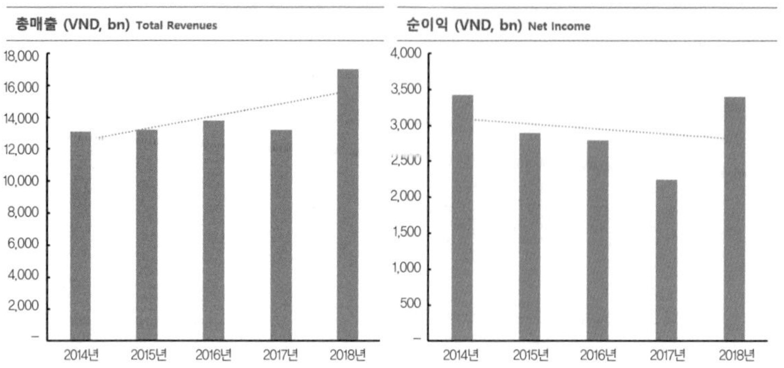

출처 : 2018년 사업보고서, 헥사곤

비 더 높은 수익성을 보여주고 있다.

2018년 실적에서는 음료 부문의 순이익률이 8%에서 17%로 크게 올라 2019년에는 양념 부문뿐 아니라 음료 부문에서의 실적 향상이 기대된다(실제로 2019년 7월 말 발표한 반기보고서에서 음료 부문 실적이 전년 동기 대비 26%나 향상되었다). 여기에서 주목할 만한 포인트는 마산컨슈머는 매우 해석이 편하다는 사실이다. 단순하게 양념이 잘 팔리는지만 보면 이 회사의 실적 분석은 끝이다. 결국 수익 구조가 단순한 회사가 투자자들에게 수익을 안겨준다는 사실을 다시 한번 확인할 수 있다.

여기에 더해 마산 그룹이 이미 보유하고 있는 촘촘한 유통망을 통해 어떤 제품이든 런칭이 가능하다는 것도 장점이다. 그중에서 또 다른 대박 아이템이 터진다면 마산 그룹의 추가 핵심 수익원이 될 것이다. 실제 마산 그룹 탐방을 통해 마산컨슈머가 마산 그룹의 미래 핵심 사업

부가 될 것이라는 이야기를 들은 적도 있다. 마산 그룹은 그들의 핵심 역량을 마산컨슈머로 집중하고 있다.

최근 마산 그룹은 마산컨슈머의 자회사인 비나카페(VCF)의 지분을 계속 사 모으고 있다. 최근 98%까지 지분율을 높였는데 향후 마산컨슈머의 음료사업부로 흡수 합병할 예정이라고 하니 VCF 투자자 분들은 참고하시기 바란다. 아직 신규 상장 기업이라서 재무제표에 대한 신뢰도는 떨어지지만 최종 리스트에 올려두고 꾸준히 모니터링해야 할 종목으로 보인다.

실전 투자 5 : 철강, 제조

드디어 종목 스크리닝 작업이 막바지에 이르렀다. 지금까지 잘 따라왔다면 베트남, 인도네시아 상장 종목의 80%는 모두 살펴봤다고 해도 무방하다. 실제로 필자는 이 과정을 여러 차례 반복적으로 진행하면서 모든 산업을 훑어봤다. 한 국가당 살피는데 적어도 6개월 정도의 시간이 소요되는 것 같다. 이렇게 반복해서 살피다 보면 시점에 따라 주목받는 산업군과 종목이 다르게 나타나는 경우가 많다.

또한 신규 상장되는 종목들도 상당하기 때문에 투자자들은 이러한 과정을 주기적으로 반복해야 한다. 이렇게 반복하는 과정에서 최근 발견한 산업군이 바로 제조업 분야다. 특히 인도네시아에서는 세부 업종의 1위 업체가 급성장하는 모습을 보여주기도 했다. 실제로 이런 사례를 통해 2016년도에는 투자자 평균 40%, 2017년도에는 투자자 평균 86%의 성과를 내기도 했다. 2018년도에는 시장이 좋지 않아 선방에 그쳤지만, 2019년도에는 다시 50% 상승하는 종목을 찾아냈다.

이 책이 발간될 즈음에는 금리 인하가 다시 한번 본격적으로 시작되는 시점이 될 것이다. 그때 상승하게 될 종목을 미리 잘 찾아서 투자해둔다면 큰 수익을 낼 수 있을 것이라 기대하고 있다. 이 책의 서두에서 설명한 것처럼 장단기 금리 차 역전으로 인해 금융 위기가 올 수도 있지만, 이런 위기 때 신흥국 시장을 미리 공부해둔다면 우리에게 더 큰 투자의 기회가 찾아올 수도 있다.

조금 더 동기부여를 받을 수 있게, 해당 산업군에서 투자에 성공했던 종목의 사례를 하나 소개해보겠다.

바리또퍼시픽(BRPT)

출처 : investing.com

바리또퍼시픽(BRPT, Barito Pacific Tbk)은 실제로 개인 계좌와 회사 계좌를 통해 2017년 1월 4일부터 매수를 시작했으며 계좌에도 아직 기록이 남아 있는 회사다.

이때 이 종목을 매수한 이유는 자회사 찬드라아스리페트로케미컬(TPIA, Chandra Asri Petrochemical Tbk)의 순익이 급격하게 늘어나면서 주가가 급등하는 시점이었기 때문이다. 실제로 TPIA는 2016년 중반부터 급등하기 시작해 2017년 초 필자가 BRPT를 매수할 때쯤에는 이미 4배 이상 상승했었다. 이를 보며 왜 이런 종목을 그동안 발견하지

실제 해외 주식 거래 내역

못했을까 자책하며 찾아낸 종목이다.

BRPT는 TPIA의 모회사인데 대부분의 매출액이 TPIA로부터 나오고 있었다. 따라서 TPIA의 실적은 이미 주가에 반영되었고, 지주 회사인 모회사 BRPT에는 아직 반영이 안 되어 있다고 판단했던 것이다. TPIA의 실적이 BRPT 실적에 반영되려면 시차가 있기 때문이다.

시장은 생각보다 합리적이지 못하다. 그렇기 때문에 우리에게도 이런 투자 기회가 생기는 것이다.

실제로 TPIA가 상승을 시작하기 직전인 2016년 2분기 당시의 지표는 PER 4.4, BPR 1.1에 머물러 있었다. 바로 지금까지 우리가 찾아왔던 종목들과 유사한 모습이다. 또한 2017년 초 필자가 투자를 시작했

찬드라아스리페트로캐미컬(TPIA)

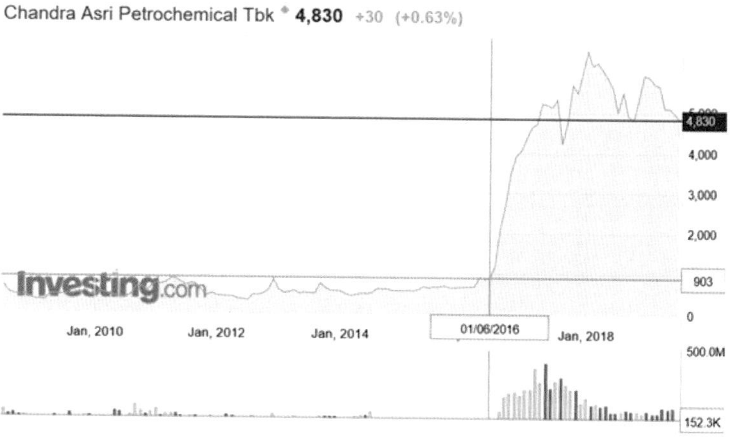

출처 : investing.com

던 BRPT의 당시 지표는 PER 5.8, PBR 0.9로 매우 저평가되어 있다는 것을 알 수 있다. 마찬가지로 우리가 찾고 있는 종목들과 유사하다.

일반적으로 필자는 모회사에 투자하는 것을 꺼리지만 이번 같은 경우는 자회사의 수익이 모회사에 아직 반영되지 않은 특수한 케이스였다고 볼 수 있다. 이런 특수한 케이스가 또 나타난다면 모회사라고 하더라도 기꺼이 투자할 것이다.

저평가 기업을 찾아볼 만한 동기부여가 조금이라도 됐다면 이제 다시 스크리닝 작업을 시작해보자.

1. 인도네시아의 철강, 제조

바로 전에 소개했던 TPIA는 현재 PER 91.9, PBR 3.4다. BRPT는 PER 213, PBR 3.6이다. 시장은 또 다른 의미에서 굉장히 비합리적이라는 것을 확인할 수 있다. 이번 챕터에서 이 두 종목은 삭제해야 맞지만 타 종목들과의 비교를 위해 그대로 두기로 결정했다. 그 외 나머지 극단적인 고평가 기업들은 다른 챕터와 마찬가지로 사전에 삭제했다.

실제 리스트업을 모두 해보니 생각보다 저평가된 종목이 많지 않았다. 그 말은 철강, 제조업 분야는 어느 정도 성장이 일어났고 그 성장세가 주가에도 반영된 것이라 볼 수 있다.

이런 모습은 실제로 주가와 경기와의 상관관계에서도 볼 수 있다. 실제로 강연 때도 자주 언급했었고, 우리 회사 홈페이지에도 게시해둔

인도네시아 철강, 제조, 화학 종목 스크리닝 1단계(2019 1Q)

순위	티커	회사명	시가총액 (mil, 루피아)	PER	PBR
1	CPIN	Charoen Pokphand Indonesia Tbk	93468600	28.7	4.6
2	TPIA	Chandra Asri Petrochemical Tbk	85600897	91.9	3.4
3	BRPT	Barito Pacific Tbk	60866685	213.1	3.6
4	INKP	Indah Kiat Pulp & Paper Tbk	45682707	10.9	0.8
5	TKIM	Pabrik Kertas Tjiwi Kimia Tbk	37436513	13.7	2
6	FASW	Fajar Surya Wisesa Tbk	19885057	11.7	4.2
7	JPFA	Jafa Comfeed Indonesia Tbk	19876544	16	2
8	WSBP	Waskita Beton Precast Tbk	10544463	9.2	1.3
9	WTON	Wijaya Karya Beton	4706351	17.2	1.6
10	ARNA	Arwana Citramulia Tbk	3780836	18.4	3.7
11	TOTO	Surya Toto Indonesia Tbk	3653280	29.5	1.9
12	TDPM	Tridomain Performance Material Tbk	2998724	16.8	1.5
13	MAIN	Malindo Feedmill Tbk	2697693	7.4	1.3
14	MOLI	Madusari Murni Indah Tbk	2346562	22.8	2.3
15	PBID	Panca Budi Idaman Tbk	1950000	8	1.2
16	MLIA	Mulia Industrindo Tbk	1858815	8.5	0.8
17	AGII	Aneka Gas Industri Tbk	1839996	16.8	0.6
18	UNIC	Unggul Indah Cahaya Tbk	1713491	26.6	0.8
19	SIPD	Sierad Produce Tbk	1124846	23.3	1.3

출처 : IDX, 각 회사, 헥사곤

그래프가 있다. 바로 다음에 게시한 메릴린치 사의 경기순환 분석이다.

약세 초기에는 바로 지금 챕터에서 보고 있는 산업재 제조업이 발달하는데, 지금은 경기 순환 주기상 해당 지점에 접어들어 약세 후기로

경기순환 분석

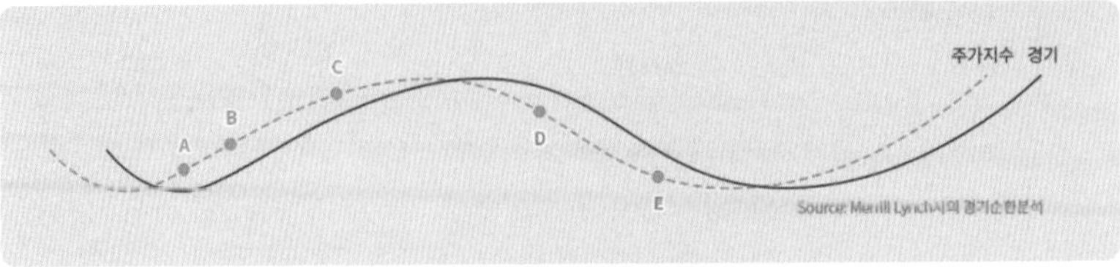

단계	유망산업
A. 강세 초기	모기지업, 전자산업, 자동차산업, 가구업, 섬유의류, 통신, 반도체, 에너지 등
B. 강세 중기	자본재 산업인 기계, 조선, 상용차, 건설업, 소재산업
C. 강세 후기	금융, 보험업, 광업, 부동산업
D. 약세 초기	석유화학, 일차금속, 시멘트 등 산업재
E. 약세 후기	화장품, 청량음료, 제약, 에너지, 식품, 통신서비스, 전기가스 등 유틸리티

출처 : Merill Lynch, hexainv.com

가고 있는 듯하다. 물론 이는 추측일 뿐이며, 필자는 실제로 발생한 과거 데이터를 보고 판단할 뿐이다.

이를 보고 시장 상황이나 어떠한 시점을 주장하는 것은 의미가 없다. 이와 무관하게 우리는 계속 산업별로 저평가된 종목을 발굴하면 되는 것이다. 그러면 스크리닝 리스트에서 뽑아낸 3개의 종목을 한번 살펴보자.

INKP의 경우는 또 다른 투자 성공 사례 중 하나다. INKP를 처음 알게 된 것은 바로 현지 탐방을 통해서였다. 우리가 묵고 있던 숙소에 모여 탐방 기업에 대한 소감을 발표하고 있었는데, 그때 바로 앞에 놓여 있던 두루마리 휴지에 시나르마스랜드의 로고가 붙어 있는 것을 발견한 것이다.

철강, 제조, 화학 종목 스크리닝 2단계

순위	티커	회사명	시가총액 (mil, 루피아)	PER	PBR
4	INKP	Indah Kiat Pulp & Paper Tbk	45682707	10.9	0.8
16	MLIA	Mulia Industrindo Tbk	1858815	8.5	0.8
17	AGII	Aneka Gas Industri Tbk	1839996	16.8	0.6

출처 : IDX, 각 회사, 헥사곤

"이상하다. 부동산 회사가 왜 휴지를 만들지?" 하면서 찾아본 기업이 바로 INKP(Indah Kiat Pulp&Paper Tbk)였다.

실제로 탐방 당시에 시장 조사 시간에 마트를 돌며 INKP 제품이 있는지 체크하러 다니며 시간을 보냈다(《헥사곤》에서 분기별로 진행하는 현지 탐방의 경우 항상 시장 조사도 함께 실시한다). 지표상 해당 종목이 굉장히 저평가되어 있었기 때문이다. 그때가 2017년 2분기 탐방이었는데 지표를 보고는 기겁했다.

"미친 거 아냐?"

실제 시나르마스와 인다끼앗의 비슷한 로고

출처 : 각 회사

당시 확인한 INKP의 2017년 1분기 지표는 PER 1.6, PBR 0.2였다. 그때 '어떻게 시장이 이렇게 비합리적일 수 있을까'라는 고민과 함께 반드시 투자해야겠다는 결심을 하게 되었다. 실제로 당시 갖고 있던 개인 현지 계좌로 INKP를 매수하고 한국에 돌아왔다. 매수 가격은 약 2,000루피아 정도였다. 한국에 와서도 반복 검증한 후에 2017년 중반부터는 다른 투자자들과 함께 본격적인 매수에 들어갔다. 필자는 자금 마련이 조금 늦어져 개인 계좌로는 8월부터 매수를 시작했다. 아래의 화면이 실제 거래 내역이다.

실제 해외 주식 거래 내역

KT LTE 오후 11:55 51%

해외주식 거래내역

764 재욱 | 예수금 | 환전

전체 입금 출금 입고 출고 매수 매도

전체 · 조회기간 · 최신순

거래일자 / 거래번호	거래구분 / 상세구분	종목코드 / 종목명
2017.02.13	환전	
1	외화매도	
2017.07.18	출고	ID1000085707
1	외화주식액면분할출고	Barito Pacific
2017.07.18	입고	ID1000085707
2	외화주식액면분할입고	Barito Pacific
2017.08.01	환전	
2	외화매수	
2017.08.01	환전	
3	외화매수	
2017.08.04	매수	ID1000062201
1	외화증권매수	Indah Kiat
2017.08.04	매수	ID1000062201
2	외화증권매수	Indah Kiat

전체메뉴 HOME 관심그룹 주식현재가 주식주문 주식잔고/손익 티커

당시까지 BRPT를 들고 있는 것도 보인다. 7월 18일 거래 내역을 보면 BRPT는 주식 분할을 하면서 계좌로 입고된 것이다. BRPT와 INKP는 공통점이 있다. 바로 거래량이 매우 적다는 점이다. 실제로 INKP의 거래 내역을 보면 같은 날짜이지만 2번에 걸쳐 매수한 것을 알 수 있다.

INKP의 거래량이 많지 않아서 두 번에 걸쳐 다른 호가로 거래를 진행했다. 두 종목 중 BRPT는 필자가 매수한 이후에 주식 분할을 실시했다(BRPT은 2017년 7월 12일 1:2 비율로 분할했다).

거래량이 낮은 종목의 주가가 지속적으로 올라가면 물량이 부족해진다. 공급 물량이 부족한데 수요는 많아지니 주가가 폭등하기 시작한다. 이렇게 주식 분할을 실시하면 거래량이 다시 많아진다. 그러면 주식 분할 이슈로 인해 시장에서 다시 한번 주목을 받는다.

인다끼앗펄프엔페이퍼(INKP)

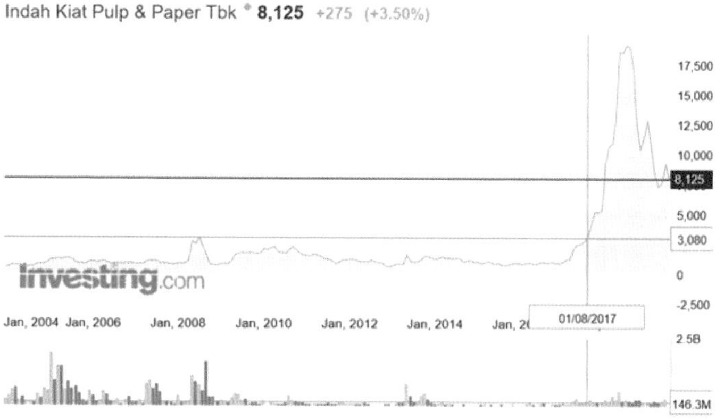

출처 : investing.com

INKP의 경우 과거보다 거래량이 많아지긴 했으나 아직도 충분하지는 않은 상황이다. 아직 주식 분할이 발생하지 않았고 액면가도 높아 향후에 분할할 가능성도 배제할 수 없다.

계좌에 나와 있는 거래 시점 이후의 그래프를 보자. 탐방 기간에 매수했던 2,000루피아가 3,000루피아를 바라보자 부랴부랴 돈을 만들어 8월에 한국의 개인 계좌로 거래를 진행했다. 급등 종목인 INKP 또한 2015년, 2016년 모두 PBR이 0.1, 0.2를 기록하며 수년간 몇백 루피아의 동전주에 머물러 있었다. 2012년도부터는 계속 0.2, 0.3을 나타내고 있었는데, 실적이 주가에 반영하지 못하고 거의 5년간 소외되어 있었다가 드디어 빛을 발한 것이다.

'아니 어떻게 시장이 이렇게 비효율적일 수 있을까?'라고 생각할 수도 있지만 이런 일들은 지금도 일어나고 있다. 자, 그럼 사례 소개는 여기서 끝내고 다시 원래 살펴보던 제조업 분야 저평가 종목들의 매출을 살펴보자. MLIA는 PER 8.5, PBR 0.8로 모두 만족스럽다. AGII의 PER은 매우 높은 편이지만, PBR은 0.6으로 가능성이 살짝 보인다.

이번에는 차트는 생략하고 '공식 2'를 통해 바로 매출액을 살펴보자. 매출액 그래프를 보더라도 INKP의 성장세가 두드러진다는 것을 알 수 있다. MLIA는 매출이 고르지 못하고 AGII는 이제 상장 3년 차로 두 종목은 리스트에서 탈락시켜야 할 것 같다. 현재 INKP는 과거만큼은 아니지만 다시 한번 저평가 구간으로 진입한 것으로 보인다. 이는 고수익을 낸 투자자들의 수익 실현 매물이 몰리며 조정을 받았기 때문이다.

과거에 최고 20,700루피아를 갱신한 후 하락하기 시작해서 현재

인도네시아 철강, 제조 기업 5년간 매출액 추이

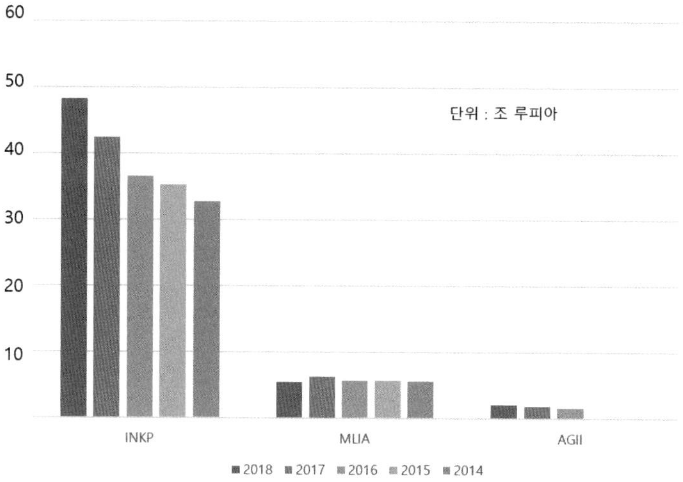

출처 : IDX, 각 회사, 헥사곤

6,000루피아대까지 떨어지며 1/3선까지 주저앉았으나, 최근 다시 반등해 8,000루피아대에 머물러 있다. 향후에 수익성 개선과 매출이 지속적으로 일어난다면 다시 한번 성장할 수 있는 종목이니, 이번 챕터에서는 INKP에 대해 좀 더 상세히 알아보자.

2. 인도네시아의 철강, 제조 기업

앞서 투자 성공 사례로 간단하게 소개했던 인도네시아의 제지 기업 인다끼앗펄프엔페이퍼(INKP, Indah Kiat Pulp & Paper)를 자세히 살펴보기로 한다. 시중에는 INKP보다는 APP 즉, 아시안펄프페이퍼 그룹(Asian Pulp & Paper Group)으로 알려져 있는 기업이다.

APP는 INKP와 관계사인 뜨지위키미아(TKIM, Tjiwi Kimia), 그리고 론타르파피루스(Lontar Papyrus) 등의 회사들로 이루어진 아시아의 유망한 제지 그룹이다. INKP는 A4용지 같은 종이 제품과 포장용 종이, 티슈 등을 생산하고 있다. 일반 종이 제품에는 산업용 제품부터 아동용 제품까지도 포함되어 있기 때문에 종이가 들어가는 대부분의 품목에 해당한다고 볼 수 있다.

총 88개 브랜드를 통해 여러 종류의 종이 제품들을 공급, 판매하고 있으며 말레이시아에도 진출했다.

INKP는 APP 그룹사 중 하나인 뜨지위키미아(TKIM, Tjiwi Kimia) 설립 4년 뒤인 1976년에 설립되었다. 청화 펄프 회사와 위엔 풍 유라는 종이 제조 회사(CV. Berkat, Chung Hwa Pulp Corporation and Yuen

indah kiat
pulp and paper products

주요 사업 Main Business	Pulp and Paper	상장일자 Listing Date	1990.07.16
설립연도 Established Year	1976	상장거래소 Stock Exchange	IDX
주주구성 Shareholders	PT Purinusa Ekapersada (53%) Others(< 5%) (47%)	시가총액 Market Cap.(IDR bn)	40,348.50
사업특징 Key Features	- 인도네시아 그룹 시나르마스의 자회사로서 APP(Asia Pulp&Paper) 회사 중 하나 One of the APP (Asia Pulp & Paper) companies as a subsidiary of Indonesian group Sinorama - 일반 종이, 포장용 종이 그리고 티슈를 생산하며 88개 브랜드를 운영 It produces plain paper like A4, packing paper and tissues and operates 88 brands		

출처 : 2018년 사업보고서, 헥사곤

Foong Yu Paper Manufacturing Company)와 함께 JV로서 설립되었는데, 이 회사들은 설립 이후 자본을 회수, 현재 지분 구조에는 포함되어 있지 않다.

INKP의 상장일자는 1990년으로 TKIM과 같은 해에 상장되었다. 같은 그룹으로서 운영되기 때문에 INKP를 더 잘 이해하기 위해서는 TKIM을 함께 살펴보면 좋겠다. 시가총액은 40조 루피아로 한화 약 3조 3,000억 원에 해당한다. 최근 주가가 크게 하락해 시가총액이 50% 이상 감소했다.

INKP의 기업 구조를 알려면 APP뿐 아니라, 시나르마스라는 그룹을 알아야 한다. 시나르마스는 인도네시아의 거대 그룹 중 하나로 인도네시아 1위 부동산 회사다. 그 외에도 계열사를 통해 팜 오일, 인프라, 에너지, 금융 등 다양한 산업을 함께 운영하고 있다.

주요 주주를 살펴보면 유일한 대주주로서 뿌리누사에까빠르사다(Purinusa Ekapersada) 사가 53%의 지분을 가지고 있는데, 이 회사는 TKIM의 지분 또한 60%를 가지고 있다. 같은 제지업을 운영하고 있긴 하지만 실제로는 그 자회사들이 실제 생산과 유통을 하고 있기 때문에 지배를 위한 지주 회사로 볼 수 있다. 최종적으로 뿌리누사에까빠르사다의 지분 87.9%는 에까칩따위자야(Eka Tjipta Widjaja) 회장과 그 가족들이 소유하고 있다. 에까칩따위자야 회장은 INKP와 TKIM의 설립자이면서 시나르마스 그룹의 회장이다.

최근 주가가 계속 조정을 받으며 다시 저평가 구간에 들어가기 시작한 것으로 보인다. 그러면 아직도 투자할 만한 기업이 맞는지 재무제표

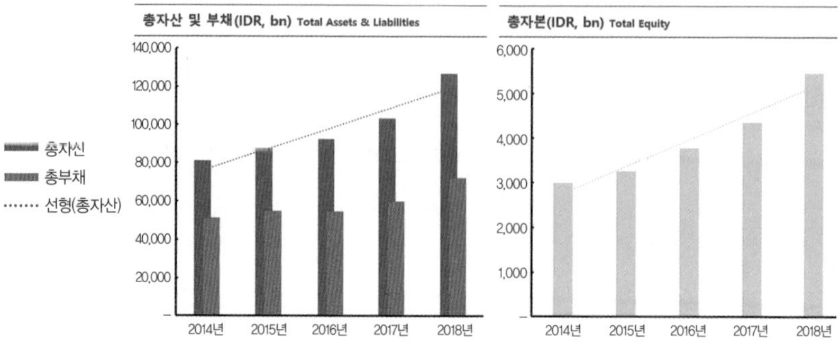

출처 : 2018년 사업보고서, 혝사곤

를 통해 확인해보자.

INKP의 자산, 자본, 부채 중 자산 항목은 모두 상승 추세이며 규모면에서도 꾸준히 성장하고 있다. 자본의 증가가 부채 증가보다 빠르게 진행되면서 부채비율도 서서히 개선되고 있다. 최근 5년 부채비율은 171%에서 132%로 위험 수준에서 보통 수준으로 조정되었다. 그런데도 아직 부채비율이 100% 이상이며, 고유 자산보다 빌려온 자산이 많아서 우려할 수도 있다. 하지만 INKP의 경우 빠르게 갚아야 하는 유동부채의 비중이 그리 크지 않아서 유동비율은 오히려 높다. 유동비율이 높은 기업은 사용 가능한 현금 자금이 많다는 의미이며 안정적이라는 뜻으로 해석할 수 있다.

재무제표 내용상 특이사항이 있다면 INKP의 사채 발행이다. INKP는 2017년 4분기를 시작으로 총 12회의 중기채를 발행했다. 중기채는 2~3년 만기 채권으로 연간 이자 지급과 만기 시 원금 지급이 이루어진다. 대부분이 루피아로 이루어진 이 채권들은 총 4억 달러 규모로, INKP와 TKIM의 포장지 공장 증설을 위해 발행한 것으로 보인다.

포장지 공장은 총 6억 달러를 투자해서 연간 75만 톤을 생산할 계획이며 2020년 상반기 완공을 목표로 하고 있다. 하지만 최근 이 계획을 재검토(review)하고 있다는 소식도 있어 앞으로도 주의 깊게 살펴봐야 하는 요소다.

매출과 순이익을 살펴보면 급성장 기업의 이상적인 모습을 보여주고 있다. 매출은 안정적인 증가세이고 순이익은 2014년과 비교해 5배나 증가했다. 특히 INKP의 순이익 증가가 이상적인 이유는 실제 제품 판매를 통한 수익 증가이기 때문이다.

또한 INKP의 매출액, 영업이익 등 매출 발생 구조를 보면 전 과정에서 효율이 향상되었다. 매출이익률은 2014년 17.2%에서 2018년

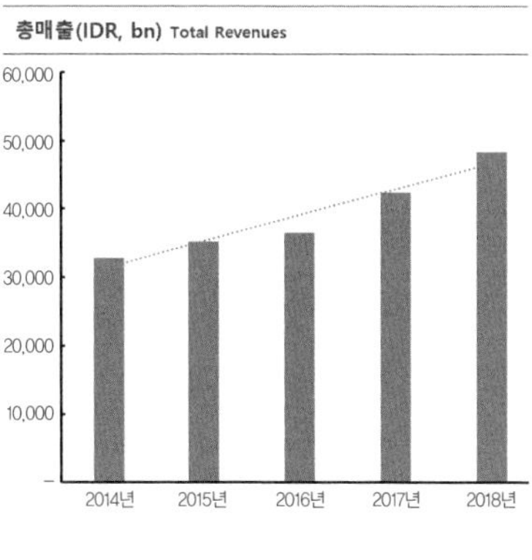

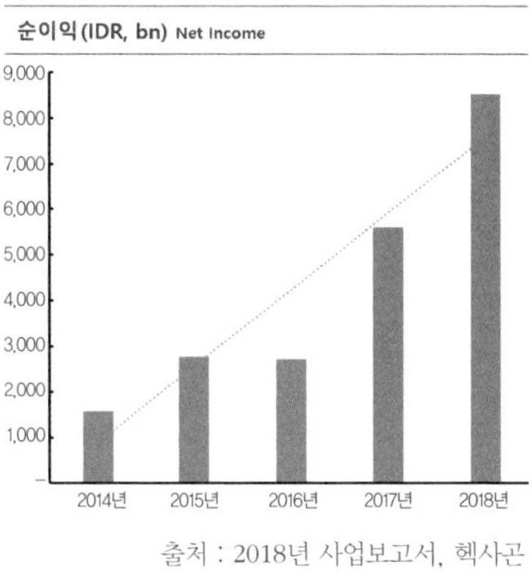

출처 : 2018년 사업보고서, 헥사곤

36.1%, 영업이익률은 7.3%에서 26%로 이익이 크게 늘어났다. 앞서 계속 설명했던 공식이 그대로 들어맞는 것이다.

① 저평가되어 있고(이회싸?), ② 매출이 꾸준히 늘어난다면(이회정싸?) 순이익이 많이 나오는 순간부터 주가는 폭발적으로 성장한다.

INKP는 현재 인도네시아 외에도 동아시아 국가들과 유럽, 북미, 아프리카, 호주 등에도 제품을 수출하고 있다. 2018년 기준 총매출 가운데 46.9%가 수출로 인해 발생했다. 가장 비중이 큰 시장은 아시아로 전체 해외 시장의 70%를 차지한다. 따라서 아시아 시장의 펄프 수요가 매출에 가장 큰 영향을 미칠 것으로 보인다.

전 세계로 수출하기 때문에 국제 펄프 가격뿐만 아니라 국제 결제 기준인 달러 환율 또한 INKP의 순이익에 영향을 줄 수밖에 없다. 따라서 2018년은 달러화 대비 루피아화 약세와 펄프 가격 상승으로 INKP에게 가장 좋았던 시장 환경이었다.

인도네시아를 포함한 동남아시아 국가에서 제지 산업은 계속 성장할 여지가 크다. 선진국에 비해 아직 소비량이 매우 낮기 때문이다. 디지털화로 인한 종이 사용량 감소 추세를 감안하더라도 제지 산업은 여전히 필수재 산업이다. 또한 산업 발달로 인해 종이 포장지, 박스 등에 대한 수요는 지속적으로 늘어날 수밖에 없다.

뿐만 아니라 INKP는 시나르마스 그룹의 자회사로서 시나르마스 계열 은행으로부터 자금을 공급받는 등 경영에 있어 다른 독립 기업들에 비해 우위를 가지고 있다. 다만 제지 산업의 특성상 글로벌 펄프 원자재 가격과 환율 등에 노출될 수밖에 없다. 실제로 최근 상반기 매출이 소폭 감소한 것으로 발표되었는데, 이는 최근 루피아 강세로 인해 환율에서 손실이 발생했을 가능성이 높기 때문으로 보인다.

따라서 기업 성장성이 좋더라도 이 부분을 항상 주의하면서 투자에 임해야 할 것이다. 다시 저평가 구간에 들어갔으니 이 종목 또한 최종 평가 리스트에 올리도록 하겠다.

3. 베트남의 철강, 제조

외국인 투자자들에게 베트남은 제조업의 천국이지만 증권 시장에서 제조업 분야는 아직 미미한 실정이다. 이상 지표를 보이는 경우를 제외하면 2조 동 이상인 기업군은 총 6개 기업에 불과하다. 그래도 베트남

베트남 철강, 제조 종목 스크리닝 1단계(2019 1Q)

순위	티커	회사명	시가총액 (mil, 루피아)	PER	PBR
1	HPG	Hoa Phat Group Joint Stock Company	60,053.36	7.36	1.1
2	PHR	Phuoc Hoa Rubber Joint Stock Company	7,940.25	12.53	2.91
3	DPM	Petrovietnam Fertilizer and Chemicals Corporation	6,046.11	10.59	0.76
4	AAA	An Phat Bioplastics Joint Stock Company	3,278.48	9.35	1.17
5	HSG	Hoa Sen Group	3,166.03	32.84	0.55
6	DHC	Dong Hai Joint Stock Company of Bentre	1,984.53	14.13	2.15
		6개 사 평균		14.47	1.44

출처 : VCSC, 각 회사, 헥사곤

주식 시장이 제조업 중심이 되어 간다는 것을 느낄 수 있는데, 제조업 시가총액 상위 기업 구성을 보면 인도네시아와 다른 양상을 보이기 때문이다.

인도네시아가 소비재 관련 제조업이 많았다면 베트남은 산업재 위주다.

베트남 제조업 상위 6개 사의 평균을 내보면 PER 14.47, PBR 1.44이고 이중 평균치에 못 미치는 저평가된 종목은 HPG, DPM, AAA다. 이중 HPG는 호아팟 그룹으로 아마 베트남 주식 투자에 조금이라도 관심 있는 사람이라면 누구나 아는 철강 1등 종목이며, 전 증권사에서 추천하는 종목이기도 하다.

2년 전 필자는 국영 HPG보다 HSG을 더 좋게 봤다. 이유는 매출이 급증하고 있었고 지표상 더 저평가되어 있었기 때문이다. 뿐만 아니라 전국에 직접 제품을 유통하는 직영 유통망이 있어 다른 사업으로의 확장도 용이했다. 베트남의 철강은 대부분 건축에 쓰이기 때문에 시멘트 등 연관 산업을 같이 확장할 수 있다고 생각했다. 실제로 HSG는 플라스틱 파이프 제조도 같이 하고 있다. 하지만 1위 철강 회사 HPG의 기세를 이기지는 못했다. HSG의 매출은 꾸준히 늘어났으나 순이익이 망가졌다.

2017년 하반기 들어 주가 하락세가 시작되었고 2018년에는 배당도 13%에 이르렀는데 배당락도 면치 못했다. 배당한 만큼 혹은 그 이상 주가가 폭락한 것이다. 이런 과정을 거쳐 현재는 2017년 상반기 26,198동에서 2019년 6,000동까지 하락했다가 최근 다시 반등해 7,600동대에 머물러 있다. 필자 또한 당시에 투자했다가 30% 하락 선에서 매도했는데, 지금까지 가지고 있었다면 마이너스 70% 수준에 이르렀을 것이다. 지금의 PBR 수치를 보면 0.55로 매우 저평가되어 있기는 하다. 다만 다양한 사업 확장과 투자로 인해 아직 순이익이 나지 않고 있다. 필자는 너무 빨리 투자했던 것이다.

기본적으로 제조업은 5년을 투자해 10년 먹고사는 사업이다. 그다음 또 5년간 투자해 또 다른 10년을 도모한다. HSG는 시작이 철강 '유통업'이었고 2011년에 첫 제조 공장을 설립했다. 본업이 유통업이었기 때문에 또 다른 성장을 위해 직접 제조 공장을 설립했던 것이고, 이때도 단순한 가공 수준이었다. 2014년에 들어서야 제대로 된 강판 제조 공장을 설립했다.

이처럼 HSG는 아직도 투자 중인 기업이다. 이러한 경험이 있었기에 베트남에서는 아직 가치투자가 통하지 않는다고 생각하고 있다. 산업 발전 단계가 아직 인도네시아에 비해 뒤처져 있기 때문에 대부분의 업종이 상위권 위주로 성장한다. 그래도 HSG는 현재 지표상 저평가 구간이기 때문에 좋은 투자 기회가 있을 것으로 보인다.

모니터링 종목에 리스트업 해두고 지난 5년간의 투자가 언제쯤 빛을 발할지 잘 지켜보도록 하자.

자, 그러면 이제 평균치에 비해 저평가된 종목들을 살펴보자. 호아팟그룹(HPG)의 경우 시가총액 1위인데 다른 종목에 비하면 아직도 상대적으로 저렴하다. DPM과 AAA 또한 평균치보다 저평가되어 있어 매력적이지만 HPG에 비하면 그 규모 면에서 상대가 안 된다. 시가총액

철강, 제조, 화학 종목 스크리닝 2단계

순위	티커	회사명	시가총액 (mil, 루피아)	PER	PBR
1	HPG	Hoa Phat Group Joint Stock Company	60,053.36	7.36	1.1
3	DPM	Petrovietnam Fertilizer and Chemicals Corporation	6,046.11	10.59	0.76
4	AAA	An Phat Bioplastics Joint Stock Company	3,278.48	9.35	1.17

출처 : VCSC, 각 회사, 헥사곤

상위라고 했지만 차이가 커서, 이 세 회사를 비교하는 것이 의미 없어 보인다.

베트남 철강, 제조 기업 5년간 매출액 추이

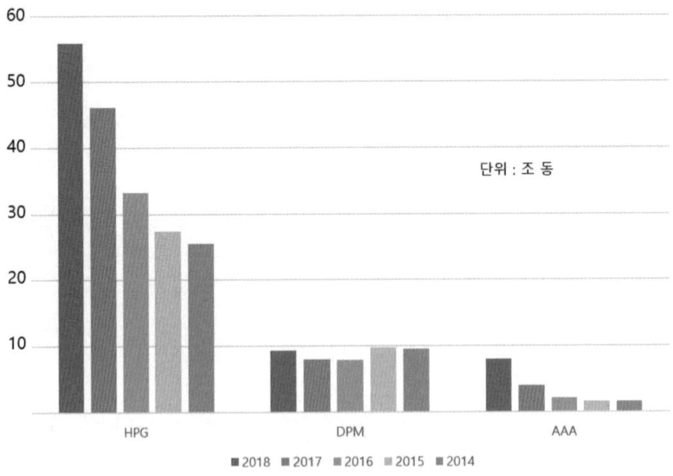

출처 : VCSC, 각 회사, 헥사곤

단순하게 여기까지만 보더라도 HPG가 좋아 보인다. 그래도 정말 싼 기업들인지 매출액 평가를 해보자.

이중 AAA는 2017년도부터 매출액이 급증하기 시작했는데, 급성장하는 기업이니 유의해서 봐야 할 종목으로 보인다. 다만 아직도 시가총액 기준 호아팟 그룹에 비해 1/20이나 작은 기업이니 리스크는 크다.

정말 놀라운 것은 호아팟 그룹이다. 이 정도 큰 덩치의 회사 매출액이 지난 5년간 2배 이상 성장했다.

이렇게 매출액이 빠르게 증가한 것은 베트남 부동산 산업의 급성장에 큰 영향을 받았기 때문으로 보인다. 2015년 7월부터 공식적으로 외국인의 부동산 투자가 허용되면서 현재까지도 매우 빠른 성장세를 보이고 있다.

최근에는 정부에서 시장 교란이 심하다고 판단해서 신규 부동산 프로젝트 허가를 내주지 않고 있다. 아마 이런 상황이 앞으로 베트남 부동산 산업 전반에 좋지 않은 영향을 미칠 수 있을 것으로 보인다.

베트남의 철강은 90% 이상이 부동산 산업으로 흘러 들어간다. 따라서 내수를 장악하고 있는 호아팟 그룹에는 더 안 좋은 소식이 될 것 같다. 이러한 환경 요인들 때문인지 최근 호아팟 그룹의 주가가 꾸준히 조정을 받고 있다. 오히려 이럴 때일수록 기회를 잘 잡으면 저평가 구간에 매수할 수 있을 것이라 생각한다.

다음 챕터에서는 HPG에 대해 간략히 알아보도록 하자.

4. 베트남의 철강, 제조 기업

▶ 베트남의 호아팟 그룹(HPG, Hoa Phat Group)은 시중에 잘 알려져 있는 종목이라서 넣을까 말까 계속 고민했다. 최근 주가가 지속적으로 하락하면서 저평가 구간에 진입했기 때문에 검토 종목에 넣기로 최종 결정했다. 주가 하락이 없었다면 아마도 이번 책에 담지 않았을 것이다.

HPG는 베트남 최대의 철강 회사로 주로 건설용 철강과 아연도금강판, 강관 등을 생산하는 기업이다. 그 외에 가구, 인테리어, 농업, 부동산업 등도 사업군에 있으며 최근에는 사료와 육류 산업까지 손을 뻗치고 있다.

HPG는 1992년 최초 설립 시만 하더라도 건설용 건자재와 기계 등을 유통하는 회사였다. 이후 1995년에는 가구 사업이 추가되었고 1996년에는 비로소 철근 사업을 시작했다. 2007년 11월 15일 상장을 했는데 이때 지금 같은 회사의 조직 구조가 갖춰졌다.

그럼에도 불구하고 철강 부문 매출이 80% 이상, 순이익은 90%에 근접하기 때문에 철강 부문만 분석하면 된다. HPG는 두옹하이(Hai Duong) 지역에서 제품을 생산하고 있으며 현재 중꾸엇(DungQuat)에 일관 제철 공장을 건설 중이다. HPG는 건설용 철강 23.8%, 강관 27.5%로 업계 1위의 점유율을 자랑하고 있다.

HPG의 지분을 보면 트란 딘롱(Tran Dinh Long)이 25.4%로 최대 주주이고 그를 포함한 임직원이 총 35%의 지분을 보유하고 있다. 특이하게도 HPG에 대한 외국인의 사랑이 유난히 높다. 현재 40% 가까운 지

HÒA PHÁT

주요 사업 Main Business	Steel & Iron	상장일자 Listing Date	2007.11.15
설립연도 Established Year	1992	상장거래소 Stock Exchange	HOSE
주주구성 Shareholders	Tran Dinh Long (25.4%) Vu Thi Hien (7.3%) Others(< 5%) (67.3%)	외국인 지분 소유 한도 Maximum Foreign Ownership	38.6%/49%
		시가총액 Market Cap.(VND bn)	62,400.27
사업특징 Key Features	- 베트남 최대 철강 생산기업으로서 가구, 건설자재, 냉전기, 사료생산 등의 사업 부문 보유 It is the largest steel producer in Vietnam and has businesses such as furniture, construction materials, refrigerator and feed production - 철강과 사무실용 가구에서 높은 점유율을 가지며 최근 농업부문에서도 실적 확대 It has a high share of steel and office furniture, and has recently expanded its performance in the agricultural sector		

출처 : 2018년 사업보고서, 헥사곤

분을 외국인이 보유하고 있다.

현재 시가총액은 62조 동으로 한화로 아직 3조 원 정도 규모다. 현재 시가총액 19조 원 정도인 한국의 포스코와 비교해 본다면 이제 성장을 시작한 HPG는 여전히 발전 가능성이 높다고 평가할 수 있다. HPG의 철강 제품은 대부분 건설업에서 쓰이고 있는데, 최근의 도시화로 인해 수혜를 많이 받았다.

빈 그룹에서 진행 중인 국산차 제조업이 성공적으로 안착한다면 고급 철강제인 차량용 강판 시장 또한 넘볼 수 있을 것으로 예상된다. 그럼 재무제표를 통해 투자 가능성을 살펴보자.

2017년부터 총자산과 부채, 그리고 자본금이 급격하게 증가하고 있는데 이는 베트남의 부동산 시장 호황에서 기인한다. 앞서 부동산 산업에 관해 공부한 것처럼 2015년 7월부터 외국인의 베트남 부동산 소

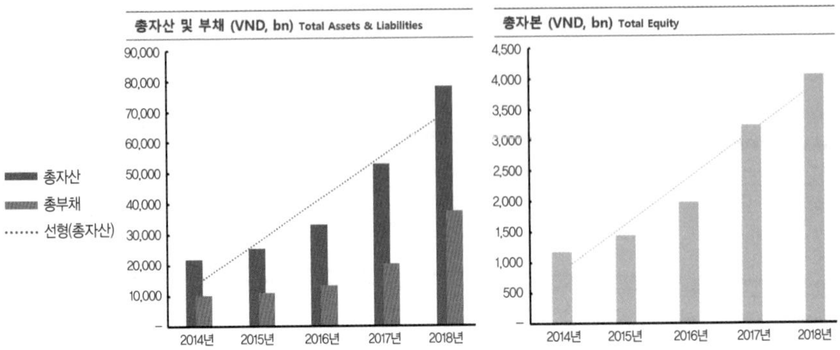

출처 : 2018년 사업보고서, 혝사곤

유가 허가되었다. 이후 2016년부터 점진적으로 늘어나던 외국인 수요가 2017~2018년 들어서면서 최고치를 경신하게 된다.

실제로 CBRE에 따르면 2018년도 기준 중국인의 베트남 부동산 구매는 30%로 가장 높다. 2위는 베트남인(23%), 3위가 한국인(22%), 홍콩(11%)이 그다음인 것으로 나타났다. 베트남인의 부동산 거래는 점차 줄어들고 있는데, 이는 외국인의 시장 진입으로 가격에 거품이 발생했다는 인식이 확산돼서 그렇다. 또한 정부 차원에서도 부동산 과잉 투자로 다양한 부작용이 생겨나는 것을 막기 위해 2019년 들어서는 신규 프로젝트 허가를 잘 내주지 않고 있는 상황이다.

필자 또한 베트남 부동산 투자를 위한 리서치를 지속하고 있는데 실제로 6월 예정이던 분양이 7월로, 다시 8, 9월로 계속 연기되고 있는 상황이다.

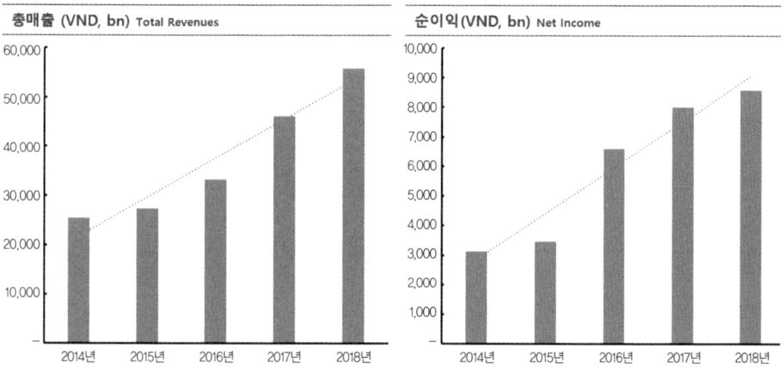

출처 : 2018년 사업보고서, 혝사곤

앞서 이야기한 내용처럼 매출과 이익은 급격하게 증가하고 있는 상황인데, 올해는 그 기세가 한풀 꺾일 것으로 예상된다. 그럼에도 불구하고 HPG는 정부 정책상 앞으로도 다양한 수혜를 볼 것이 예상된다. 특히 자국 산업 보호 육성을 위해 저렴한 중국산 철강에 10.9~17.3%의 수입세를 적용하고 있으며, 이런 정책은 내년도 1분기까지 유효할 것으로 보인다.

특히 HPG는 고로(BOF, 용광로 방식을 고로 방식이라고 하며 철광석과 석탄에 열을 가해 철을 만드는 대량생산에 쓰인다. 전기로는 폐철을 녹여 재활용하는 방식이며 소량 생산에 쓰인다) 방식을 쓰고 있어 전기비가 전체 비용의 5%를 차지하는 반면 전기로(EAF) 방식을 쓰는 경쟁사들은 전기비가 전체 비용의 10%를 차지해 상대적으로 유리한 위치에 있다. 이러한 이점이 있기에 향후 부정적인 요소들이 제거된다면 HPG는 오히려 지금 같은 주가 하락 시기가 투자 적기가 될 수 있다.

따라서 베트남 정부의 부동산 정책을 유심히 살피고 실제 부동산 판매량 등도 모니터링하도록 하자. 필자는 오히려 지금 같은 상황이 어느 정도 지속되면서 부동산 산업에 구조조정이 일어났으면 하는 바람도 갖고 있다.

HPG가 주가 조정을 계속 받아 저평가 구간에 들어가면 추가, 또는 신규로 투자하면 된다. 적절한 시점에 필자가 투자한 후 다시 한번 부동산 붐이 오면 HPG의 주가는 급등할 것이다.

실전 투자 6 : 기타 산업

지금까지 인도네시아, 베트남의 산업 분야 대부분에 대한 스크리닝 작업을 마쳤다. 그런데 양국 모두 남은 산업군이 있다. 인도네시아는 기타 산업(Miscellaneous)으로 분류되어 있는 분야이고, 베트남은 에너지와 유틸리티 산업이다. 목차의 통일성을 위해 베트남 에너지, 유틸리티 산업을 기타 산업으로 묶었음을 밝힌다.

인도네시아의 경우 기타 산업으로 분류된 회사들 중에는 제조업 중에서도 부품소재 관련 업종들이 많다. 인도네시아에도 광업, 에너지 기업이 있으나 투자하기 적절한 시점이 아니라고 판단해서 이 책에서는 언급하지 않기로 한다.

먼저 인도네시아의 기타 산업부터 스크리닝을 시작해보자.

1. 인도네시아의 기타 산업

인도네시아의 기타 산업 중에는 저평가된 종목이 매우 많다. 아무래도 산업 분류가 명확하지 않고 '기타'로 묶어놓다 보니 제대로 평가를 받지 못하고 있는 것 같다.

실제로 이 산업군에 속한 종목은 섬유 관련 업종, 자동차 부품, 케이

인도네시아 기타 산업 종목 스크리닝 1단계(2019 1Q)

순위	티커	회사명	시가총액 (mil, 루피아)	PER	PBR
1	ASII	Astra International Tbk	295529937	14.2	2.1
2	SMSM	Selamat Sempurna Tbk	8753186	18	4.4
3	AUTO	Astra Otoparts Tbk	6988612	11	0.7
4	SRIL	Sri Rejeki Isman Tbk	6912835	4.5	0.9
5	IMAS	Indomobil Sukses Internasional Tbk	6885543	2.8	0.8
6	BRAM	Indo Kordsa Tbk	5625000	15.7	1.9
7	INDR	Indorama Synthetics Tbk	3206323	1.7	0.6
8	PTSN	Sat Nusapersada Tbk	3082319	18.23	3.2
9	GJTL	Gajah Tunggal Tbk	2543904	3.8	0.4
10	KBLI	KMI Wire and Cable Tbk	2524558	5.6	1.3
11	BOLT	Garuda Metalindo Tbk	2027343	19.7	2.9
12	SCCO	Supreme Cable Manufacturing Corporation Tbk	1906786	5.1	0.6
13	INDS	Indospring Tbk	1483124	16.6	0.7
14	VOKS	Voksel Electric Tbk	1371348	4.5	1.3

출처 : IDX, 각 회사, 헥사곤

블 회사 등 대부분이 제조업이다. 총 14개 기업 중 PER 10 이하, PBR 1 이하인 종목을 골라내면 저평가된 기업이 5개 정도 나온다.

이쪽에 포진된 회사들은 지루하고 재미없는 회사들이다. 주목받기 어려운 단순 제조업인 경우가 많기 때문이다. 앞서 밝혔듯이 개인적으로 필자는 바이오, IT 기업 등에는 잘 투자하지 않고 있다. 저평가된 경우가 거의 없기 때문에 지금까지 스크리닝하는 데 쓰였던 지표가 통하지 않기 때문이다. 미래 가능성을 보고 투자해야 하기에 불확실성도 크다.

필자가 만약 구글이나 아마존 같은 IT 기업에 흥미가 많았다면 혹은 한국의 셀트리온이나 삼성 바이오 등에 관심이 높았다면, 인도네시아나 베트남에 투자하기는 어려웠을 것이다. 회사의 사업 내용이 정말 지루할 정도로 재미없기 때문이다. 그런데 재미를 위해 투자하는 것은 아니지 않는가?

기타 산업 종목 스크리닝 2단계

순위	티커	회사명	시가총액 (mil, 루피아)	PER	PBR
4	SRIL	Sri Rejeki Isman Tbk	6912835	4.5	0.9
5	IMAS	Indomobil Sukses Internasional Tbk	6885543	2.8	0.8
7	INDR	Indorama Synthetics Tbk	3206323	1.7	0.6
9	GJTL	Gajah Tunggal Tbk	2543904	3.8	0.4
12	SCCO	Supreme Cable Manufacturing Corporation Tbk	1906786	5.1	0.6
		총 5개 기업 평균		3.58	0.66

출처 : IDX, 각 회사, 혝사곤

그리고 이렇게 보수적으로 투자해서 이익 실현을 조금이라도 한다면 이쪽이 더 재미있다는 사실을 깨닫게 될 것이다. 악착같이 돈을 벌어 상위 계층으로 한 계단 올라가려면 흥미 따위는 집어치우자. 흥미로운 산업에 대한 투자는 돈을 벌고 난 뒤에 시작해도 늦지 않다.

위에서 찾아낸 인도네시아의 5개 기업이 현재 정말 싼 것일까?

'공식2 이회정싸'를 통해 매출액을 비교해보자.

IMAS라는 기업은 바로 탈락이다. 뭘 하는 기업인지 알 필요도 없다. 매출액 지표에서 가장 좋아 보이는 회사는 SRIL이라는 회사다. 두 번째 군이 INDR, GJTL, SCCO다. 이중 INDR은 2015년부터 매출이 개선되며 꽤 빠르게 성장하고 있다. 좀 더 자세히 살펴볼 필요가 있는 회

인도네시아 기타 기업 5년간 매출액 추이

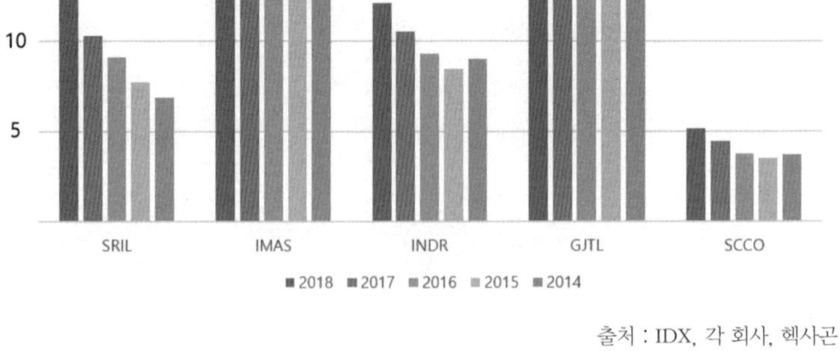

출처 : IDX, 각 회사, 헥사곤

사로 보인다.

GJTL의 경우 매출은 꾸준히 늘고 있지만, 실제 재무제표를 보면 순이익이 망가졌다. 지난 5년 동안 2018년과 2017년, 2015년 3차례에 걸쳐 순이익이 망가졌기 때문에 앞으로도 그럴 가능성이 높다. 리스크가 크기 때문에 GJTL은 제외하기로 한다.

SCCO 또한 매출 증가 추세를 보면 매우 긍정적으로 보인다. 이번 챕터에서는 SRIL, INDR, SCCO 이 3개 기업을 모두 살펴보자.

2. 인도네시아의 기타 산업 기업

▶ SRIL의 실제 회사명은 스릴르즈끼이스만(SRIL, Sri Rejeki Isman)으로 주로 티커명 '스릴'로 불린다. SRIL은 인도네시아의 섬유 및 의류 제조 기업이다. 우리가 쉽게 접하는 글로벌 패션 브랜드 의류나 기업 유니폼 또는 군복을 생산해서 납품하는 것이 이 회사의 주요 사업이다.

1987년 5월 22일에 설립된 기업인데 그전부터 인도네시아의 전통 시장에서 의류업을 해오다 기업 형태로 발전한 회사다. SRIL은 방적부터 의류까지 4단계 공정을 통해 반제품과 완제품을 모두 생산하고 또 판매하는 수직적 통합 기업이다. 이런 과정을 통해 비용을 과감히 절감해서 단순 제조 산업에서 살아남을 수 있었다.

현재 35개국의 군용 의류와 글로벌 패션 브랜드로 탄탄한 유통망을 갖추고 있어 산업 경쟁력은 점차 강화되고 있다.

• 주요 사업 Main Business	인도네시아 섬유 및 의류 제조업자 Indonesian Textile and Clothing Manufacturer	• 상장일자 Listing Date	2013.06.17
• 설립연도 Established Year	1978	• 상장거래소 Stock Exchange	JAKARTA
• 주주구성 Shareholders	PT. Huddleston Indonesia Tbk. (60%), Otheers (40%)	• 시가총액 Market Cap.	IDR 6,994,644,480,648
• 사업특징 Key Features	- 방적부터 의류까지 4단계 공정을 통해 반제품과 완제품을 모두 생산·판매하는 수직적 통합 기업 A vertically integrated company by producing and selling both semi-finished products and finished products from spinning to garment in four-stage processing - 35개국 군용 의류 공급처와 글로벌 패션 브랜드로 탄탄한 유통망 보유 Having a strong distribution network with military uniform suppliers in 35 countries and world's largest fashion retailers		

출처 : 2018년 사업보고서, 혁사곤

SRIL의 방적, 제직, 염색, 의류 4가지 공정에는 현대화된 기계설비가 투입되고 있다. 인도네시아 섬유산업 협회에 따르면 2017년 기준, 인도네시아의 섬유산업 기업 2,900개 중 2,600여 개 기업이 20년도 더 된 기계를 운용하고 있다. SRIL의 경우 다른 기업들에 비해 현대화된 공장 설비를 통해 운영 효율과 기업 경쟁력을 높이고 있다.

또한 4가지 공정에 해당하는 SRIL의 제조 공장들은 대부분 인도네시아 자바섬의 수꼬하르조(Sukoharjo)라는 지역에 자리하고 있다. 가장 훌륭한 점은 바로 공장의 위치다. 인도네시아의 최저임금은 우리나라와 달리 각 지방 행정단위마다 다르게 책정된다. 당연히 자카르타가 최저임금이 가장 높고, 34개의 행정 구역 중 2번째로 임금이 낮은 지역이 중부 자바의 자와뜽아(Jawa Tengah)라고 불리는 지역이다. SRIL의 플랜트가 밀집되어 있는 수꼬하르조(Sukoharjo)가 바로 이 중부 자바에 속한다.

이로써 SRIL은 전 공정 설비의 밀집을 통한 효율 극대화뿐만 아니라, 다른 지역보다 인건비를 절약할 수 있어 기업 경쟁력을 제고할 수 있었다.

2018년 현지 탐방 시 직접 방문했을 때 확인한 바로는 현재 오너 2세, 3세들에 의해 운영되고 있었다. 이 정도 기업의 자녀들은 대부분 미국이나 기타 선진국에서 유학하고 오기 때문에 자신감이 대단했다. 나는 당연하게도 "섬유 관련 산업이 사양 산업으로 볼 수도 있는데 어떻게 생각하느냐?"라는 질문을 했다. 그들의 답변은 "우리는 아주 빠르게 성장하는 산업에서 리더로서 시장 장악력을 높여가고 있다. 올해만 해도 벌써 2개 기업을 인수했다. 그리고 앞으로도 지속적으로 연관 산업 경쟁사들을 인수할 생각이다"라며 사양 산업이라 생각하지 않는다는 견해를 밝혔다. 우문에 현답이다. 이렇듯 인도네시아(혹은 베트남) 산업은 바라보기에 따라 우리가 질문 자체를 잘못하는 경우가 생긴다. 실제로 인도네시아의 섬유 산업은 구조조정이 어느 정도 마무리되고 남은 기업들의 대형화가 진행 중이다. 최근에는 자체 브랜드를 런칭하면서 브랜딩까지 시작했으니, 한국의 섬유 관련 회사들처럼 더 성장할 수도 있다.

재무제표를 살펴보면 총자산이 급격하게 증가하는 것을 확인할 수 있다. 이 같은 자산 증가의 주요 원인은 공격적인 인수합병에 있다. 같은 이유로 부채비율이 2018년 기준 160%로 다소 높은 수치를 보인다.

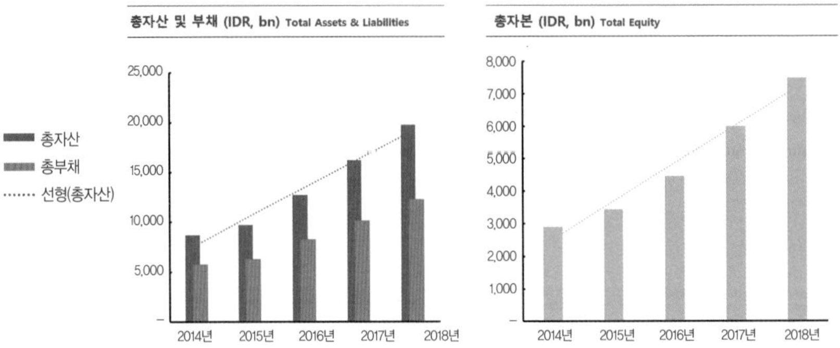

출처 : 2018년 사업보고서, 핵사곤

따라서 인수합병한 회사를 통해 추가 매출이 발생하고 향후 비용이 줄어들면, 큰 문제가 되지는 않을 것으로 보인다.

실제로 총매출 및 연간 이익에서도 빠른 성장세를 보이고 있다. 2013~2017년까지 매출과 연간 이익이 연평균 약 30% 가까이 증가했고 최근에는 영업 효율이 더 크게 향상되었음을 알 수 있다. 인수합병 전략이 통하고 있는 것이다.

SRIL은 2018년 기준 시가총액 7조 루피아이며 한화 기준 5,000억 원이 넘는 규모의 기업이다. 앞으로도 안정적인 군용 의류와 신규 브랜드 의류를 통해 장기적인 수익을 창출할 수 있을 것으로 예상된다.

더불어 인도네시아 정부는 '인도네시아 제조업 4.0 로드맵'을 통해 주요 제조업 분야 5개 중 하나로 섬유 산업을 선정했다. 지방의 고용창출 효과가 큰 섬유 산업을 적극적으로 육성하겠다는 의지를 보인 것이다. 따라서 인도네시아의 최대 섬유 수출 기업인 SRIL 또한 정부 정책의 수

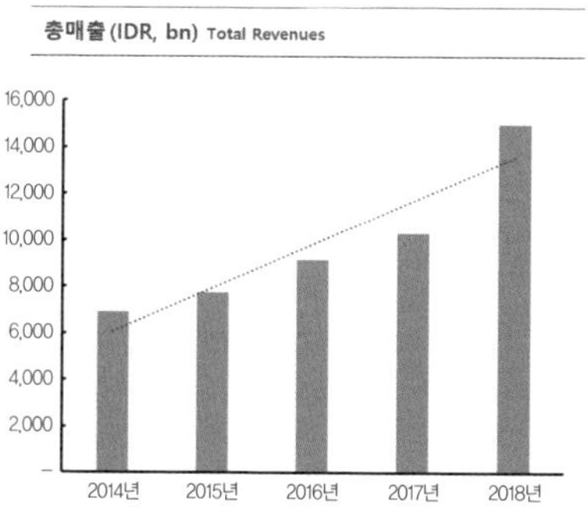

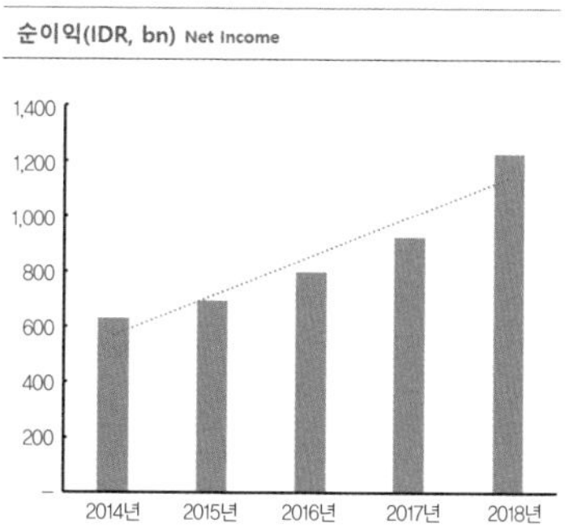

출처 : 2018년 사업보고서, 헥사곤

혜를 받을 가능성이 높다.

반면 SRIL은 해외 거래 비중이 높기 때문에 루피아 화의 평가절상 또는 미·중 무역 전쟁과 같은 외부 이슈에 민감한 종목이다. 또한 타 경쟁사에 비해 자동화율이 높긴 하지만, 여전히 생산 시설에 1만 명이 넘는 노동력이 투입되는 노동집약적 산업이다. 따라서 최저임금의 상승은 인건비 비중의 확대를 야기할 수 있다는 점에 항상 유의해야 할 것이다.

그럼에도 단순한 사업 구조로 되어 있고 매출이 급격하게 늘어나는 추세이니, 최종 투자 리스트에 올리기로 하겠다.

▶ 두 번째로 살펴볼 기업은 인도라마신테틱스(INDR, Indorama Synthetics)다. 이 회사는 비교적 최근에 엄청난 주가 급등을 경험한 종목이다. 2018년 순간적으로 8배에 가까운 상승을 보여줬다가 조정을 받으며 반토막이 난 종목이다. 재무적으로 여전히 저평가된 종목이니

잘 살펴보기로 하자.

INDR은 인도네시아의 폴리에스테르 제조업자다. 폴리에스터 또는 폴리에스테르라고 불리는 이 소재는 다양한 분야에서 적용되어 사용된다. 일반적으로는 의류의 형태로 많이 접할 수 있다. '이것도 의류 관련 기업일까?' 맞다. 앞서 살펴본 SRIL과 유사한 업계에 있으며 실제로 SRIL이 INDR의 제품을 일부 납품받기도 한다. 노동집약적 섬유 산업이 정리되면서, 이렇게 살아남은 대형 기업이 눈에 띄기 시작한 것이다.

이 회사는 1974년 인도네시아에서 설립되었고, 사업 초기에는 면화 방적 사업을 했다. 이후 폴리에스테르, 폴리에스테르 직물 제조로 사업 분야를 다각화했으며, 현재는 싱가포르로 거점을 변경하고 지주사 형태를 갖춘 경우다.

INDR는 인도라마코퍼레이션(Indorama Corporation)이 최대 주주이며, 인도라마 그룹의 실질적인 모회사로 싱가포르에 자리하고 있다. 인

INDORAMA SYNTHETICS

• 주요 사업 Main Business	폴리에스테르 제조 Indonesian Polyester Manufacturer	• 상장일자 Listing Date	1990.08.03
• 설립연도 Established Year	1974	• 상장거래소 Stock Exchange	JAKARTA
• 주주구성 Shareholders	Indorama Holdings B.V(31.1%), PT Irama Investama(25%) Others (41.9%)	• 시가총액 Market Cap.	IDR 4,384,156,436,900
• 사업특징 Key Features	- 면화 방적 사업으로 시작해 폴리에스테르, 면직물 분야로 사업을 다각화, 확장 Starting with cotton spinning, diversified and expanded its business to polyester, fabrics products - 세계적 화학 소재 기업인 Indorama Corporation 계열사 Affiliated company of Indorama Corporation which is global chemical company		

출처 : 2018년 사업보고서, 헥사곤

도네시아 기업들 중에는 싱가포르로 본사를 옮긴 기업들이 꽤 있다. 이 자체가 금융 지식에 매우 해박하다는 방증이다. 실제로 이 인도라마코퍼레이션은 설립자와 그 가족이 100% 지분을 가지고 있다.

인도라마는 기업 소개에서 스스로를 아시아 화학 기업의 선두주자라고 설명하고 있다. 이게 그냥 허풍이 아니다. 실제로 나이지리아, 세네갈, 인도, 말레이시아 등에 여러 계열사를 보유하고 있다. 그중 태국에 상장된 석유화학 소재 기업 인도라마벤쳐스(Indorama Ventures)는 시가총액 3,000억 바트, 한화로 10조 원 규모에 달한다(실제로 베트남 섬유 관련 업체를 만났을 때 인도라마 이야기가 나왔는데 인도라마를 싱가포르계나 혹은 태국계로 알고 있었다). 태국의 계열사만 해도 우리나라 기준으로 대기업에 해당한다.

인도라마코퍼레이션은 세계 30여 개 국가에 70여 개의 생산 공장을 운영하는 글로벌 화학 소재 기업인 것이다.

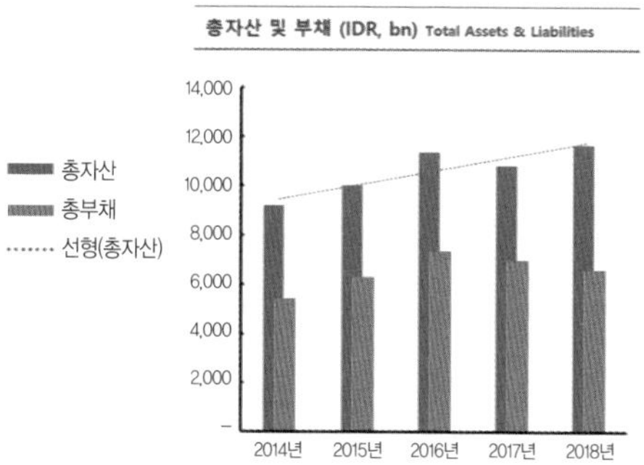

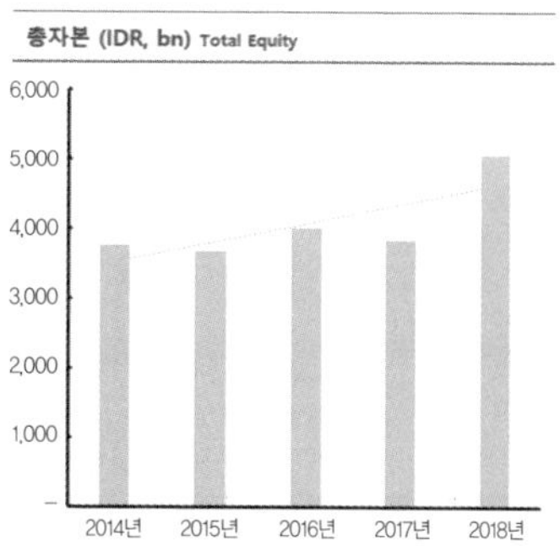

출처 : 2018년 사업보고서, 헥사곤

재무제표도 살펴보자. 자산과 부채는 모두 완만하게 증가하고 있다. 2017년 다소 하락하기도 했지만, 2018년 들어 2016년 규모의 자산을 다시 회복했다. 필자는 매출액을 매우 중요하게 생각하기에 향후 지속적인 매출 증가 여부를 좀 더 지켜봐야겠다는 생각이 든다.

동시에 자본에서도 부채 비중이 축소되었는데 2017~2018년 연속해서 부채가 감소한 것을 알 수 있다. 부채 비중이 줄었다는 것은 빚을 갚았다는 말이지만 그래도 높은 편이다. 그래도 부채는 갚고 자본은 늘려가는 상황이기 때문에 앞으로 꾸준히 개선되지 않을까 싶다.

평가에 중요한 요소인 매출도 살펴보자. 2014~2015년에 매출은 점점 줄어들었지만 연간 이익은 증가하는 모습을 볼 수 있다. 장사는 잘하지 못했지만 순이익은 많이 났다는 뜻이다. 이때는 유럽발 글로벌 금융 위기 이야기가 나오던 시점이다(항상 이야기하지만 이런 위기 이야기가

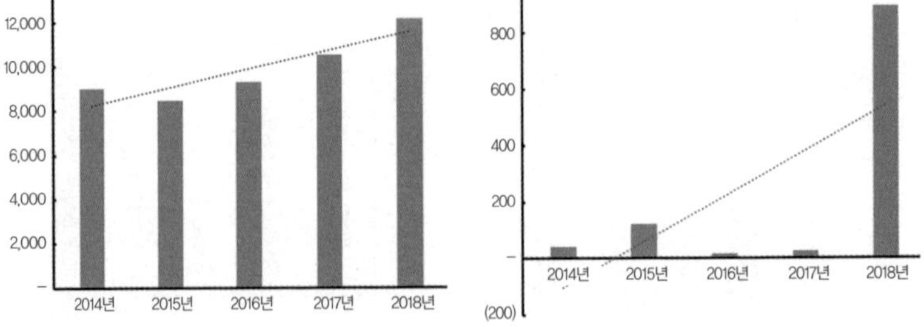

출처 : 2018년 사업보고서, 헥사곤

나올 당시에는 세상이 곧 망하는 것 같다. 지금과 비슷하지 않은가?). 따라서 판매 매출은 줄었는데 환율이 무너지며 환차익을 본 것이다.

섬유 산업(혹은 석유화학 산업)의 특성상 수출 물량이 많기 때문에 SRIL처럼 환율의 영향을 받을 수밖에 없다. 이후 지속적으로 개선되던 매출이 2017년에는 전년 대비 12%의 매출 상승을 기록한다. 2018년에도 그 기조를 이어가 전년 대비 15%의 매출 증가를 보여주었다.

특히 2018년 순이익의 경우, 전년 대비 몇십 배에 이르는 순이익이 났다는 것을 확인할 수 있다. 다시 말하지만 저평가 기업의 매출이 꾸준히 늘어나는 추세에서 순이익이 증가하기 시작하면 곧 주가 상승으로 이어진다. 다만 아쉬운 것은 순이익 증가분의 40% 정도가 영업 활동이 아닌 계열사 지분 처분 같은 기업 활동에서 나왔다는 점이다. 이를 감안하더라도 실제 순이익도 증가했기 때문에 지속적으로 관찰해야 할 종목이라는 생각이 든다. 또한 글로벌 계열사들로 인한 시너지 효과도 클 것으로 보인다. INDR 또한 최종 투자 리스트에 올려놓기로 하자.

기타 산업에서는 SCCO까지 리뷰할 기업이 3개 사나 선정되었다. 사실 앞의 두 회사는 이미 알고 있던 기업이고 특히, SRIL의 경우는 작년 기업 탐방까지 다녀왔던 곳이다.

SCCO는 이번 리뷰 과정을 통해 처음 발견한 종목인데, 어떤 기업인지 한번 상세히 살펴보자.

▶ 회사명은 슈프림케이블메뉴팩처링(SCCO, Supreme Cable Manufacturing&Commerce)이다. 올해 초 유튜브 채널을 통해 소개했

던 KBLI라는 케이블 종목이 있는데 1월 30일 업로드 이후 주가가 2배로 뛰었다. 그 영상도 함께 참고해보면 좋겠다.

이렇게 비슷한 산업 분야의 회사들이 동시에 성장하는 경우가 종종 있다. 정말 그런지 한번 살펴보자.

현재 쓰고 있는 회사명이 아닌 과거 사명인 슈프림케이블코퍼레이션(Supreme Cable Corporation)을 줄여 SUCACO라고도 부르는데, 이 책에서는 통일성을 위해 티커명인 SCCO라고 하겠다.

이 회사는 전력용 케이블을 생산하는 업체로서 1970년에 설립되었다. 1972년부터 본격적으로 인프라와 산업 개발 프로젝트에 자사 케이블을 공급해왔다. 이후 1982년 7월에 상장했고 최근 시가총액은 1조 8,000억 루피아, 한화 1,500억 원 정도로 규모가 작다. KBLI와 비교하면 2/3 정도다. KBLI도 PER 7.2, PBR 1.3으로 아직 저평가 기업이니

• 주요 사업 Main Business	Cable	• 상장일자 Listing Date	1982.07.20
• 설립연도 Established Year	1970	• 상장거래소 Stock Exchange	IDX
• 주주구성 Shareholders	PT Moda Sukma (29.7%) PT Tutulan Sukma (25.8%) Furukawa Electric Co. Ltd (11.8%) Others(< 5%) (32.7%)	• 시가총액 Market Cap.(IDR bn)	1,870.80
• 사업특징 Key Features	- 전력용 케이블을 주로 하며 통신용 케이블, 에나멜 선 생산 It mainly produces electrical cables, telecommunication cable and enamel wire - 이해관계자(related party) 간 거래 비중이 높은 기업 Company with a high percentage of transactions between related party		

출처 : 2018년 사업보고서, 혝사곤

함께 관찰하면 좋겠다.

SCCO의 케이블 사업은 전력용 케이블과 통신용 케이블, 그리고 에나멜선으로 구분된다. 대부분이 전력용 케이블에 해당하기 때문에 통신용과 에나멜의 비중은 매우 작다. 따라서 비즈니스 구조 또한 심플해서 분석하기 좋다.

주요 주주로는 모다쑤끄마(Moda Sukma)라는 회사가 29.7%, 뚜뚤란쑤끄마(Tutulan Sukma)라는 회사가 25.8%를 보유하고 있다. 지분 구조상, 각기 다른 기업의 지분으로 보이지만 실질적으로는 엘리수뽀노(Elly Soepono) 회장과 그 가족이 대부분의 회사를 지배하고 있다. 자회사로는 뜸바가물리아스마난(Tembaga Mulia Semanan)이라는 회사가 있는데, 세 번째 대주주인 일본계 푸루카와일렉트릭(Furukawa Electric)이라는 회사와 함께 설립한 것으로 보인다. 엘리수뽀노 회장은 해당 자회사에서도 임원을 겸하고 있다.

SCCO의 주가는 2016~2017년의 상승 이후 8,000루피아를 유지하고 있는데, 2016년 한 해에만 세 배가량이 상승했다. 이는 뒤에서 살펴볼 실적 증가와 자산 증가가 영향을 미친 것으로 보인다.

SCCO의 자산 부채 및 자본 상황을 살펴보면 2014년과 2018년 말을 비교했을 때 자산이 약 2.5배 정도 증가했다. 특히 2017년에는 총자산 규모가 65% 정도 증가해 가장 큰 증가폭을 보였다. 이는 모회사로부터의 추가 자본 납입과 고정자산 재평가로 자본이 크게 늘었기 때문이다. 이때 자산과 자본의 증가로 재무 비율은 크게 좋아졌으나 ROA, ROE는 각각 13.9에서 6.7, 28에서 9.9로 하락하였다.

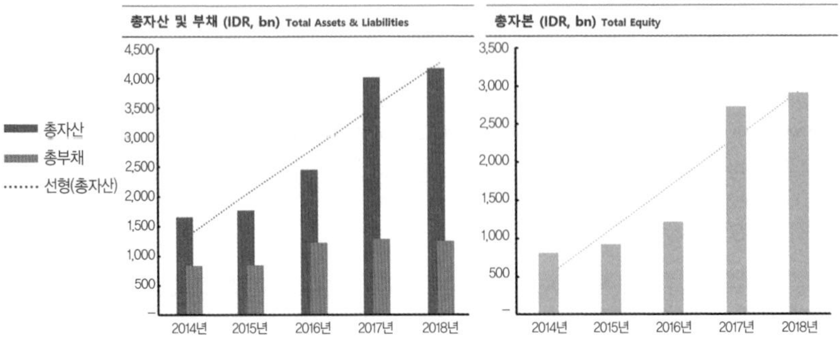

출처 : 2018년 사업보고서, 헥사곤

재평가된 자산은 대부분 토지로 기업의 유동성이 증가한 것은 아니다. 실제로 SCCO의 최근 현금 계정을 보면 영업 활동, 재무 활동, 투자 활동 모두에서 순 현금 유출이 발생하고 있다. 특히 영업 활동에서 발

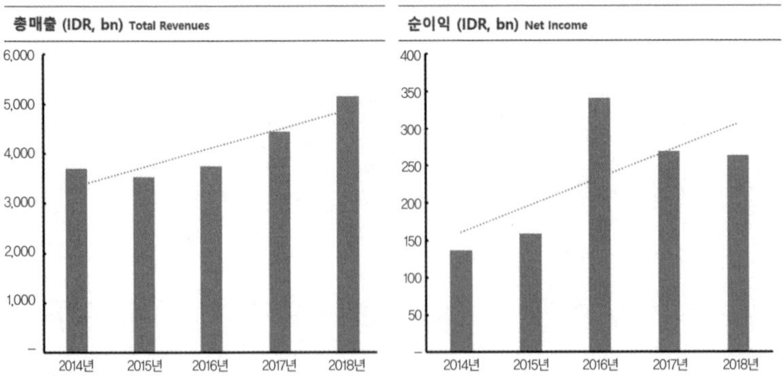

출처 : 2018년 사업보고서, 헥사곤

생하는 현금이 공급사(Supplier)에 대한 현금 지급과 입금으로 빠지고 있기 때문에 보유 중인 매출채권과 재고자산의 현금화가 필요해 보인다. 실제로 이런 부분은 회사에 긍정적이지 못하다.

매출과 순이익은 각각 연도별 등락을 보이는데, 매출은 2015년을 기점으로 서서히 증가하고 있다. 순이익에서는 2016년의 가파른 상승세 이후 다시 하락하는 추세로 매출과는 다른 방향성을 보인다. 그 이유 중 하나는 바로 구리와 알루미늄 가격 때문이다. 2016년 이후 구리와 알루미늄 가격이 상승하면서 순이익에 영향을 받았다. 대신 2019년에는 원자재 가격이 소폭 하락하면서 순이익률도 소폭 상승했다.

SCCO의 주 고객과 원재료 공급처는 대부분이 관계사로서 매출의 많은 부분을 차지한다. 까블린도무르니(Kabelindo Murni)와 시발렉(Sibalec)이 각각 21%, 18.5%를 차지해 매출 비중이 가장 크다. 두 회사 모두 엘리수뽀노 회장이 대표이며 회사 또한 직간접적으로 소유하고 있다.

또한 원재료를 구입하고 있는 뜸바가물리아스마난은 SCCO의 자회사이고 푸루카와일렉트릭과의 합작사다. 이처럼 SCCO는 거래 대부분이 관계사와 연결된 것이 특징이다. 이렇게 내부 거래가 많이 일어나는 회사는 투자를 피하는 것이 좋다. 중간에서 오너 회사가 통행료를 받는 경우가 많기 때문이다. 이러니 영업 현금흐름에서 유출이 생길 수밖에 없는 것이다. 이런 순환 출자 구조는 지배 구조를 견고히 하기 위해 만들어지기도 하지만, 어찌 됐건 투자자 입장에서 좋지 않다.

필자가 투자할 때 이러한 이유들 때문에 지배 구조를 중요하게 생각하는데, 이번 기업은 패스해야 할 종목으로 보인다. 대신 KBLI를 최종 리스트에 올리도록 하겠다. KBLI에 대해 설명이 부족한 부분은 유튜브 영상을 통해 확인해주기 바란다.

3. 베트남의 기타 산업

베트남의 기타 산업은 에너지와 유틸리티 기업들로만 구성했다. 이 중 시가총액 기준 상위 10위권에 있는 회사들만 따로 평균을 내면 PER 13.98, PBR 1.89이다.

이 지표보다 저평가된 기업들을 골라내면 다음과 같이 총 3개의 기업이 나온다.

시가총액을 비교하면 가장 규모가 작은 PPC는 10조 동에 가깝다. 한화로 치면 약 5,000억 원 정도 수준인데, 규모가 꽤 커서 안정적인 종목들일 것으로 추정된다.

일반적으로 에너지, 유틸리티 기업들은 국가를 막론하고 배당금을 많이 주는 것으로 잘 알려져 있다. 배당금을 많이 주는지도 함께 살펴볼 필요가 있는지 보자. '공식 1'과 '공식 2'를 통과하지 못하면 배당금도 무의미하다.

그러면 이 기업들이 정말 싼지 '공식 2, 이회정싸'를 먼저 적용해보자.

가장 저평가된 기업들을 뽑아냈음에도 불구하고 매출액을 보면 그 내용이 형편없다. 국가에 에너지를 공급하는 역할을 하는 회사들이라

베트남 기타 종목 스크리닝 1단계(2019 1Q)

순위	티커	회사명	시가총액 (mil, 루피아)	PER	PBR
1	PLX	Vietnam National Petroleum Group	75,517.45	18.64	3.4
2	BSR	Binh Son Refining and Petrochemical Joint Stock Company	37,844.70	10.5	1.21
3	PVS	PetroVietnam Technical Services Corporation	11,375.60	9.81	0.93
4	PVD	PetroVietNam Driling & Well Services Corporation	7,216.73	21.07	0.53
5	GAS	PetroVietnam Gas Joint Stock Corporation	202,495.91	16.17	4.59
6	POW	PetroVietnam Power Corporation	34,893.89	17.27	1.38
7	DNH	Da Nhim – Ham Thuan – Da Mi Hydro Power Joint Stock Company	11,193.60	8.38	1.9
8	PPC	Pha Lai Thermal Power Joint Stock Company	9,874.88	8.18	1.69
9	NT2	PetroVietnam Power Nhon Trach 2 Joint Stock Company	7,700.68	10.61	1.99
10	HND	Hai Phong Thermal power Joint Stock Company	7,322.00	19.14	1.32
		상위 10개 기업 평균		13.98	1.89
11	QTP	Quang Ninh Thermal Power Joint Stock Company	5,334.75	22.52	1.24
12	GEG	Gia Lai Electricity Joint Stock Company	4,645.67	22.45	2
13	BWE	Binh Duong Water Environment Joint Stock Company	4,147.50	11.31	0.97
14	VSH	Vinh Son – Song Hinh Hydropower Joint Stock Company	3,867.02	17.14	1.26
15	PGD	Petro Viet Nam Low Pressure Gas Distribution Joint Stock Company	3,140.93	12.96	2.22
16	CHP	Central Hydropower Joint Stock Company	3,021.45	13.15	1.66
17	TDM	Thu Dau Mot Water Joint Stock Company	2,957.13	16.52	2.24
18	SBH	Song Ba Ha Hydro Power Joint Stock Company	2,882.02	6.23	1.43
19	HNA	Hua Na Hydropower Joint Stock Company	2,820.74	12.7	1.13
20	TMP	Thac Mo Hydropower Joint Stock Company	2,618.00	5.55	1.95
21	BWS	Ba Ria – Vung Tau Water Supply Joint Stock Company	2,447.55	10.17	3.17
22	VCW	Song Da Water Investment Joint Stock Company	2,302.50	10.02	2.34
23	SHP	Southern Hydropower Joint Stock Company	2,174.08	10.74	1.78

출처 : VCSC, 각 회사, 헥사곤

기타 종목 스크리닝 2단계

순위	티커	회사명	시가총액 (mil, 루피아)	PER	PBR
2	BSR	Binh Son Refining and Petrochemical Joint Stock Company	37,844.70	10.5	1.21
3	PVS	PetroVietnam Technical Services Corporation	11,375.60	9.81	0.93
8	PPC	Pha Lai Thermal Power Joint Stock Company	9,874.88	8.18	1.69

출처 : VCSC, 각 회사, 헥사곤

매출액 규모 또한 상당히 크다. 그런데도 '공식 2, 이회정싸?'에서는 모두 탈락했다.

사실 저평가 기업군으로 뽑아낸 이 3개 기업 외에도 시가총액이 가장

베트남 기타 기업 5년간 매출액 추이

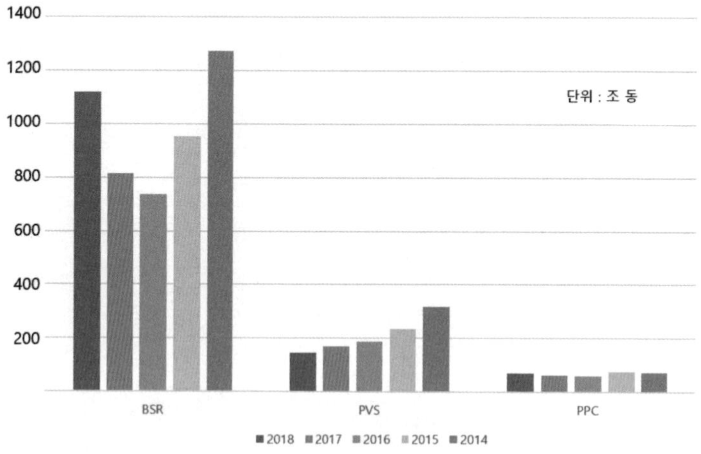

출처 : VCSC, 각 회사, 헥사곤

큰 베트남석유공사 PLX도 비슷한 패턴을 보인다. 이는 비단 베트남뿐만 아니라 다른 국가의 많은 국영 에너지 기업에서 나타나는 패턴이다.

4. 베트남의 기타 산업 기업

에너지 산업군은 국가에 지대한 영향을 미치는 경우가 많기 때문에 국가에서 여러 가지 통제를 하게 된다. 이런 통제 때문에 매출액이 크게 증가할 때도 있고, 감소할 때도 있다.

또한 매출이 잘 나오더라도 국가 전체를 위해 다른 투자를 단행하는 경우도 있다. 뿐만 아니라 정부 정책으로 인해 서민들에게 할인 혜택을 주는 경우도 있는데, 이럴 때 회사의 순이익이 망가지기도 한다.

이러한 이유들 때문에 실제로 인도네시아의 국영 에너지 회사들은 주식 시장에 상장되어 있지 않다. 사기업이 아니고 공공적인 성격이 강하기 때문에 상장할 이유도 없고 수익을 낼 필요도 없는 것이다. 물론 시점을 잘 맞춰 투자한다면 수익이 날 수도 있다. 다만 장기 목적의 투자는 적절치 않다고 본다.

따라서 이번 베트남의 기타 산업군에서는 종목을 따로 살펴보지 않도록 하겠다. 다음 챕터에서는 그동안 스크리닝을 통해 선정되었던 기업들을 여러 가지 지표를 통해 함께 비교해보기로 한다.

실전 투자 7: 종목 비교 및 최종 포트폴리오

지금까지 인도네시아, 베트남의 6개 산업군과 총 12개 산업을 모두 점검해봤다. 필자는 실제로 투자 스터디를 운영하면서 이 과정을 여러 차례 반복했다. 지금은 회사의 직원들을 교육시키며 이 과정을 다시 반복하고 있다.

투자 스터디에 참여하는 사람들이 전업투자자가 아니고 직장을 다니고 있는 사람들이라고 가정해보자. 이런 사람들이 함께 모여 스터디를 통해 기업 분석을 진행하면, 2개 산업군당 한 달 정도의 시간이 소요된다. 1주 차 1개 산업 종목 스크리닝, 2주 차 종목 발표로 구성해서 매주 진행한다고 가정했을 때 걸리는 시간이다. 실제로는 2주에 한 번 정도 하는 것이 일반적이기 때문에 1개 산업군을 분석하는 데, 약 한 달

정도가 걸린다고 보면 된다. 지금 이 책을 읽는 여러분은 12개월이라는 시간을 아끼게 된 것이나 다름없다.

자, 그럼 앞에서 리뷰한 종목 중 최종 탈락한 회사 외에 인도네시아 9개 사, 베트남 4개 사를 다시 한번 비교 평가해보려고 한다. 여기서 최종 투자 종목을 선정할 예정인데 주의할 점은 인도네시아와 베트남을 분리해서 평가해야 한다는 점이다. 앞선 스크리닝 과정에서 인도네시아는 저평가 가치주를 뽑아냈고, 베트남은 고성장 가치주를 골라냈기 때문이다.

선정 과정에서의 기준이 달랐기 때문에 당연히 분리해서 평가해야 한다. 그러면 인도네시아부터 먼저 평가해보자. 이미 앞서 체크했던 정보들은 생략할 것이며 종목의 순서는 리뷰한 순서대로 넣도록 하겠다.

이렇게 절대적으로 넣을 수 있는 지표인 정량적인 지표 3가지와 필자가 임의로 기준을 정할 수 있는 정성적인 지표 2가지를 점수로 넣었다. 여기서 정량적, 정성적이라는 용어는 편의상 구분을 해두었을 뿐이기 때문에 두 가지 평가 기준 모두 본인이 정하기 나름이다.

정량적 평가는 필수로 해야 하는 항목이며, 정성적 평가 항목은 넣어도 되고 빼도 되는, 혹은 추가해도 되는 항목으로 이해해주길 바란다. 정량적 지표는 각 항목 3점이 만점이고 정성적 지표는 각 항목 0.5점 만점이다. 정성적 지표는 보너스 점수로 넣었다. 필자는 5가지 항목을 모두 합해 10점 만점으로 구성했는데, 이 항목들은 여러분들이 만들기 나름이다. 사실 이보다 더 많은 평가 기준이 있고 산업에 따라 조금씩 변경되는 지표들도 있지만 지루할 수 있으니 이 책에서 다루지는 않겠다.

종목 선별 최종 단계(인도네시아)

인도네시아	정량 지표			정성 지표		점수				최종점수	
티커	PER	PBR (PBV)	ROE	EPS (3년)	매출 (5년)	PER	PBR	ROE	보너스	Total Score	Final Grade
BEST	6.1	0.5	8.9	–	–	2	3	1	0	6	B
CMNP	6	0.8	13.2	증가	증가	2	2	2	1	7	B
SOCI	4.3	0.3	7.4	–	증가	3	3	1	0.5	7.5	B
CFIN	4	0.3	15.2	증가	–	3	3	2	0.5	8.5	A
TSPC	8.7	1.3	9.6	–	증가	2	0.5	1	0.5	4	C
INKP	9.6	0.7	7.6	증가	증가	2	2	1	1	6	B
SRIL	4.3	0.9	20.6	증가	증가	3	2	3	1	9	A
INDR	2.2	0.7	34.4	–	–	3	2	3	0	8	A
KBLI	6.3	1.1	17.7	–	증가	2	0.5	2	0.5	5	B

출처 : IDX, 각 회사, 헥사곤

평가 기준(인도네시아)

정량적 지표 기준		점수
PER	n〈5	3
PER	5≤n〈10	2
PER	10≤n	1
PBR	0≤n〈0.5	3
PBR	0.5≤n〈1	2
PBR	1≤n〈2	0.5
ROE	0≤n〈10	1
ROE	10≤n〈20	2
ROE	20≤n	3

정성적 지표 기준		점수
EPS	3년 증가	0.5
매출	5년 증가	0.5
점수 측정 방법		
A	8≤P	
B	5≤P〈8	
C	P〈5	
Total	10점	

이렇게 해서 최종 점수를 매긴 후 등급을 A, B, C 등급으로 나누게 된다. 최종 단계에 올라온 것만으로도 투자 검토 대상이 되지만, 한 번 더 엄격한 기준을 적용해서 중요도에 따라 등급을 나눈 것뿐이다. 따라서 현지 기업 탐방 시에는 '종목 선별 최종 단계'의 모든 기업에 방문하기 위해 노력하고 있다.

추가로 스크리닝 과정에서 탈락했던 유의미했던 기업들 또한 함께 방문한다. 이런 사례에서도 배울 것이 많기 때문이다. 인도네시아에서는 A등급을 받은 3종목 CFIN, SRIL, INDR과 이에 조금 못 미치지만 B등급 중 상위 종목인 CMNP, SOCI가 필자가 생각하는 주요 투자 대상 기업이다.

이제 베트남을 살펴보자.

베트남의 경우 업종 상위 종목이라 지표의 수치가 대부분 적정하거나 혹은 고평가일 수밖에 없다. 때문에 인도네시아와는 평가 기준이 달

종목 선별 최종 단계(베트남)

티커	정량 지표			정성 지표		점수				최종점수	
	PER	PBR (PBV)	ROE	EPS (3년)	매출 (5년)	PER	PBR	ROE	보너스	Total Score	Final Grade
NVL	15.6	2.7	17.6	-	증가	2	2	1	0.5	5.5	B
VCB	16.5	3.7	25	증가	증가	2	2	2	1	7	B
MCH	16.9	5.1	32.5	-	-	2	0.5	2	0	4.5	C
HPG	7.6	1.1	20.6	-	증가	3	3	3	0.5	9.5	A

출처 : IDX, 각 회사, 헥사곤

평가 기준(베트남)

정량적 지표 기준		점수
PER	n<10	3
PER	10≤n<20	2
PER	20≤n	1
PBR	0≤n<2	3
PBR	2≤n<5	2
PBR	5≤n	0.5
ROE	0≤n<20	1
ROE	20≤n<30	2
ROE	30≤n	3

정성적 지표 기준		점수
EPS	3년 증가	0.5
매출	5년 증가	0.5

점수 측정 방법	
A	8≤P
B	5≤P<8
C	P<5
Total	10점

라진다. 정량적 평가에서는 기준에 좀 더 여유를 줬고 정성적 평가 항목은 인도네시아와 비슷하게 적용했다.

이렇게 해서 최종 선정된 기업은 HPG이고 추가 후보로는 VCB를 뽑았다. 점수에 따라 이렇게 선정하긴 했지만 사실 가장 매력적인 종목은 VCB와 MCH라고 생각한다. 다만 MCH는 최근 100% 가깝게 상승해서 현재 지표상 점수를 많이 받지 못했다. 또한 HPG는 그동안 부동산 산업의 수혜를 톡톡히 받았다. 올해부터는 정부의 부동산 억제 정책으로 인해 건설 업종과 함께 업황이 나빠질 수 있다는 점을 감안해야 한다.

이번 챕터의 '실전 투자 7' 과정은 일반 투자자 입장에서는 해도 그만 안 해도 그만인 과정이다. 최종 리스트에 올랐다는 것만으로도 저평가된(혹은 상대적 저평가) 경쟁력 있는 회사들이기 때문이다. 그래도 이렇게 한 번 확인해줌으로써 투자에 좀 더 확신을 가질 수 있게 될 것이다. 언어의 장벽으로 인해, 정보 접근의 장벽으로 인해 해외 투자에 어려움을 겪고 있는 분들에게는 큰 도움이 되리라 생각한다.

또한 주식 투자를 전혀 해본 적은 없으나 성장하는 신흥국 투자에 관심이 있는 분들께도 도움이 될 것이다. 실제로 이런 유사한 방법을 이미 해외 주식 투자에 활용하고 있는 투자자 분들이 많이 있으며, 미국 주식의 경우는 벌써 이런 분석을 쉽게 해주는 플랫폼도 나온 것으로 알고 있다. 독자 분들도 본인의 경험을 바탕으로 새로운 지표들을 적용하면서 나만의 포트폴리오를 만들어보시기 바란다.

다만 지금 이 책에 쓴 모든 내용은 책을 쓰고 있는 시점 기준으로 가치평가를 한 것이라는 점에 유의해야 한다. 이 책을 펼쳐보는 시점에

인도네시아, 베트남 최종 포트폴리오

국가	티커	정량 지표			정성 지표		점수				최종점수	
		PER	PBR (PBV)	ROE	EPS (3년)	매출 (5년)	PER	PBR	ROE	보너스	Total Score	Final Grade
인도네시아	CMNP	6	0.8	13.2	증가	증가	2	2	2	1	6	B
	SOCI	4.3	0.3	7.4	-	증가	3	3	1	0.5	7	B
	CFIN	4	0.3	15.2	증가	-	3	3	2	0.5	8	A
	SRIL	4.3	0.9	20.6	증가	증가	3	2	3	1	8	A
	INDR	2.2	0.7	34.4	-	-	3	2	3	0	8	A
베트남	VCB	16.5	3.7	25	증가	증가	2	2	2	1	6	B
	HPG	7.6	1.1	20.6	-	증가	3	3	3	0.5	9	A

출처 : IDX, 각 회사, 헥사곤

따라 그 지표들은 계속해서 변화할 것이기에 이를 참고만 했으면 한다.

뿐만 아니라 인도네시아와 베트남을 다르게 평가한 것처럼 자본 시장이 발전함에 따라 또 다른 방법을 적용해야 할 수도 있다. 특히 인도네시아 기업들은 시가총액이 작거나 거래량이 많지 않아 주가 급등락이 있을 수 있다. 때문에 장기적인 투자로 접근해야 하며, 앞서 기준으로 세웠던 지표가 망가지는 이슈가 2분기 이상 지속이 될 때는 큰 손해가 날 수도 있다.

따라서 이 책에서 추천한 종목들을 아무런 고민이나 연구 없이 무작정 따라서 투자하는 일은 없기를 바란다. 이러한 걱정 때문에 스터디 그룹 교육 프로그램을 지속적으로 운영할 예정이니 관심 있는 분들은 여기에 참여하시기 바란다. 이 스터디에 열심히 참여한다면 1~2년 후에는 경제적 자유를 얻을 수 있을 것이라 자신한다.

너무 바빠서 스터디에 참여하지 못하는 분들을 위해 이 책에서 했던 과정을 그대로 따라 하면서 만든 유료 보고서 서비스도 있다. 카페를 통해 제공 중이니 구독해보시기 바란다. 한 달에 13,000원, 커피 3~4잔 값만 아끼면 된다.

이것도 어렵다면, 이 책에서 최종적으로 선정한 7개 기업의 경우 블로그와 카페를 통해 누구나 볼 수 있도록 지속적으로 최신 정보를 업데이트할 예정이다. 그 외에도 우리 회사에서 제작하고 있는 유튜브 동영상을 보면서 스스로 공부하는 방법도 있다. 그것마저도 어려우시면 아직 기획 단계에 있는 베트남, 인도네시아 가치투자 플랫폼이 빨리 나올 수 있도록 많이 응원해주셨으면 한다.

LESSON 04

베트남 & 인도네시아 주식 투자, 'A부터 Z까지'

베트남 & 인도네시아 증권 거래를 위한 '기본 정보'

지금까지 인도네시아, 베트남 투자를 어떻게 진행해야 하는지, 실제 산업 분석 및 종목 분석은 어떻게 하는지까지 모두 설명했다. 또한 필자가 생각하는 유망한 종목들도 모두 설명해두었으니, 이 정도면 베트남과 인도네시아에 투자하는 데 큰 어려움은 없을 것이라 생각한다. 이제는 기초를 갖췄으니 여기에 본인만의 철학을 더해 스스로 투자할 수 있는 단계로 나아가야 한다.

그러면 이번 챕터에서는 실제 투자를 위한 다양한 정보에 관해서 이야기하겠다. 인도네시아는 정규 시장이 IDX 하나만 있어 매우 간단하다. 최근 들어 Development 시장과 Acceleration 시장이 런칭했으나 Development 시장은 정규 시장에서 거래 중이라 차이가 크지 않고,

Acceleration 시장은 참여가 저조해 아직 유명무실한 상황이다. 베트남의 경우 인도네시아와는 달리 여러 시장으로 나뉘어 있어 시장의 종류부터 먼저 알아야 한다.

베트남은 비상장 시장과 상장 시장으로 나뉘는데 국영 기업과 일반 기업들이 기업공개(IPO)를 통해 상장 시장으로 이동한다. 그렇지 않은 기업은 장외 거래 시장(OTC)에서 거래하고 있다.

상장 시장에는 호찌민 증권 거래소(HOSE), 하노이 증권 거래소(HNX), 비상장 공개 기업 시장(Upcom) 세 종류가 있다. 이중 '비상장 공개 기업 시장'이 특징적인 시장인데, 한글이나 영문으로 표기된 바로는 상장 시장이 아닌 비상장 시장이지만, 베트남에서는 상장 시장으로 구분하며 '업컴(Upcom) 마켓'이라고 부르고 있다. 업컴의 기능은 비상장 종목들이 상장하기 전에 들러야 하는 시장으로 한국의 코넥스와 유사하다고 봐도 무방할 것 같다. 다만 한국의 코넥스는 규모가 작은 종목들의 시장인 반면, 베트남의 업컴 시장은 정부 정책에 의해 호찌민, 하노이 증권 거래소 상장 전에 필수로 거쳐 가야 하는 시장이 되었다. 따라서 현재의 업컴 시장에는 호찌민 거래소 상장을 대기하고 있는 대형 종목이 다수 상장되어 있는 기형적인 현상을 보인다.

지금은 제 역할을 하지 못하고 있는 하노이 시장보다 업컴 시장의 규모가 더 커진 상황이다. 뿐만 아니라 업컴에 상장한 종목들의 자금 모집이 더 원활하게 잘되자, 호찌민이나 하노이 증권 거래소로 이전 상장을 꺼리고 업컴에 머무는 현상마저 나타나고 있다. 이러한 이유들로 인해 필자는 조만간 하노이 거래소와 호찌민 거래소가 통합되거나 기능

베트남 증권 거래소

	HOSE 호찌민 증권 거래소	HNX 하노이 증권 거래소	UPCOM 비상장 공개회사 증권 거래소
상장기업 여부	상장공개기업 Listed Public Companies		비상장공개기업 Unlisted Public Companies
개요	가장 큰 상장 증권 거래소, 규모가 크고 유동성이 높은 기업이 상장됨 - 비교 : 코스피	두 번째로 큰 상장 증권 거래소, HOSE에 비해 상장 조건이 느슨함 - 비교 : 코스닥	비상장 공개회사 거래소, HOSE나 HNX 상장을 위해 최소 6개월 이상 등록되어야 함 - 비교 : 코넥스
설립일	2000년	2005년	2009년
상장 기업수	387	382	875
상장기업 시가총액	약 161조 원 VND 3,211,893.93B	약 10조 원 VND 204,264.85B	약 46조 원 VND 931,045.39B
대표지수	*VN Index, *VN30, VN100 등	HNX Index, HNX30 등	UPCoM Index

*VN Index는 HOSE 시가총액의 약 90% 차지
*VN30은 HOSE 시가총액의 약 70% 차지 (VN Index와 상관계수 0.96)

출처 : HOSE, HNX, VCSC, 혁사곤

이 나뉠 것으로 기대하고 있다.

실제로 하노이 시장은 현재 상장지수 펀드 시장으로 변화를 꾀하고 있으며, HNX보다 더 규모가 커져 버린 업컴 시장의 관리도 함께하고 있다. 필자의 예상이 맞는다면 하노이 시장 상장 종목은 호찌민 시장이나 업컴 시장으로 통합될 가능성이 높다.

각 시장의 거래 시간과 호가 단위 등은 모두 다른데, 위 표에 정리해 두었으니 살펴보기 바란다. 여기서 유의해야 할 점은 최소 매매 단위인데 호찌민 거래소의 경우 10주, 업컴 거래소는 100주로 실제 표시된 거래 가격에 각각 ×10, ×100을 해야 실제로 거래가 가능한 단위가 된다. 이 점에 유의해서 거래하기 바란다.

필자의 회사에서 국내 베트남 투자가 가능한 모든 증권사에 전화를

거래소별 거래 제도

	HOSE 호찌민 증권 거래소	HNX 하노이 증권 거래소	UPCOM 비상장 공개회사 증권 거래소
거래시간	**09:15~11:30** Pre order 09:00 ~ 09:15 **13:00~14:45** After order 14:30 ~ 14:45 Put-Through 09:00~11:30, 13:00-15:00	**09:00~11:30** **13:00~14:30** After order 14:30 ~ 14:45 After hours trading 14:45 ~ 15:00 Put-Through 09:00~11:30, 13:00-15:00	**09:00~11:30** **13:00~14:45** Put-Through 09:00~11:30, 13:00-15:00
호가단위	**P < 10,000 : 10** **10,000 ≤ P ≤ 49,950 : 50** **P ≥ 50,000 : 100** Put-through는 호가단위 없음	**VND100** Put-through는 호가단위 없음	**VND100** Put-through는 호가단위 없음
가격 제한폭	**±7%** 신규상장주식은 ±20%	**±10%** 신규상장주식 혹은 25일 이상 유예 후 재거래되는 주식은 ±30%	**±15%** 신규상장주식 혹은 25일 이상 유예 후 재거래되는 주식은 ±40%
최소 매매단위	**10주** Put-through는 20,000주 이상	100주 Put-through는 5,000주 이상	100주 Put-through는 1주 이상
결제일	**T+2일** 현지기준, 국내 증권사에 따라 다름	**T+2일** 현지기준, 국내 증권사에 따라 다름	***T+2일** *소수 증권사만 가능*

*국내에서 UPCOM 거래는 NH투자, 미래에셋에서 오프라인 거래 가능

출처 : HOSE, HNX, 헥사곤

걸어 확인해본 결과 업컴 시장의 경우 국내에서는 현재 NH투자증권과, 미래에셋에서만 거래가 가능한 것으로 보인다. 여러분들이 사용하는 증권사에 전화해서 거래 가능성을 꾸준히 문의한다면 다른 증권사에서도 거래가 가능하게 바뀌리라 기대한다.

인도네시아 주식 거래에서도 중요하게 체크해야 할 것이 바로 단위다. IDX의 단위는 랏(Lot)이다. 1개의 랏이 100개의 주권으로 묶여 있으며 1랏이 최소 거래 단위다. 하지만 증권사 HTS 프로그램 및 시장 가격에는 1개 주권의 가격이 표기되어 있어서 기본적으로 표기된 주권 가격에 ×100을 해야 실제 1랏의 구매 가격이 된다.

예를 들어 BCA은행의 1주 가격이 1만 루피아라고 가정해보자. 최소 거래 가능 단위인 1Lot의 가격은 다음과 같다.

인도네시아 증권 거래소 개요 및 거래 제도

IDX 상장 공개회사 증권 거래소			
상장기업여부	상장공개기업 (Public Companies)	거래시간	1st Session 09:00~12:00 2nd Session 13:30~16:00 (Friday 1st 09:00~11:30, 2nd 14:00~16:00)
개요	2007년 자카르타(Jakarta) 증권 거래소가 수라바야(Surabaya) 증권 거래소와 합병해 설립한 인도네시아 단일 증권 거래소	가격제한폭	Rp 200 이하 ±35% Rp 5,000 이하 ±25% Rp 5,000 이상 ±20%
설립일	1912년	최소매매단위	100주 (Lot)
상장기업수	600 개	호가단위	가격대별 상이(Rp 1~25)
상장기업 시가총액	6,737 조 IDR	결제일	T+2일
대표지수	JKSE, IDX30, IDX80, LQ45 KOMPAS100		

출처 : IDX, 헥사곤

10,000루피아 × 100(1Lot) = 1,000,000루피아

이렇게 1,000,000루피아가 실제 거래가 가능한 1랏(Lot)의 가격이 되는 것이다. 한화로는 1랏에 10만 원 정도이니 가격이 싼 종목은 아니다.

베트남과 인도네시아 주식 시장에 투자하는 방법으로는 두 가지가 있다. 첫 번째는 현지 계좌를 오픈해 원하는 종목을 실시간으로 구매하는 방법이다. 두 번째로는 한국에 있는 증권사를 통해 구매하는 방법이다. 한국 거주자가 현지 계좌를 오픈하는 것도 가능하지만, 세금 문제나 이체 수수료 등 추가 비용이 발생하는 어려움이 있어서 별로 추천하지는 않는다.

베트남 & 인도네시아 현지 계좌 개설과 '활용 방법'

베트남 현지 계좌 개설 방법

베트남에는 여러 한국계 증권사들이 진출해 있다. 그 외에 베트남 로컬 증권사들도 있다. 현지의 한국계 증권사 중에는 미래에셋대우와 NH투자증권의 플랫폼이 가장 뛰어나다. 현지 미래에셋대우의 경우 한글 데일리리포트를 제공하고 있기 때문에 개인들이 활용하기 좋다. 특히 별도로 가입하지 않아도 앱(Application)을 통해 실시간 가격 정보나 차트 등을 볼 수 있으니 유용하게 쓸 수 있을 것이다.

베트남 로컬 기업 중에는 사이공 증권과 비엣캐피탈 증권이 좋다. 사이공 증권은 제공되는 리포트 정보가 매우 훌륭하다. 다만 계좌 개설

베트남 진출 국내 증권사 5개사

번호	증권사	증권사	진출연도
1	MIRAE ASSET Securities	미래에셋대우 (미래에셋증권베트남)	2007년
2	NH SECURITIES VIETNAM	NH투자증권 (NHSV)	2009년
3	KIS	한국투자증권 (KIS베트남증권)	2010년
4	SHINHAN SECURITIES	신한금융투자 (신한증권베트남)	2016년
5	KB Securities	KB증권 (KBSV)	2017년

베트남 증권사 TOP 5

번호	증권사	증권사	설립연도
1	SSI	사이공증권 (SSI)	1999
2	hsc	호찌민 시티증권 (HSC)	2003
3	VIET CAPITAL SECURITIES	비엣캐피탈증권 (VCSC)	2007
4	VNDIRECT	브이엔디렉트증권 (VNDS)	2006
5	MB	MB증권 (MBS)	2000 (Thang Long 증권)

출처 : 각 회사, 헥사곤

을 해야 리포트를 받아볼 수 있다는 점은 아쉽다. 본문에서 상세히 설명했던 비엣캐피탈 증권은 포털 사이트를 통해 투자를 위한 다양한 필수 정보를 확인할 수 있다. 정보 수집에 정답은 없으니 다양한 루트를 통해 정보를 수집하시기 바란다.

현지에 거주하는 교민 분들이나 리포트 정보를 얻기 위해 현지 계좌 개설을 원하는 분들도 있을 것이다. 이런 분들을 위해 현지 계좌 개설하는 방법을 공유해보려고 한다. 베트남의 경우 인도네시아보다 절차가 좀 더 복잡하다. 실제 개설하는 과정은 영상으로 담아 유튜브에 공개해두었으니 같이 보시기 바란다.

베트남 현지 계좌 개설을 위해서는 다음의 단계가 필요하다.

한국계 및 현지 증권사 수수료 비교

번호	구분	증권사	온라인	오프라인
1	한국계	미래에셋대우 (미래에셋베트남)	0.15%	0.4%
2	한국계	NH투자증권 (우리CBV증권)	0.2%	0.2-0.275% (거래 금액에 따라 다름)
3	한국계	한국투자증권 (KIS베트남증권)	0.15-0.3% (거래 금액에 따라 다름, 1억동 미만 : 0.3%)	
4	현지	사이공증권 (SSI)	0.25%	0.2-0.4% (5,000만동 미만 0.4%)
5	현지	호찌민 시티증권 (HSC)	0.15-0.35% (1억 동 미만 : 0.35%)	
6	현지	비엣캐피탈증권 (VCSC)	0.25-0.4% (100만동 – 1억 동 : 0.4%)	

출처 : 각 회사, 헥사곤

1단계 : 증권 거래 계좌와 은행의 외국인 간접투자 계좌(FII) 개설

증권사에서 증권 계좌 개설 신청을 하는 단계다. 예탁 결제원(VSD) 증권 거래 코드(STC)를 등록하는 과정을 가장 먼저 밟게 된다. 이를 위해 공증된 여권 사본 2부가 필요하다.

공증하는 방법은 두 가지가 있는데, 첫 번째는 한국에 있는 주한베트남 대사관에서 미리 복사한 여권으로 공증을 받는 방법이다. 두 번째는 현지에서 받는 방법이다. 호찌민, 하노이 모두 각각 공증을 받을 수 있는 곳이 있다.

여기서 주의해야 할 사항은 현지 기관이 휴일인 경우가 있으니 꼭 확인 후에 방문해야 한다는 점이다.

증권사에 따라 비용만 지급하면 공증을 대행해주는 서비스를 제공하기도 해서 개인적으로 준비할 필요가 없는 곳도 있다. 몇몇 증권사의 경우 이러한 서비스를 제공하는 곳이 있으니 참고하시면 좋겠다.

공증에 필요한 여권 사본은 사진이 있는 면만 복사하면 안 된다. 여권 1권 전체 페이지를 모두 복사해야 한다. 따라서 여권 페이지가 많은 경우 공증 비용 또한 올라가는 단점이 있다. 또한 베트남은 외국인 1인당 증권 계좌 1개만 허가되므로 내가 사용하기 편리한지, 지원을 잘해주는지 사전에 꼭 확인해야 한다.

1. 주한 베트남 대사관

a. 주소 : 서울시 종로구 삼청동 28-59번지

b. 전화번호 : 02) 739-2065

c. 웹사이트 : www.vietnamembassy-seoul.org

d. 비용 : 200달러 (2부)

2. 호찌민 1구 인민위원회 - 사법 부서(영문 : People's Committee of District 1, Ho Chi Minh City - The Judicial Department)

a. 주소 : 47 Le Duan Street, Ben Nghe Ward, District 1, Ho Chi Minh City, Vietnam.

b. 전화번호 : (08) 3827 9446

c. 웹사이트 : http://www.quan1.hochiminhcity.gov.vn/

d. 영업시간 : 월~금(오전 7시 30분~ 오후 5시)

e. 비용 : 한 페이지당 2,000동, 3페이지부터 1,000동. 그리고 한 서류

의 최대 공증비용은 200,000동(2018/05/09일 1024/QD-BTP의정에 따름)이다.

3. 하노이 바딩구 인민위원회 - 사법 부서(영문 : People's Committee of Ba Dinh District, Hanoi - The Judicial Department)

a. 주소 : 25 Lieu Giai Street, Lieu Giai Ward, Ba Dinh District, Hanoi, Vietnam

b. 전화번호 : (84) (024) 3762 5079 / Hotline : (+84) (024) 3762 5066

c. 웹사이트 : https://badinh.hanoi.gov.vn/

d. 영업시간 : 월~금(오전 8시~ 오후 5시)

e. 비용 : 한 페이지당 2,000동, 3페이지부터 1,000동이다. 그리고 한 서류의 최대 공증비용은 200,000동(2018/05/09일 1024/QD-BTP의정에 따름)이다.

2단계 : 계좌 번호 수령

앞 단계에서 증권 계좌, 은행 계좌 개설 신청서를 모두 작성하고 공증 서류까지 제출했다면 증권거래코드(STC)를 받게 된다. 이 코드에 연결되는 증권 계좌 번호까지 생성되면 이메일로 통보를 받는다.

이때 계좌번호와 아이디, 임시 비밀번호 등을 받는데, 앱에 접속해 모든 정보를 입력하여 로그인하면 개설 과정은 모두 끝난다.

3단계 : 계좌 송금

베트남의 경우 현지에서 현금으로 입금하려면 자금 출처를 소명해야 한다. 현지 근무 중이라면 급여명세서 등을 통해 자금을 입증할 수 있다. 하지만 현지에서 근무하는 사람이 아니라면 현금 입금이 어려울 수 있다. 현금 입금을 위해 한국에서 베트남 입국 시 현금을 반입하려면 반드시 세관에 반입금액을 신고해야 한다. 관련 내용 역시 유튜브를 확인하시기 바란다. 이때 신고한 내용을 증권사에 제출해야 현금 입금이 가능하다. 따라서 세관신고증이 없으면 현금 입금을 거부당할 수 있다.

해외(한국)에서 베트남으로 송금하는 경우 은행에서 반출하는 목적을 신고해야 한다. 두 가지 방법 모두 기록이 남기 때문에 향후 발생할 수 있는 세금 신고 부분에 유의해야 한다. 한국에서 이체하는 경우 1회 1만 달러, 연 5만 달러의 제한이 있다. 만약 제한 금액이 넘어가는 경우 별도의 자금 사용내역을 증명해야 한다. 현지에서 거주하고 있다면 현지 세법을 따르면 되기 때문에 큰 문제가 될 것은 없다.

4단계 : 거래 주문 시작

앞 단계를 모두 진행했다면 거래 주문이 가능한데 수수료는 거래 금액에 따라 다르고 증권사마다 상이할 수 있다. 287쪽에 비교해놓은 표가 있긴 하지만 변동될 수 있으니, 거래하기 전에 미리 확인하도록 하자.

5단계 : 출금

현지에서 모든 세금 의무를 이행한 후에 해외 송금이 가능하다. 증권 계좌와 연결된 은행에서 해외 송금을 할 수 있다. 베트남 내에서도 인출이 가능한데 은행별로 하루 최대 인출 가능 금액이 있으니, 반드시 미리 확인해야 한다. 또한 증권사별로 별도의 증빙 서류를 요구할 수 있으니, 이 또한 참고하기 바란다.

인도네시아 현지 계좌 개설 방법

인도네시아의 경우 여권 사본만 있으면 될 정도로 현지 계좌 개설이

인도네시아 진출 국내 증권사 5개사

번호	증권사	증권사	진출연도
1	MIRAE ASSET Securities	미래에셋대우 (미래에셋증권 인도네시아)	2013년
2	NH KORINDO SEKURITAS	NH투자증권 (NH 코린도)	2009년
3	true friend Korea Investment & Sekuritas Indonesia	한국투자증권 (KIS인도네시아)	2018년
4	SHINHAN SEKURITAS	신한금융투자 (신한금융투자 인도네시아)	2015년
5	KIWOOM SEKURITAS INDONESIA	키움증권 (키움증권 인도네시아)	2011년

인도네시아 증권사 TOP 5

번호	증권사	증권사	설립연도
1	BAHANA PT. Bahana Sekuritas	바하나 증권 (Bahana Sekuritas)	1993
2	trimegah SECURITIES	트리메가 증권 (Trimegah Sekuritas)	1990
3	INDOPREMIER	인도프리미어증권 (Indo Premier Sekuritas)	2011
4	mandiri sekuritas	만디리 증권 (Mandiri Sekuritas)	1998
5	valbury	발버리 증권 (Valbury Sekuritas)	1999

출처 : 각 회사, 헥사곤

매우 간단하다. 공증을 따로 받지 않아도 되므로 개설이 용이하며 우편을 통해서도 개설할 수 있다.

계좌 개설 서류는 원본을 제출해야 한다. 서류에는 인도네시아에서 계약 시 일반적으로 사용하는 Meterai라고 하는 인지를 사용해서 사인해야 한다.

따라서 인도네시아의 지방에 있는 분들이나 한국에 계신 분들 또한 우편을 통해 개설할 수 있다. 다만 증권사별로 지원을 해주지 않는 곳이 있을 수 있으니 사전에 문의한 후에 진행해야 한다.

마찬가지로 한국계 앱(Application)의 경우 별도의 계좌 개설 및 로그인 없이 실시간 거래 정보 등을 확인할 수 있으니 참고하시기 바란다.

인도네시아의 경우 필자가 과거에 근무했던 한국계 이트레이딩

한국계 및 현지 증권사 수수료 비교

번호	구분	증권사	온라인	오프라인
1	한국계	**미래에셋대우** (미래에셋증권 인도네시아)	매수 0.15% 매도 0.25%	n.a
2	한국계	**NH투자증권** (NH 코린도)	매수 0.18% 매도 0.28%	n.a
3	한국계	**키움 증권** (키움증권 인도네시아)	매수 0.18% 매도 0.28% (최소 수수료 10,000 IDR)	매수 0.25% 매도 0.35% (최소 수수료 25,000 IDR) CS 또는 Marketing이 포함되어 있을 경우
4	현지	**RHB 증권** (RHB Sekuritas)	매수 0.25% 매도 0.35%	좌측 regular(with sales) 계좌 기준 Online tradin계좌의 경우 매수 0.15%, 매도 0.25%
5	현지	**만디리 증권** (Mandiri Sekuritas)	매수 0.18% 매도 0.28% (일 5,000 IDR 추가)	Full Service. Online & conventional stock transaction service(via tel) 매수 0.25%, 매도 0.35% (일 25,000 IDR 추가)
6	현지	**인도프리미어 증권** (Indo Premier Sekuritas)	0.25-0.4% (100만동 – 1억 동 : 0.4%)	n.a

출처 : 각 회사, 헥사곤

(Etrading) 증권이 당시 업계의 전체 TOP 3였다. 지금은 이를 인수한 미래에셋대우가 매우 훌륭한 서비스와 플랫폼을 제공하고 있다. NH 코린도의 앱 또한 무료로 정보를 볼 수 있으니 두 회사 모두 잘 활용하도록 하자.

로컬 회사 중에는 〈헥사곤〉의 파트너사인 RHB 증권이 현지 계좌 개설 시 편의성 면에서 좀 더 나을 수 있다. 다만 플랫폼이나 기타 제공되는 투자 정보가 썩 좋은 편은 아니다.

과거의 경우 한국에서 베트남, 인도네시아 거래가 아예 잘 되지 않거나 온라인 플랫폼으로는 불가능한 경우가 있어 현지 계좌를 개설하고자 하는 사람이 많았다. 하지만 지금은 대부분의 한국 증권사에서 오프라인이나 온라인으로 거래가 가능하며, 사용자가 늘어나면서 수수료도 점차 낮아지고 있다.

실제로 필자가 첫 책을 출간했을 때만 하더라도 전 증권사에서는 오프라인 거래만 됐고 최소 수수료는 5만 원 정도였다. 이후에 온라인 시

국내 거래 VS 현지 거래

구분	국내 거래	현지 거래
장점	• 국내 거래와 유사한 형태로 친숙함 • 증권사를 통한 커뮤니케이션과 현지 정보 수집에 용이	• 지연시간 없이 HTS/MTS를 통한 실시간 거래 가능 • 단타 및 소액 매매 시 유리
단점	• 최소 수수료가 높아 단타 혹은 소액매매에 불리 • 양도소득세 발생(250만 원 이상 수익)	• 송금 수수료 발생 • 국문 지원 불가, 커뮤니케이션 불편함 • 고액 거래 시 세금 신고의 불편함

스템이 구축되면서 수수료는 4만 원으로 낮아졌고, 지금은 2만 원 정도까지 낮아졌다. 최근 여러 증권사에서 해외 주식 중 이용자가 많은 미국, 중국 주식 수수료는 무료 이벤트를 하고 있다. 이렇게 시장이 확대되다 보면 해외 주식 수수료 또한 없어지거나 저렴해질 것으로 보인다.

한국의 플랫폼은 제한된 정보를 제공하거나 실시간 주가를 볼 수 없다. 그러나 현지 앱은 가입하지 않아도 정보를 볼 수 있는 곳이 많이 있다. 따라서 이를 잘 활용한다면 한국에서 투자하더라도 큰 어려움은 없을 것이다.

국내 증권사별 비교

다음 두 개의 표는 한국에서 베트남, 인도네시아 증권 거래가 가능한 모든 증권사를 조사해둔 자료다. 거래 시 참고하기 바라며 증권사별 수수료보다 더 중요한 것이 최소 수수료임을 명심하자. 가령 온라인 거래를 한다고 가정했을 때 500만 원을 거래한다면 여기에 0.4%가 매매 수수료로 발생한다.

5,000,000원 × 0.004 = 20,000원

따라서 총 2만 원의 수수료가 발생하는데, KB증권의 경우 500,000VND의 최소 수수료가 발생하니 적절하다고 할 수 있다. 그러나 한국투자증권은 같은 500만 원을 거래했을 시 KB증권처럼 20,000원 정도의 수수료가 나갈 것이라고 착각할 수 있다. 그러나 한국투자증권의 경우 최소 수수료가 800,000VND이기 때문에 실제로는 4만 원 정도의 수수료가 발생한다. 여러 종목 거래 시 건당 최소 수수료가 발생하며, 1종목을 다른 호가에 거래하는 경우는 1건으로 합산한다.

증권사는 최소 수수료와 실제 발생 수수료를 계산해 더 큰 것을 채택해 수수료를 징수한다. 이 수수료 정책은 앞으로 투자자에게 더 유리한 방향으로 계속 바뀔 수 있으니 지속해서 체크하시기 바란다.

국내 베트남 거래 가능 증권사

번호	증권사	온라인	오프라인
1	KB증권	• 매수, 매도 0.4%, 최소 수수료 VND 500,000(매도 시 제비용 별도 0.1%)	• 매수, 매도 0.5%, 최소 수수료 VND 500,000(매도 시 제비용 별도 0.1%)
2	NH투자증권	• 매수, 매도 0.4%, 최소 수수료 VND 600,000(매도 시 거래세 0.1%)	• 매수, 매도 0.5%, 최소 수수료 VND 600,000(매도 시 거래세 0.1%)
3	미래에셋대우	• 매수, 매도 0.4%, 최소 수수료 VND 700,000(매도 시 거래세 0.1%)	• 매수, 매도 0.5%, 최소 수수료 VND 700,000(매도 시 거래세 0.1%)
4	삼성증권	• 매수, 매도 0.4%, 최소 수수료 VND 400,000(기타 거래비용, 매도 시 거래세 별도 0.1%)	• 매수, 매도 0.5%, 최소 수수료 VND 400,000(기타 거래비용, 매도 시 거래세 별도 0.1%)
5	신한금융투자	• 매수, 매도 0.45%, 최소 수수료 VND 500,000(매도 시 인지세 별도 0.1%)	• 매수, 매도 0.5%, 최소 수수료 VND 800,000(매도 시 인지세 별도 0.1%)
6	하나금융투자	• 매수, 매도 0.4%, 최소 수수료 VND 700,000(매도 시 거래세 별도 0.1%)	• 매수, 매도 0.5%, 최소 수수료 VND 800,000(매도 시 거래세 별도 0.1%)
7	한국투자증권	• 매수 0.4%(국내 0.2%, 해외 0.2%), 매도 0.5%(국내 0.2%, 해외 0.3%), 최소 수수료 VND 800,000(매수, 매도 국내 0.2% 기준)	• 매수 0.6%(국내 0.4%, 해외 0.2%), 매도 0.7%(국내 0.4%, 해외 0.3%), 최소 수수료 VND 800,000(매수, 매도 국내 0.2% 기준)

출처 : 각 회사, 헥사곤

국내 인도네시아 거래 가능 증권사

번호	증권사	온라인	오프라인
1	NH투자증권	• 매수, 매도 0.45%, 최소 수수료 IDR 350,000(매도 시 거래세 0.1%)	• 매수, 매도 0.8%, 최소 수수료 IDR 350,000(매도 시 거래세 0.1%)
2	미래에셋대우	• 매수, 매도 0.45%, 최소 수수료 IDR 450,000(매도 시 거래세 0.1%)	• 매수, 매도 0.5%, 최소 수수료 IDR 450,000(매도 시 거래세 0.1%)
3	신한금융투자	• 매수, 매도 0.45%, 최소 수수료 IDR 300,000(매도 시 거래세 별도 0.1%)	• 매수, 매도 0.5%, 최소 수수료 IDR 450,000(매도 시 거래세 별도 0.1%)
4	삼성증권	• 미지원	• 매수, 매도 0.7%, 최소 수수료 IDR 100,000(매도 시 거래세 0.1%)

출처 : 각 회사, 헥사곤

인도네시아의 경우 아직도 거래를 지원하는 곳이 많지 않은데 그래도 필자의 책이 출간되던 때에 비하면 괜찮은 수준이라 생각된다. 실제로 해외 주식 거래액 중 상당액이 인도네시아에서 일어나는 것으로 알고 있다.

이 책을 읽는 독자 분들 중에 위 리스트의 증권사와 거래하지 않고 있다면, 인도네시아 거래가 가능한 증권사로 신규 개설을 해야 한다.

베트남, 인도네시아 '간접 투자 방법'

앞서 설명한 직접 투자 방법 외에도 간접적으로 베트남, 인도네시아에 투자할 수 있는 방법이 있는데 ① 국내 펀드 투자, ② 해외 ETF 투자, ③ 미국 ADR 종목 거래 3가지다. 개인적으로 간접 투자는 선호하지도, 추천하지도 않는 편이지만 필요한 분들을 위해 간단하게 정리해두었다.

국내 펀드 투자

국내에 인도네시아에 집중적으로 투자하고 있는 펀드는 다음의 4가지가 있으며, 2019년 상반기 수익률이 매우 높은 것을 알 수 있다. 지난

인도네시아 투자 펀드

번호	펀드명	펀드 매니저수	운용규모(백만 원)		수익률(%)		
			설정 원본	순자산 총액	1개월	6개월	1년
1	NH-Amundi Allset인도네시아포커스증권투자신탁[주식]	1	18,946	15,391	3.24	17.45	10.64
2	키움인도네시아단기채권목표전환형증권투자신탁 1[채권-재간접형]	1	3,476	3,582	3.01	11.35	11.06
3	키움인도네시아증권투자신탁[주식]	2	255	255	-	-	-
4	한국투자KINDEX인도네시아MSCI증권상장지수투자신탁(주식-파생형)(합성)	1	18,638	18,638	2.69	22.56	15.29
-	총합	-	41,315	37,866	-	-	-

출처 : Kofia, 헥사곤(2019년 5월 기준)

해 하반기부터 하락했던 종합 증시가 올해 초 반등하며 높은 수익률을 거두고 있다. 1년 수익률을 보더라도 10% 이상으로 나쁘지 않은 상황이다.

여기서 명심해야 할 것은 과거의 수익률이 미래의 수익률을 보장하지는 않는다는 점이다.

베트남의 경우 인도네시아보다 더 많은 종류의 펀드가 있다. 이러한 현실을 보니 개인 투자자 가운데 베트남, 인도네시아 투자를 가장 많이 하고 있는 필자로서는 베트남 투자 펀드가 종류는 물론 규모도 크다는 현실이 참 아이러니하다. 규모나 그 종류에서 인도네시아를 압도하는 수준인데 확실히 대형 금융사에서 밀고 있는 효과가 큰 듯하다.

여기서 다시 한번 강조하지만, 베트남보다 인도네시아 시장의 규모가 더 크고 돈을 벌 수 있는 기회도 더 많다. 위험도를 따져 봐도 베트남보

베트남 투자 펀드

번호	펀드명	펀드 매니저수	운용규모(백만 원)		수익률(%)		
			설정원본	순자산총액	1개월	6개월	1년
1	한국투자베트남그로스증권모투자신탁(주식)	1	832,686	1,149,577	2.13	6.23	-2.71
2	한국투자베트남증권모투자신탁(주식혼합)	1	203,291	332,222	2.28	7.30	-6.53
3	유리베트남알파증권모투자신탁[주식]	2	212,331	312,023	2.17	6.13	-3.31
4	미래에셋베트남증권모투자신탁(주식)	1	178,123	260,180	2.90	11.04	5.13
5	KB베트남포커스증권모투자신탁(주식)	3	67,038	95,260	-0.74	2.26	-4.81
6	IBK베트남플러스아시아증권투자신탁[주식]	1	46,044	60,257	3.00	7.32	2.66
7	미래에셋베트남증권투자 회사 1(주식혼합)	2	53,597	56,330	0.66	6.42	-5.09
8	메리츠베트남증권투자신탁[주식혼합]	1	53,086	53,592	2.40	-2.25	-10.05
9	삼성베트남증권모투자신탁[주식]	1	28,764	42,293	3.16	8.26	0.88
10	KB베트남QVM증권모투자신탁(주식)	2	35,784	36,475	-0.51	0.00	0.00
11	미래에셋베트남&차이나증권투자신탁 1[주식]	1	31,315	29,888	3.29	25.24	4.95
12	유리베트남공모주증권모투자신탁[채권혼합]	4	25,232	25,510	0.29	1.48	-0.35
13	한국월드와이드베트남혼합증권투자신탁 2	1	22,978	23,164	-0.31	1.10	-10.86
14	미래에셋변액보험베트남증권투자신탁(H-USD)(주식-파생형)	1	21,908	22,278	-	-	-
15	동양베트남민영화혼합증권투자신탁 1	2	14,751	13,310	1.39	6.07	-3.50
16	한화베트남레전드증권모투자신탁(주식)	1	10,638	13,023	3.23	10.62	2.01
17	유리베트남스마트분할매수목표전환형증권투자신탁H[주식혼합-파생형]운용	2	8,422	8,316	-1.08	1.41	0.00
18	동양베트남증권모투자신탁(주식혼합)	2	5,811	6,669	2.88	8.04	4.93
19	미래에셋베트남고배당IPO증권모투자신탁(주식)	1	4,173	4,866	2.69	7.43	0.00
20	KB스타베트남VN30인덱스증권모투자신탁(주식-파생형)	2	3,710	3,804	0.00	0.00	0.00
21	HDC베트남적립식증권투자신탁 1(주식)[운용]	2	3,291	3,358	0.97	2.79	-6.30

22	신한BNPP베트남증권모투자신탁[주식]	2	2,502	3,162	3.80	7.37	1.22
23	동양베트남민영화혼합증권투자신탁 2	2	1,282	1,255	0.94	5.30	−3.96
−	총합	−	1,800,757	2,556,812	−	−	−

출처 : Kofia, 혜사곤(2019년 5월 기준)

다 인도네시아가 더 안정적이다. 따라서 두 나라에 모두 투자하고 싶다면 당연히 인도네시아 비중을 더 크게 가져가야 한다.

그래도 간접 투자를 하려고 하시는 분들께 도움이 될까 싶어 국내에서 운영되고 있는 베트남 투자 펀드를 모두 공개했으니 참고하시기 바란다.

해외 ETF 투자

미국 시장에 상장된 상장지수 펀드(ETF, Exchange Traded Funds)에 투자하는 것도 가능하다. 각국 지수에 연동되어 움직이는 펀드로써 시장 전체에 투자하는 것과 같은 효과라고 볼 수 있다. 인도네시아나 베트남 종합 주가지수가 오르거나 내림에 따라서 수익이 나거나 손해를 볼 수 있는 상품이다.

미국의 뉴욕 거래소에 상장되어 있기 때문에 달러로 거래가 가능하다는 장점이 있다. 다만 지수에 연동해 움직이기 때문에 최근 양국의

NYSE ETF	펀드명	순자산 총액(mil, $)	1개월	6개월	1년
베트남	VanEck Vevtors Vietnam ETF	422.73	−4.83	7.48	−3.31
인도네시아	VanEck Vectors Indonesia Index ETF	41.71	−4.52	−0.46	0.84
인도네시아	iShares MSCI Indonesia ETF	418.2	−3.61	1.53	0.79

출처 : NYSE, VanEck, iShares, 헥사곤(2019년 5월 기준)

종합 주가지수 하락으로 수익률은 저조한 편이다.

여기에서 드러나는 특징은 미국에서는 베트남과 인도네시아 ETF 투자의 규모가 비슷한 수준이라는 점이다. 마찬가지로 참조할 수 있도록 상장지수 펀드 리스트를 위에 첨부했으니 참고하시면 좋겠다.

미국 시장 ADR 투자

마지막으로 미국 시장에 상장된 인도네시아 종목인 ADR(American depository receipts, 주식을 외국에서 직접 발행해 거래할 때는 여러 가지 번거로운 절차를 거쳐야 한다. 이에 이러한 절차를 피하면서도 같은 효과를 내기 위해 원래 주식은 본국에 보관한 채, 이를 대신하는 증서를 만들어 외국에서 유통하는 증권이 주식예탁증서다. 예컨대 미국 시장에서 발행한 경우에는 ADR이라고 부르고, 유럽 시장에서 발행한 경우에는 EDR, 미국·유럽 등 복수 시장에서 동시에 발행한 경우는 GDR이라고 한다)이 있다. 투자자 입장에서 ADR은 투자하고 싶은 국가의 금융 시장이 개방되지 않아 투자가 어려울 때 주로 활용한다.

번호	회사명	티커	번호	회사명	티커
1	Adaro Energy ADR	ADOOY	21	Krakatau Steel ADR	PKRKY
2	AKRorindo ADR	PKCPY	22	Medco Energi ADR	MEYYY
3	Aneka Tambang ADR	PEAKY	23	Mitra Adiperkasa ADR	PMDKY
4	Astra Agro Lestari TBK	AAGRY	24	Perusahaan Gas ADR	PPAAY
5	Astra Int	PTAIY	25	Perusahaan Perkebunan ADR	PPLFY
6	Bank Central Asia ADR	PBCRY	26	PT Bank Mandiri Persero TBK	PPERY
7	Bank Mandiri Persero	PPERF	27	PT Indofood Sukses Makmur TBK	PIFMY
8	Bank Negara Indonesia ADR	PTBRY	28	PT Kalba Farma IDR	PTKFY
9	Bank Rakyat	BKRKY	29	PT Media Nusantara Citra TBK	PTMEY
10	Bukit Asam	TBNGY	30	PT Telekomunikasi Indonesia B	TLK
11	Bumi Resources ADR	PBMRY	31	PT United Tractors	PUTKY
12	Bumi Serpong Damai ADR	BSPDY	32	PT XL Axiata Tbk ADR	PTXKY
13	Chandra Asri ADR	PTCAY	33	Semen Persero	PSGTY
14	Energi Mega Persada ADR	PEGIY	34	Solusi Bangun Indonesia	PTHIY
15	Indo Global Exchange	IGEX	35	Telekomunikasi	TLKMF
16	Indo Tambangraya Megah ADR	ITAYY	36	Tower Bersama ADR	PTFRY
17	Indocement ADR	PITPY	37	Unilever Indonesia ADR	UNLRY
18	Indofood Sukses Makmur ADR	PIFFY	38	Vale Indonesia	PTNDF
19	Jasa Marga ADR	PTJSY	39	Vale Indonesia ADR	PTNDY
20	KinerjaPay	KPAY		–	

출처 : investing.com, 헥사곤

과거 중국 시장 거래가 불가능할 때 ADR 형태로 상장되어 있는 중국 기업을 거래하는 데 많이 활용했다. 지금은 중국이나 홍콩 시장에서 거래 가능한 종목은 ADR로 거래할 필요는 없다고 생각한다. 최근에는 외국인 개인에게 자본 시장이 아직 열리지 않은 인도 기업을 거래하기 위해 사용하는 경우가 많다.

인도네시아의 경우 총 39개의 ADR이 상장되어 있으며 같은 회사이지만 다른 ADR의 형태로 거래되는 경우도 있으니 항상 주의하자. 이러한 ADR 형태의 투자를 하는 또 다른 이유로는 달러로 거래할 수 있어 환율 헤지가 가능하다는 점이다.

현재 인도네시아의 모든 기업은 한국에서 거래할 수 있기 때문에 ADR 거래는 추천하지 않는다. 그래도 필요하신 분들을 위해 인도네시아 ADR 리스트는 모두 공유하도록 하겠다. 베트남은 미국에 상장된 ADR이 아직 없다.

해외 투자 시 발생하는 양도소득세

양도소득세에 대한 내용을 간단하게 정리해보자면 다음의 계산식과 같다. 계산 편의를 위해 총 1억 원을 해외 주식에 투자해서 20% 수익인 2,000만 원의 수익이 발생했다고 해보자.

1. [1억 원의 20% 수익률 2,000만 원 - 250만 원(해외 투자 기본 공제액)] × 20% = 350만 원 양도소득세 발생
2. [양도소득세 350만 원] × 10%(지방소득세)발생 = 35만 원
3. 총세금 내역 1 + 2 = 385만 원

착각하기 쉬울 수 있는데 위의 계산처럼 투자금의 22%가 아닌 주가 수익률의 22%를 양도소득세로 내야 한다(양도소득세 20%, 지방세 2%). 여기에 기본적으로 해외 투자 시에는 250만 원이 세액 책정에서 공제된다.

세금 납부는 각 행정기관의 온라인, 가상계좌 입금, 오프라인 모두 가능한데 주의해야 할 점이 있다. 양도소득세는 세무서, 지방세는 구청에서 담당하고 있어 양쪽을 각각 따로 내야 한다. 때문에 고지서도 2장

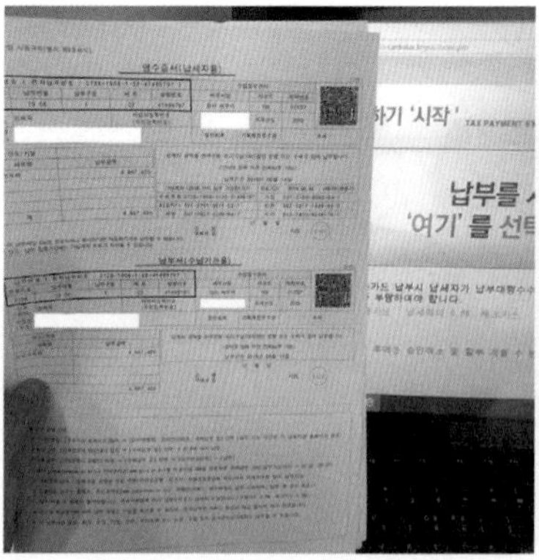

양도소득세 예시(공제 후 총이익의 20%)

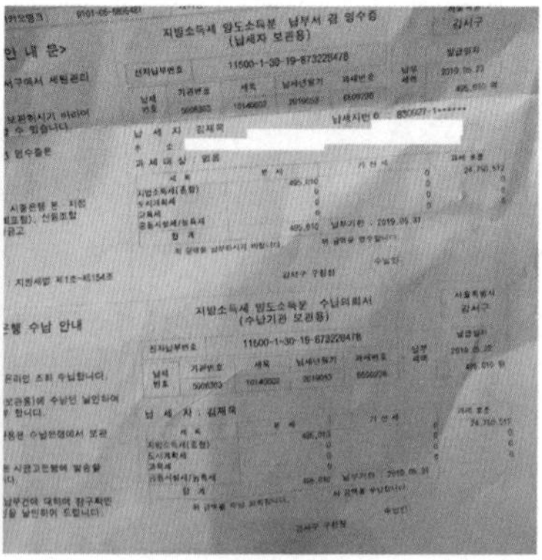

지방소득세(양도세의 10%)

이며 납부 관련 안내는 세금 납부고지서에 안내가 잘 나와 있으니 확인해서 납부하면 된다.

납부는 5월 말이 마감이니 기한을 넘기지 않도록 하자. 기한을 넘겼더라도 넘어간 기간만큼 연체료를 내면 되니 크게 걱정하지 않아도 된다. 세금이 큰 경우에는 카드 분할 납부도 가능한데, 세금 연체료보다 카드 미납 시의 연체료가 더 크니 주의하자.

필자가 활용하는 재테크의 '창과 방패'

전시에 대비하기 위해 평소에 공격과 방어를 어떻게 준비해야 할지 고민이 많다. 창은 공격을 위한 것이고 방패는 방어를 위한 것이다. 공격을 위한 무기는 시간이 날 때마다 갈고 닦아 날카롭게 유지해야 한다. 그래야 언제든 활용할 수 있기 때문이다.

방패도 잘 관리해야 하겠지만 공격을 위한 것이 아니니 날카롭게 유지할 필요가 없다. 오히려 더 가볍고, 단단한 방패를 만들면 된다. 가벼운 것이 안 되면 더 단단한 방패라도 만들어 놓을 필요가 있다.

필자는 투자 현장을 전쟁터라고 생각한다. 투자에도 창과 방패가 있으며, 투자 시장은 전시를 방불케 할 만큼 치열한 곳이다. 따라서 시장의 환경이나 개인의 성향에 따라 적절한 공격 전략(창)과 방어 전략(방패)을 잘 구사해야 투자에 성공할 수 있다. 그래야 전쟁에서 승리할 수 있다.

전쟁에서 패배하면 어떻게 될까? 죽임을 당하거나 노예로 전락한다. 그러니 대충할 생각은 아예 하지 말고 목숨 걸고 투자에 임해야 한다. 다시 한번 강조하지만 투자에 있어 불로소득은 없다.

주식 투자는 방어의 영역이 아닌 공격의 영역이다. 따라서 필자는 개인들이 주식 투자를 할 때 포트폴리오를 분산하라는 말을 믿지 않는다. 많은 초보 투자자분들이 투자를 공부할 때 분산투자를 통해 리스크를 줄여야 한다고 생각한다. 대부분의 언론이나 전문가들도 그렇게 얘기하고 기관에서 운용하는 펀드들도 그렇게 운용된다.

그러나 개인 투자자의 자금은 한정되어 있다. 기관에서 운용하듯이 수십, 수백 개의 종목을 나눠서 투자하는 것은 잘못된 방법이다. 기관은 자금의 규모가 커서 한 종목을 많이 담을 수 없다. 자금 운용의 규모가 크기 때문에 조금만 손해가 나도 몇십 억에서 몇천 억에 이른다. 따라서 기관 투자자들의 포트폴리오 구성은 이미 방패의 영역이라고 볼 수 있다. 금액을 조금만 늘려도 5% 공시 대상이 되거나, 펀드의 경우 한 종목 10% 제한에 걸려 그 이상 가격이 상승하면 매각을 해야 하는 경우가 생기기 때문이다.

그럼에도 불구하고 기관 투자자들 또한 삼성전자 같은 대형 우량주는 최대한 많이 보유하려고 한다. 기관들도 집중투자를 하는 것이다. 그렇다면 개인의 자금은 규모가 작기 때문에 기관보다 더 한정된 종목에 투자해야 하는 것이 맞지 않을까 한다. 창은 더 가볍고 날카롭게 관리해야 한다. 전쟁에서 승리하려면 가장 잘나가는 대장을 잡으면 된다. 한정된 종목에 집중적인 공격을 퍼부어야 하는 것이다.

그렇다면 분산투자는 아예 할 필요가 없다는 말일까?

필자의 경우 여러 자산으로 분산한 포트폴리오를 구성하여 투자하고 있다. 가장 많은 비중을 차지하는 것이 바로 방패의 영역인 부동산이다. 그다음 두 번째가 공격의 영역인 주식, 세 번째가 금, 은 등 실물자산(방패)이다. 마지막으로 지금은 투자하고 있지 않지만 채권(창 + 방패)에 투자를 진행하기도 한다.

과거에 투자를 시작할 때는 규모가 작았기 때문에 100% 공격 포지션을 취할 수밖에 없었다. 배수진(背水陣)으로 목숨 걸고 덤벼들었던 것

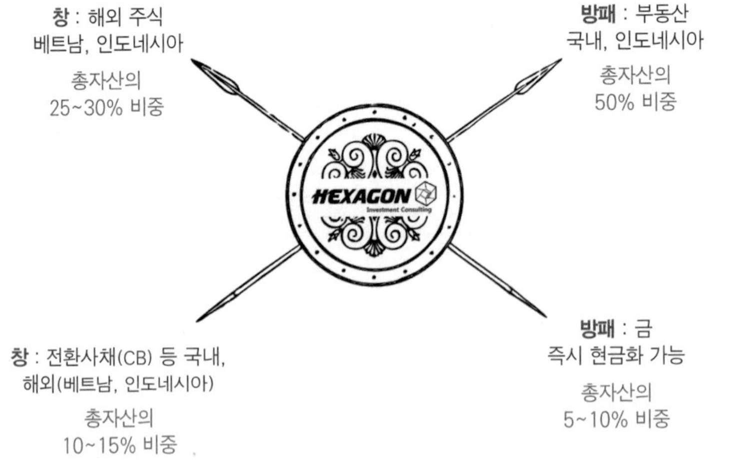

출처 : 픽사베이, 헥사곤

이다.

그러나 자산이 늘어난 지금은 방어도 중요해졌다. 주식 투자만 할 수는 없다. 그렇다. 우리가 분산투자를 해야 한다면 종목이 아닌 자산 분산을 하면 되는 것이다. 가장 안정성이 높은 부동산부터 리스크가 큰 주식까지 다양한 자산에 투자한다면 실제로 돈의 흐름 또한 눈에 보인다.

투자했던 종목이 급등해 증권 자산이 많아지면 본능적으로 느낀다. '아, 어느 정도 거품이 끼고 있구나. 매각해서 다른 자산으로 이동을 해야겠다'라는 식으로 말이다. 이렇게 시작했던 자산의 이동이 지금은 여러 부동산의 형태로 투자되어 있다. 기억하자, 주식은 창이고 부동산은 방패다.

주식 투자(창)

필자는 주식 투자를 전체 자산의 25% 정도로 유지한다. 그리고 주식 투자를 위해 빚은 내지 않는다. 과거 국내 투자를 할 때 주식담보대출을 받아 투자하는 방법도 수차례 활용해봤지만 번번이 실패했다.

주식담보대출은 심리적으로 성공 가능성이 낮을 수밖에 없다. 주식담보대출은 전체 투자금의 일정액을 내 돈으로 유지해야 하는 비율이 있는데, 주가가 하락하기 시작하면 내 돈의 비율이 줄어든다. 그러면 대출 회사에서 주식을 매각하거나 돈을 더 넣으라고 계속 독촉 전화가 온다.

실제 이런 상황이라면 좀 더 기다리고 싶어도 자신의 의지와 상관없이 강제 매도에 들어갈 수밖에 없다. 이처럼 장기투자가 아예 불가능한 시스템이다.

필자는 자금 규모와 상관없이 실제로 투자하는 종목이 5개 종목을 넘지 않는다. 너무 많은 종목을 담고 있다면 관리도 어렵고 모든 기업의 이슈를 매번 확인해야 해서 에너지 낭비가 심하다. 투자에 확신을 갖고 임하고 있다면 많은 종목을 담는 것이 오히려 투자에 방해가 될 수 있다.

많은 초보 투자자들은 확신이 없기 때문에 분산투자하느라 에너지를 낭비하고 있다. 필자 또한 그랬다. 이러한 상황에서 확신을 가질 수 있게 해준 것이 바로 앞서 이야기한 '공식 1, 이회싸?'와 '공식 2, 이회정싸?'였다.

필자는 처음부터 싼 가격에 투자했기 때문에 투자한 회사의 주가가 반토막이 나더라도 별로 걱정하지 않는다. 그런 상황이 오더라도 공식에서 벗어나지 않는다면 오히려 더 투자를 늘려야 한다.

이렇게 투자한 자산이 2배로 늘어 전체 자산 비중에서 증권 자산 비중이 50%를 넘어서면 매각을 시작한다. 증권 자산 비중이 20%에서 50%로 늘어났다는 것은 주식 포트폴리오에서 이미 100% 이상의 수익이 난 것으로 보면 된다.

또한 많은 분이 투자 시점을 언제 가져가야 하는지에 관해 묻는 경우가 많은데 필자는 항상 "지금이 가장 좋은 시점입니다"라고 답변 드린다. 적절한 종목을 잘 골랐다면 그 순간이 가장 싼 종목을 고른 시점이기 때문이다.

그리고 언제 주식을 매각해야 하는지에 대해 궁금해 하는 분들도 많은데 이 또한 매우 쉽다. 똑같은 공식을 쓰면 되기 때문이다. '이회싸?', '이회정싸?' 이 공식에서 벗어나는 종목은 매도하면 된다.

가령 PBR 0.3 정도이고 매출액이 5년 이상 꾸준히 증가하는 회사를 매수했다고 해보자. 별다른 주목을 받지 못하던 이 주식이 회사의 순이익이 갑자기 급증하자, 이 회사의 가치가 내가 산 싼 가격보다도 더 싼 가격이 된다. 그러면 다른 투자자들이 주목하기 시작하면서 매수세가 들어오고, 이런 매수세를 보고 외국인이나 기관들의 투자도 시작된다. 이후에는 눈치 빠른 개인들도 들어오기 시작한다.

그러면 주가가 급등하면서 어느새 내가 매입한 PBR 0.3을 훌쩍 넘어 PBR 2.1로 상승한다. 이미 내가 매입한 가격에서 7배나 급등한 것이다. 그렇다면 과연 아직도 싼 회사일까?

미래를 예측하려고 하는 누군가는 싸다고 생각할 수도 있다. 앞으로 수익이 더 늘고 회사가 더 좋아질 것이라고 떠들어대는 사람들의 말을 듣고 그렇게 생각할 수도 있다. 특히나 언론에서는 자칭 타칭 '전문가'의 말을 인용해 나팔수 역할을 할 것이다.

이때 초보 투자자들과 일반인들의 자금이 들어오기 시작한다. 그런데 이미 내가 투자한 1,000만 원이 7,000만 원이 되어 있다면(PBR 0.3×7=2.1) 과연 싸게 느껴질까? 비싸게 느껴질까?

부동산 자산(방패)

자신이 투자한 주식 자산이 늘어나면 일부는 새로운 종목을 매수하는 데 활용하고 나머지는 투자가 가능한 부동산 자산에 묻어놓는다. 부동산 자산은 기본적으로 현금화가 느리기 때문에 묻어둔다는 표현을 사용한다. 부동산의 유동화가 쉽지는 않지만 정말 필요한 시점에는 매각도 가능하다.

방패는 가벼울수록 좋다고 했는데 이는 현금화가 얼마나 용이한지 여부를 말한다. 부동산 중에 가장 가벼운 것은 아파트다. 수요가 가장 많아서 상가, 오피스텔, 사무실 등에 비해 언제든 현금화하기 좋다. 그럼에도 불구하고 부동산의 경우, 가능하다면 그냥 계속 가져가는 방향으로 구상을 하는 것이 좋다.

따라서 처음 매입 시부터 다양한 변수를 고려해 효과적인 매입을 하도록 하자. 기본적으로 내가 살아야 하는 집은 반드시 필요하다. 이를 최우선 목표로 잡도록 한다. 그렇다고 해도 아무런 생각 없이 살기 편한 집을 사면 바보다. 내가 가용할 수 있는 자원으로 살 수 있는 가장 좋은 집을 사야 한다.

여기서 좋은 집이란 내가 살기 편한 집이 아니다. 좋은 위치에 있는 곳을 말한다. 아무리 살기 좋은 새집이라고 해도 서울에서 멀리 떨어진 곳에 있는 집을 매입한다면 바보짓을 하는 것이다. 지어진 지 오래되어 비좁고 불편하더라도 내가 가진 모든 가용자원을 모아 서울의 역세권에 집을 장만하자. 사대문 안이면 더 좋다. 개발 호재까지 있으면 더

더욱 좋다.

진짜 부자들은 서울 변두리나 지방의 새집은 전세를 준다. 이때 받은 전세금에 내 돈을 더 보태 강남의 구축 아파트를 산다. 그리고 대출을 최대한 끌어오기 위해 실거주로 산다. 화장실 물도 잘 안 내려가고 겨울에는 난방도 잘 안 되지만 그 정도 불편함은 감수한다.

반대로 교육을 위해 들어오는 수요자들에게 강남 아파트를 임대해 주고 그 돈으로 서울 지역의 괜찮은 곳에 집을 사서 살기도 한다. 그렇다고 해도 처음부터 높은 목표를 잡을 필요는 없다. 충분히 공부해서 구입한다면 서울 변두리나 지방이라도 가격이 오를 수 있는 곳을 살 수 있을 것이다.

내 수준에 맞는 아파트부터 시작해서 점차 단계를 높여가면 된다. 이

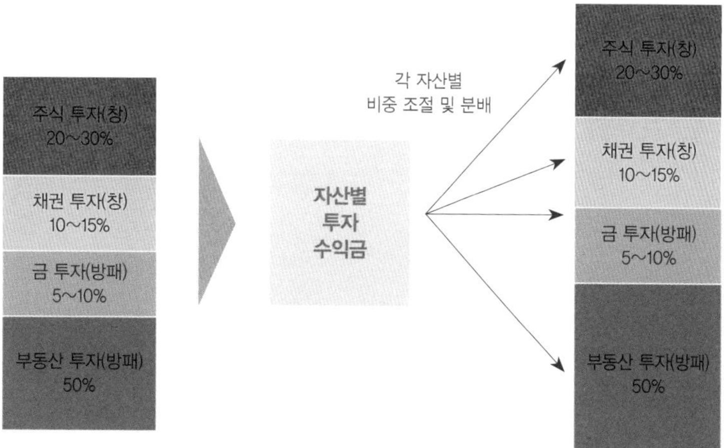

사는 많이 다닐수록 좋다. 내 기억에 어렸을 때 주변에서 자주 이사를 다니던 집들은 모두 부동산 부자가 되었다. 여러분도 기억을 더듬어 보시기 바란다.

필자는 현재 한국과 인도네시아 부동산에 투자하고 있으며 전체 포트폴리오에서 부동산 비중을 앞으로 40~50% 정도로 유지할 계획이다. 인도네시아는 현지에 거주하지 않는 외국인 개인의 부동산 투자가 불가능하기 때문에 몇몇 투자자 분들과 법인을 설립해 투자했다. 해외 부동산 자산을 개인이 관리하려면 어려움이 많은데, 지금 〈헥사곤〉에서 추진하는 형태는 법인에서 관리해주기 때문에 개인이 관리에 크게 신경 쓸 것이 없다.

채권 투자(창+방패)

많은 분이 채권 투자를 방어적인 수단으로 활용하고 있다. 하지만 필자는 채권 또한 창에 가깝다고 생각하고 투자한다. 여기서 창에 해당하는 채권이 바로 전환사채(CB, Convatible Bond)로 개인들이 접할 기회는 자주 없다. 업계에서는 메자닌이라는 이름으로 알아듣기 어렵게 포장해 일반인들의 접근을 막고 있기 때문이다.

CB에는 많은 제한 조건이 따르는데 기본적으로 개인 투자액이 1~2억 원은 되어야 참여가 가능하다. 이 또한 자금이 많지 않은 개인에게는 알려주지도 않는다. 사전에 고액자산가들에게 모두 완판되기 때문이다. 이렇게 제한을 두는 이유 역시 안정적이고 성과가 매우 좋기 때문이다.

기본적으로 전환사채는 채권이기 때문에 쿠폰 이자가 발생한다. 상장 기업의 전환사채인 경우, 해당 종목의 주식 가격이 상승하면 전환권을 행사하여 저렴하게 주식으로 전환할 수 있다.

전환 비율이 10:1인 전환사채에 투자했다면 향후에 주식 가격이 100% 상승하더라도 과거 전환사채를 매입할 시점에 약속했던 비율의 주식으로 전환이 가능하다. 단 10:1이라는 비율이 있기 때문에 총 투자액이 1억 원이라면 1,000만 원어치 주식으로 전환할 수 있는 것이다.

이 1,000만 원은 내가 전환사채를 매입할 시점의 주식 가격인데, 이미 주가가 100% 상승했으니 2,000만 원어치 주식을 1,000만 원에 사는 것과 같은 효과다. 이를 다시 시장에 매각하면 바로 추가 수익을 얻을 수 있다. 앞으로도 회사의 성장 가능성이 있다고 판단한다면 그대로 주식으로 보유하고 있어도 되는 것이다.

이것보다 더 일반적인 형태로는 프리 IPO(Pre IPO)를 위한 전환사채가 있다. 실제로 상장을 앞둔 기업이 자금을 사전에 확보해서 규모를 키우는 방법이다. 상장 후에는 덩치가 더 커지기 때문에 사전에 이런 형태의 투자를 많이 하고 있다.

가령 1억 원 가치의 회사가 상장하면 10억 원이 된다고 치자. 이런 회사를 사전에 규모를 키워 10억 원 가치의 회사로 만들어놓으면 상장했을 때 100억 원 가치의 회사가 되는 것이다. 이러한 이유 때문에 일반적으로 3~5년의 투자 기간을 둔다.

돈만 투자받으면 규모가 커지는 것이 아니다. 따라서 전환사채나 기타 다른 형태의 투자를 받아 매출액을 늘리거나 비즈니스 구조를 매력적으로 만든다. 이런 과정을 통해 상장까지 성공하는 데 3~5년이 걸린다. 이때 상장까지 연결되지 못하더라도 연이율 5~10%(혹은 그 이상)의 고이자를 지급하기 때문에 손해 보는 장사는 아니다.

이런 형태의 투자는 상장을 목표로 하는 것이 일반적이다. 상장하지 못했을 때 오너나 회사에서 모두 매입해준다는 조건이 붙기도 한다. 더 나아가 혹시라도 내가 투자했던 회사가 망하면 본사나 오너가 내가 투자한 원금과 거기에 대한 이자를 지급하겠다고 하는 보증 조건을 내걸기도 한다.

실제로 필자에게도 여러 딜 제안이 들어오고 있는데 최근에는 시장 위축이 우려되어 관련 신규 투자는 하지 않고 있다. 오히려 지금은 믿을 만한 회사를 찾아서 실제로 전환사채를 발행하는 일을 기획 중이다.

정말 좋은 전환사채의 경우 일반인들에게는 기회가 돌아가지 않는다. 기관 투자자들이 이미 다 매수 확정을 해두기 때문이다. 기관들 입장에서는 안정적으로 돈을 벌 수 있는 것이 눈에 뻔히 보이는데 개인들에게 공개하려고 하겠는가?

그래서 직접 이런 상품을 만들기 위해 다양한 기업들을 만나고 있다. 최근 꽤 괜찮은 딜을 추진했던 경험이 있는데, 참여자들의 이해도가 떨어져 무산된 경우가 있다. 한국에서도 꽤 유명한 브랜드의 인도네시아 법인 전환사채였고 7% 기본 쿠폰 이율에 3년 만기 후 6%를 추가로 주는 조건이었다. 매우 우량한 한국 본사에서 원금 및 이자를 보장했기 때문에 돈을 날릴 가능성도 0에 가까웠다. 실제로 해당 기업 오너 입장에서는 3년까지 가지 않고 상장하거나 여의치 않다면 일찍 갚아 버리는 것이 목표였기 때문에 투자자 입장에서도 좋은 딜이었다.

〈헥사곤〉에서 진행하고 있는 딜의 경우 개인의 참여가 용이한 편이다. 특히나 베트남이나 인도네시아의 경우 성장성이 매우 높은 종목이 많고 상장 시장(IPO)이 활발해지고 있기 때문에 조만간 전환사채 형태의 투자를 통해 높은 수익을 낼 수 있는 건들을 만들어낼 수 있을 것으로 기대하고 있다.

기본적으로 전환사채 투자의 경우, 참여 금액이 크기 때문에 소액이라도 투자자 분들과 함께 투자할 수 있는 건을 만들어낼 것이다.

필자는 일반 채권 또한 해외채권 위주로 투자한다. 가장 좋은 것이 미국 기업의 채권인데, 주의해야 할 것은 현재 주식 시장과 채권 시장이 동시에 상승하는 기이한 현상이 나타나고 있다는 점이다. 이는 시장에 현금이 많아진 영향으로 모든 자산의 가격이 동시에 올라가면서 생기는 현상이다. 이러한 전환사채와 채권에 대한 투자는 필자의 전체 포트폴리오의 10~15%를 유지하려고 한다.

금과 달러 투자(방패)

대부분의 전문가는 자신이 투자하는 시장에 투자하라고 권한다. 애널리스트는 주가는 물가 상승에 맞춰 우상향하니 주식이 좋다고 하고,

공인중개사는 안전한 부동산이 최고라고 하며, 채권 딜러는 채권을 사라고 한다.

하지만 필자는 실제로 투자를 하는 사람이다 보니 돈 벌 기회가 있다면 가능한 모든 투자를 다 해보라고 권한다. 블로그, 유튜브 영상 등을 통해서도 공개했지만 필자는 2017년도부터 달러(+엔화)와 금 투자를 시작했다. 필자가 투자한 이후로 등락을 거듭하더니 일정 시간이 지나자 달러 가치가 상승하기 시작했다.

당시 필자는 테이퍼링(Tapering)에 이어 타이트닝(Tightning)이 본격적으로 실시되어 시장에 영향을 줄 것이라 생각했다. 테이퍼링은 양적완화(QE, Quantitative Easing)의 규모를 축소해나가는 것이고, 타이트닝은 금리를 인상하는 것을 말한다.

달러 매입은 투자라는 개념보다는 적금 차원이나 위험을 피하기 위한 헤지의 개념에서 접근했는데 덕분에 중요한 깨달음을 하나 더 얻었다. 달러가 올라가는 시점에 오히려 금은 조정을 받았다. 역사적 상관관계를 확인해보니 실제로 달러와 금은 반대로 움직이는 경향이 있었다. 특히나 장기적으로 보면 금은 지속적으로 가치가 상승해왔고 달러는 낮아졌다. 기축통화로 가장 안정적인 자산이라고 생각했던 달러조차 시중에 물량이 많아지면서 그 가치가 하락하고 있는 것이다.

반면에 달러의 가치가 약세일 때마다 금 가격은 급등하는 현상을 보였다. 바로 금융 위기 때 그 진가를 발휘하는 것이다. 올해 들어 원 달러 가격이 1,200원을 돌파한 뉴스가 나온 이후 2년 가까이 투자했던 달러와 엔화를 모두 매각했다. 앞으로 더 오를 거라는 뉴스가 언론에 나오기 시작했다. 저렇게 떠들어대는 것을 보니 '이제 팔 시점이구나'라는 생각이 들었다.

달러, 엔화 통장이 3개가 있었는데 시점이나 환율에 따라 수익률은 조금씩 달랐다. 수수료와 세금을 떼고 약 5~7% 정도가 나왔다. 기존에 투자하던 금 뱅킹도 매도해 달러, 엔화 매도분과 함께 좀 더 효과적인 금 자산으로 옮겼다. 기축통화인 달러로 거래가 가능한 미국의 원골드(onegold)라는 곳과 한국의 KRX(한국 거래소)를 통해 거래를 진행해본 것이다.

신기하게도 필자가 금 자산으로 옮겨간 후, 달러는 떨어지고 금 가격이 올라가기 시작했다.

금(은) 구매의 경우 현물과 계좌를 통한 방법 2가지가 가능하다. 현물의 경우는 정말 위기가 왔을 때를 대비한 것으로 현금 대용으로도 사용 가능하다. 개인적으로는 그런 날이 올 것이라 믿지는 않기 때문에 취미생활로 수집을 하고 있다. 금 거래 계좌를 통한 구매는 환금성이 좋아 완벽한 위험 헤지용이다.

필자는 금, 은을 수집하는 취미가 있어 주화 형태의 현물로 상당액을 보유하고 있다. 시간이 지나면서 양이 많아지니 보관이 어려워지고 나중에 이사할 생각을 하니 골치도 아프다. 또한 이걸 다 매각하려면 하나씩 매도해야 하기 때문에 시간이 걸린다. 이런 어려움 때문에 현물 양을 늘리는 데는 한계가 있다. 물론 위기 대비용이기 때문에 매도할 생각은 없다. 자산 규모가 커지면서 현물 매입을 지양하고 계좌를 통한 매수 방법을 늘려가고 있다.

금 또한 가벼운 방패 역할을 할 수 있는데 '금' 전용 계좌를 통하면 매수와 매도가 편하다. 가장 효과적인 방법을 찾기 위해 미국 원골드와 한국 거래소(KRX)를 비교해봤는데, 실제로 한국 거래소의 경우 지금 15% 이상의 수익률이 나오고 있다.

같은 시점에 매수한 원골드의 경우 수수료나 보관료 등을 제외하면 한국 거래소보다 못하다. 하지만 원골드는 매도하면 달러화된다는 장점이 있다. 또한 원골드는 '은' 거래가 가능하기 때문에 변동성이 큰 은의 경우는 원골드를 통해 구매해 비중을 늘려가고 있다. 조사해보니 유일하게 한국의 신한은행에서 실버뱅킹으로 은 거래가 가능하다고 한다. 기회가 되면 원골드와 신한은행 실버뱅킹도 비교해볼 생각이다.

금 투자는 실제 실험을 해보니 KRX 금 거래소에서 투자하는 것이 가장 효율적인 것으로 확인됐다. 시장가로 매도하는 것도 편하기 때문에 몇억 원 정도는 바로 현금화가 가능하다. 이로써 필자에게는 가벼운 방패가 하나 더 생겼다. 앞으로 금 투자는 KRX 거래소를 통해 꾸준히 늘려나갈 생각이며, 전체 자산 포트폴리오에서 5~10% 정도를 유지할 생각이다.

금 거래 관련 비교 실험 영상 또한 시리즈물로 유튜브 채널에 공유해 두었으니 참고하시기 바란다.

여러분들도 앞으로 다양한 자산에 분산투자를 할수록 상호 상관관계가 없는 자산이 늘어나게 될 것이다. 헤지의 정의를 완벽하게 실현할 수 있게 되는 것이다. 그렇게 다양한 자산에 투자하다 보면 이쪽에서 저쪽으로 움직이는 돈의 흐름이 눈에 보일 것이다.

필자의 경우, 주식 투자는 베트남과 인도네시아에 집중하고 있으며, 양국 합쳐서 5종목을 넘지 않는다. 과거 한국, 미국, 중국 주식에 모두 투자했었지만 실속이 없었다. 겉보기엔 그럴 듯해 보였지만 실제로는 집중 투자하는 편이 더 수익이 높았던 것이다.

필자는 투자를 업으로 하고 있는데도 한국, 중국, 미국 투자는 포기했다. 일반인 투자가들 또한 전문가의 도움 없이 직접 여러 국가에 분산투자를 하는 것은 무리라고 본다. 멋있어 보이긴 하지만 집중도가 떨어지기 때문에 실속은 없다. 전장에서 멋 부리다가 죽는 경우도 있다.

책은 정적인 정보이기 때문에 모든 의견을 전달하는 데 한계가 많다. 따라서 앞으로도 유튜브, 카페, 블로그와 오프라인 강연 등을 통해 꾸준히 소통하고 정보를 공유할 생각이다. 책의 내용에 공감하는 분들도, 그렇지 않은 분들도 있을 것이라 생각한다. 그래서 더욱더 많은 분들과 소통할 생각이다. 그리고 이런 소통을 통해 투자에 대한 안목이 한층 더 업그레이드될 수 있을 것으로 기대하고 있다.

이 책을 기점으로 신흥국 투자 방법론에 대한 다양한 것들을 시도해 볼 생각이다. 많은 분이 함께 참여해서 신흥국 투자로 돈을 벌 수 있다는 것을 깨닫게 되면 좋겠다. 이제 투자에 앞서 이것만 기억하도록 하자.

'이회싸?', '이회정싸?'

부록 1

베트남 시가총액 100 리스트

순위	티커	구분	회사명	시가총액 (bil,VND)	PER	PBR
1	VIC	hose	VinGroup Joint Stock Company	408,204.12	83.93	4.96
2	VCB	hose	Joint Stock Commercial Bank For Foreign Trade Of Vietnam	288,921.55	16.47	3.74
3	VHM	hose	Vinhomes Joint Stock Company	279,684.41	17.5	5.28
4	VNM	hose	Vietnam Dairy Products Joint Stock Company	216,105.04	20.48	7.63
5	GAS	hose	PetroVietnam Gas Joint Stock Corporation	193,117.56	15.48	4.33
6	ACV	upcom	Airports Corporation of Vietnam	179,091.27	26.27	5.57
7	SAB	hose	Saigon Beer – Alcohol – Beverage Corporation	176,993.61	39.36	10.1
8	BID	hose	Joint Stock Commercial Bank for Investment and Development of Vietnam	123,073.75	17.08	2.14
9	VGI	upcom	Viettel Global Investment Joint Stock Company	113,762.44	325.57	4.17
10	MSN	hose	Masan Group Corporation	90,008.88	23.22	2.88
11	VRE	hose	Vincom Retail Joint Stock Company	81,857.97	32.79	3
12	TCB	hose	Vietnam Technological And Commercial Joint Stock Bank	76,575.37	8.7	1.36
13	CTG	hose	Vietnam Joint Stock Commercial Bank For Industry and Trade	76,329.79	13.93	1.05
14	PLX	hose	Vietnam National Petroleum Group	73,058.75	18.26	3.69
15	VJC	hose	VietJet Aviation Joint Stock Company	70,680.28	13.33	4.52
16	VEA	upcom	Vietnam Engine and Agricultural Machinery Corporation	69,160.05	9.26	2.48
17	HPG	hose	Hoa Phat Group Joint Stock Company	63,642.76	7.95	1.44
18	GVR	upcom	Viet Nam Rubber Group	63,204.00	22.86	1.38
19	NVL	hose	No Va Land Investment Group Corporation	57,923.70	17.21	2.86
20	HVN	hose	Vietnam Airlines Joint Stock Company	55,171.51	24.3	3.23

21	BVH	hose	Bao Viet Holdings	54,038.34	55.82	3.52
22	MWG	hose	Mobile World Investment Corporation	51,927.07	14.81	4.98
23	MCH	upcom	Masan Consumer Corporation	50,737.45	14.65	5.22
24	VPB	hose	Vietnam Prosperity Joint Stock Commercial Bank	47,783.76	6.51	1.25
25	MBB	hose	Military Commercial Joint Stock Bank	47,340.12	6.93	1.33
26	ACB	hnx	Asia Commercial Joint Stock Bank	35,506.79	6.37	1.18
27	FPT	hose	FPT Corporation	35,270.37	12	2.65
28	BCM	upcom	Investment and Industrial Development Joint Stock Corporation	33,114.83	12.87	2.67
29	POW	hose	PetroVietnam Power Corporation	30,210.14	15.1	1.16
30	BSR	upcom	Binh Son Refining and Petrochemical Joint Stock Company	29,789.60	32.45	0.93
31	HDB	hose	Ho Chi Minh City Development Joint Stock Commercial Bank	25,898.39	8.83	1.39
32	BHN	hose	Hanoi Beer Alcohol and Beverage Joint Stock Corporation	21,789.20	40.66	4.77
33	VEF	upcom	Vietnam Exhibition Fair Centre Joint Stock Company	21,625.21	592.26	11.75
34	EIB	hose	Vietnam Export Import Commercial Joint Stock Bank	21,453.60	48.25	1.38
35	HNG	hose	Hoang Anh Gia Lai Agricultural Joint Stock Company	20,452.82	−12.58	1.73
36	MVN	upcom	Vietnam National Shipping Lines	20,366.78	311.54	2.65
37	PNJ	hose	Phu Nhuan Jewelry Joint Stock Company	19,149.38	18.22	4.68
38	STB	hose	SaiGon Thuong Tin Commercial Joint Stock Bank	18,577.63	8.55	0.73
39	TPB	hose	Tien Phong Commercial Joint Stock Bank	18,556.57	8.45	1.64
40	VIB	upcom	Vietnam International Commercial Joint Stock Bank	16,975.51	6.02	1.24
41	ROS	hose	FLC FAROS Construction Joint Stock Company	14,871.07	84.25	2.51
42	MSR	upcom	MASAN Resources Corporation	14,609.28	40.01	1.21
43	VCS	hnx	VICOSTONE Joint Stock Company	14,033.60	11.11	4.57

44	KDH	hose	Khang Dien House Trading and Investment Joint Stock Company	13,066.30	16.37	1.89
45	DHG	hose	Hau Giang Pharmaceutical Joint Stock Company	12,290.13	18.84	4.03
46	SNZ	upcom	Sonadezi Corporation	12,048.49	25.61	2.58
47	OIL	upcom	PetroVietnam Oil Corporation	11,959.83	64.31	1.24
48	VCG	hnx	Vietnam Construction And Import – Export Joint Stock Corporation	11,837.85	18.95	1.84
49	REE	hose	Refrigeration Electrical Engineering Corporation	11,642.41	7.14	1.22
50	SSI	hose	SSI Securities Incorporation	11,329.04	11.49	1.2
51	BAB	upcom	North Asia Commercial Joint Stock Bank	11,275.00	16.57	1.52
52	FOX	upcom	FPT Telecom Joint Stock Company	11,155.60	9.58	2.7
53	PGV	upcom	Power Generation Joint Stock Corporation 3	11,127.68	−16.47	1.08
54	QNS	upcom	Quang Ngai Sugar Joint Stock Company	10,744.61	8.84	1.84
55	DNH	upcom	Da Nhim – Ham Thuan – Da Mi Hydro Power Joint Stock Company	10,179.84	8.99	1.85
56	GEX	hose	Vietnam Electrical Equipment Joint Stock Corporation	9,862.53	10.93	1.41
57	PVS	hnx	PetroVietnam Technical Services Corporation	9,750.51	8.7	0.79
58	PHR	hose	Phuoc Hoa Rubber Joint Stock Company	9,701.74	17.07	3.6
59	SIP	upcom	Saigon VRG Investment Corporation	9,323.09	42.65	8.08
60	PVI	hnx	PVI Holdings	9,013.25	11.76	1.34
61	SCS	hose	Saigon Cargo Service Corporation	9,005.17	19.7	10.34
62	SQC	upcom	Sai Gon – Quy Nhon Mining Corporation	8,798.52	−291.64	11.03
63	LGC	hose	CII Bridges and Roads Investment Joint Stock Company	8,572.39	27.41	2.99
64	PDR	hose	Phat Dat Real Estate Development Corporation	8,535.49	13.24	2.33
65	GMD	hose	Gemadept Corporation	8,462.36	14.29	1.38
66	SBT	hose	Thanh Thanh Cong – Bien Hoa Joint Stock Company	8,402.23	25.05	1.43
67	VGC	hose	Viglacera Corporation	8,339.31	14.04	1.27

68	VIF	upcom	VietNam Forestry Corporation – Joint Stock Company	8,317.05	11.96	1.68
69	VTP	upcom	Viettel Post Joint Stock Corporation	8,210.08	25.13	10.97
70	PPC	hose	Pha Lai Thermal Power Joint Stock Company	8,047.39	7.86	1.39
71	TCH	hose	Hoang Huy Investment Financial Services Joint Stock Company	7,948.61	28.16	1.83
72	CTD	hose	Coteccons Construction Joint Stock Company	7,790.65	7.13	0.97
73	VHC	hose	Vinh Hoan Corporation	7,669.53	4.45	1.7
74	SDI	upcom	Sai Dong Urban Development and Investment Joint Stock Company	7,655.01	6.41	0.86
75	DTK	upcom	Vinacomin – Power Holding Corporation	7,616.00	16.09	1.01
76	SHB	hnx	Saigon–Hanoi Commercial Joint Stock Bank	7,579.66	3.77	0.43
77	HND	upcom	Hai Phong Thermal power Joint Stock Company	7,393.00	11.95	1.28
78	DXG	hose	Dat Xanh Group Joint Stock Company	7,250.75	4.61	1.14
79	KBC	hose	Kinh Bac City Development Holding Corporation	7,234.31	8.34	0.77
80	NT2	hose	PetroVietnam Power Nhon Trach 2 Joint Stock Company	7,096.14	10.67	1.75
81	NLG	hose	Nam Long Investment Corporation	7,057.42	8.77	1.58
82	LPB	upcom	Lien Viet Post Joint Stock Commercial Bank	6,877.79	4.87	0.58
83	VPI	hose	Van Phu – Invest Investment Joint Stock Company	6,832.00	15.53	3.01
84	PVD	hose	PetroVietNam Driling & Well Services Corporation	6,759.13	12.95	0.45
85	E1VFVN30	hose	VFMVN30 ETF Fund	6,550.29	–	–
86	HCM	hose	Ho Chi Minh City Securities Corporation	6,386.82	12.54	1.51
87	VBB	upcom	Vietnam Thuong Tin Commercial Joint Stock Bank	5,953.43	13.47	1.07
88	IDC	upcom	IDICO Corporation – JSC	5,925.00	19.59	1.75
89	VCI	hose	Viet Capital Securities Joint Stock Company	5,866.20	9.25	1.68

90	SAS	upcom	Southern Airports Services Joint Stock Company	5,830.51	14.26	3.65
91	HT1	hose	Ha Tien 1 Cement Joint Stock Company	5,761.28	9.07	1.07
92	GEG	upcom	Gia Lai Electricity Joint Stock Company	5,749.75	23.75	2.59
93	MPC	upcom	Minh Phu Seafood Corporation	5,610.35	6.02	1.23
94	DPM	hose	Petrovietnam Fertilizer and Chemicals Corporation	5,400.41	14.05	0.7
95	HPX	hose	Hai Phat Investment Joint Stock Company	5,299.90	15.3	2.04
96	CII	hose	Ho Chi Minh City Infrastructure Investment Joint Stock Company	5,204.60	45.61	1.04
97	QTP	upcom	Quang Ninh Thermal Power Joint Stock Company	5,053.95	18.75	1.14
98	PAN	hose	The PAN Group Joint Stock Company	4,982.23	15.71	1.36
99	PVT	hose	PetroVietNam Transportation Corporation	4,925.20	7.09	1.22
100	GTN	hose	GTNFOODS Joint Stock Company	4,850.00	−416.46	1.82

출처 : VCSC, investing.com

부록 2

인도네시아 시가총액 200 리스트

순위	티커	회사명	시가총액 (bil,IDR)	PER	PBR
1	BBCA	Bank Central Asia Tbk	727372.1	28.4	4.6
2	BBRI	Bank Rakyat Indonesia Persero	514093	16	2.7
3	TLKM	Telekomunikasi Indonesia (Persero)	423986.3	19.4	4.5
4	HMSP	H.M. Sampoerna Tbk.	351280.6	26.4	12.5
5	UNVR	Unilever Indonesia Tbk.	343159.3	46.5	67.7
6	BMRI	Bank Mandiri (Persero) Tbk.	340725	13	1.9
7	ASII	Astra International Tbk	263143.1	13.5	1.9
8	GGRM	Gudang Garam Tbk	147192.7	17.3	3.3
9	BBNI	Bank Negara Indonesia Tbk	146312.7	9.6	1.3
10	TPIA	Chandra Asri Petrochemical Tbk	138209.8	149.5	5.5
11	ICBP	Indofood CBP Sukses Makmur Tbk	135569.7	26.4	6
12	INTP	Indocement Tunggal Prakarsa Tbk	81263.19	64.7	3.8
13	SMGR	Semen Indonesia (Persero) Tbk	76516.61	79.9	2.5
14	UNTR	United Tractors Tbk	76467.77	6.9	1.4
15	CPIN	Charoen Pokphand Indonesia Tbk	76250.7	22.5	4
16	KLBF	Kalbe Farma Tbk	70781.43	30.4	5.1
17	INDF	Indofood Sukses Makmur Tbk	66511.73	13.1	1.9
18	BRPT	Barito Pacific Tbk	65421.42	57.27	4
19	SMMA	Sinar Mas Multiartha Tbk	58582.52	32.4	3.1
20	BYAN	Bayan Resources Tbk	56333.34	11.1	7.3
21	MYOR	Mayora Indah Tbk	54778.81	30.8	6.2
22	BDMN	Bank Danamon Indonesia Tbk	49830.46	13.8	1.2

23	PGAS	Perusahaan Gas Negara (Persero) Tbk	47513.36	13	1.3
24	MAYA	Bank Mayapada Internasional Tbk	44192.03	74.5	4
25	DNET	Indoritel Makmur Internasional Tbk	43970.4	110.7	4.8
26	EMTK	Elang Mahkota Teknologi Tbk	42300.24	−22.2	3.8
27	JSMR	Jasa Marga (Persero) Tbk	41732.76	19.9	2.4
28	INKP	Indah Kiat Pulp & Paper Tbk	41169.15	10.1	0.8
29	POLL	Pollux Properti Indonesia Tbk	40096.73	602.5	22.6
30	MEGA	Bank Mega Tbk	39986	22.5	2.8
31	MLBI	Multi Bintang Indonesia Tbk	39084.85	40.3	74.8
32	TOWR	Sarana Menara Nusantara Tbk	38771.12	20	5
33	AMRT	Sumber Alfaria Trijaya Tbk	37787.3	50.6	6.2
34	INCO	Vale Indonesia Tbk	35274	−47.2	1.3
35	EXCL	XL Axiata Tbk	34735.87	62.3	1.9
36	PNBN	Bank Pan Indonesia Tbk	34087.83	11	0.9
37	TCPI	Transcoal Pacific Tbk	33500	108.5	25.7
38	FREN	Smartfren Telecom Tbk	33373.31	−17.1	2.9
39	PWON	Pakuwon Jati Tbk	32989.33	12.3	2.4
40	ADRO	Adaro Energy Tbk	32945.54	5	0.6
41	TKIM	Pabrik Kertas Tjiwi Kimia Tbk	32688.85	11	1.7
42	MIKA	Midi Utama Indonesia Tbk	32448.14	46.9	7.8
43	ACES	Ace Hardware Indonesia Tbk	29926.75	32.4	7.1
44	BNLI	Bank Permata Tbk	28872.8	21	1.3
45	PTBA	Bukit Asam Tbk	28110.41	6.3	1.6
46	BTPN	Bank Tabungan Pensiunan Nasional Tbk	27827.27	14	1
47	BNGA	Bank CIMB Niaga Tbk	26995.12	7.3	0.7
48	ANTM	Aneka Tambang Tbk	26914.46	40	1.4
49	BSDE	Bumi Serpong Damai Tbk	25983.04	10.7	1
50	MDKA	Merdeka Copper Gold Tbk	24744.28	21.7	4.7

51	WSKT	Waskita Karya (Persero) Tbk	24636.72	12.6	1.4
52	BBTN	Bank Tabungan Negara (Persero) Tbk	24218.27	9.4	1
53	BTPS	Bank Tabungan Pensiunan Nasional Syariah Tbk.	24176.52	20.3	5.3
54	CTRA	Ciputra Development Tbk	22921.97	42.8	1.6
55	CASA	Capital Financial Indonesia Tbk	21899.44	206.8	3.6
56	AALI	Astra Agro Lestari Tbk	21075.34	246	1.1
57	WIKA	Wijaya Karya Tbk	20451.49	11.7	1.4
58	FASW	Fajar Surya Wisesa Tbk	20256.74	15.8	4.7
59	NISP	Bank OCBC NISP Tbk	19989.88	6.6	0.8
60	ISAT	Indosat Tbk	19833.86	−30.6	1.9
61	TBIG	Tower Bersama Infrastructure Tbk	19802.22	22.8	5.6
62	KAEF	Kimia Farma Tbk	18883.6	275.8	8.2
63	MNCN	Media Nusantara Citra Tbk	18630.32	8.1	1.8
64	LPKR	Lippo Karawaci Tbk	18575.28	11.8	0.8
65	TOPS	Totalindo Eka Persada Tbk	18498.15	277.5	13.2
66	SCMA	Surya Citra Media Tbk	18460.98	12.1	3.7
67	TAMU	Pelayaran Tamarin Samudra Tbk	18300	−38.8	27.3
68	BNII	Bank Maybank Indonesia Tbk	18236.5	12.2	0.7
69	JPFA	Jakarta Kyoei Steel Works Tbk	18058.93	11.1	1.9
70	SIDO	Industri Jamu dan Farmasi Sido Muncul Tbk	17625	25	6.1
71	ULTJ	Ultra Jaya Milk Industry Tbk	17330.29	17.1	3.5
72	SMRA	Summarecon Agung Tbk	17240	60.5	2.5
73	MAPI	Mitra Adiperkasa Tbk	16766	16.9	2.9
74	MAPA	Map Aktif Adiperkasa Tbk	16104.76	22.1	6
75	AKRA	AKR Corporindo Tbk	15938.34	20.6	1.9
76	XSPI	Dire Simas Plaza	15600	–	–
77	DSSA	Dian Swastatika Sentosa Tbk	15391.78	8.7	0.8
78	DMAS	Puradelta Lestari Tbk	15230.6	13.3	2.3

79	GEMS	Golden Energy Mines Tbk	15000	12.5	3.1
80	POWR	Cikarang Listrindo Tbk	14880.62	9.5	1.6
81	BJBR	Bank Pembangunan Daerah Jawa Barat dan Banten Tbk	14805.41	9.3	1.4
82	ZINC	Kapuas Prima Coal Tbk	14645	73.8	21.9
83	MKPI	Mitra Adiperkasa Tbk	14602.19	28.3	2.8
84	ITMG	Indo Tambangraya Megah Tbk	14576.03	7.3	1.2
85	GIAA	Garuda Indonesia (Persero) Tbk	13849.32	20.8	1.3
86	MEDC	Medco Energi Internasional Tbk	13829.14	17.7	0.8
87	DUTI	Duta Pertiwi Tbk	12533.75	13.1	1.6
88	RMBA	Puradelta Lestari Tbk	12376.39	−21.3	1.5
89	LINK	Link Net Tbk	12322.73	11.6	2.7
90	LIFE	LifebrandzLtd	12180	31.5	1.6
91	MINA	Sanurhasta Mitra Tbk	12140.63	3056.9	74
92	GOOD	Garudafood Putra Putri Jaya Tbk	11881.12	27.8	4.9
93	CLAY	Citra Putra Realty Tbk	11873.4	−463	61.7
94	PTPP	PP (Persero) Tbk	11841.8	16.8	0.9
95	IBST	Inti Bangun Sejahtera Tbk	11212.51	101.2	2.1
96	TRIO	Trikomsel Oke Tbk	11079.19	−96.3	−3.2
97	SMCB	Holcim Indonesia Tbk	10728.06	−19.4	1.8
98	SMAR	SMART Tbk	10684.56	18.8	1
99	KPIG	MNC Land Tbk	10667.39	17.9	0.5
100	ADMF	Adira Dinamika Multi Finance Tbk	10625	5.6	1.5
101	PLIN	Plaza Indonesia Realty Tbk	10614.5	18.7	8.4
102	PNLF	Panin Financial Tbk	10439.2	5.9	0.5
103	SILO	Siloam International Hospitals Tbk	10201.68	1045.8	1.6
104	BSIM	Bank Sinarmas Tbk	10154.26	302.5	2.1
105	KREN	Kresna Graha Investama Tbk	9832.573	38.9	5.9
106	SRTG	Saratoga Investama Sedaya Tbk	9820.94	2.2	0.6

107	HEAL	Medikaloka Hermina Tbk	9810.9	41.2	5.2
108	BJTM	Bank Pembangunan Daerah Jawa Timur Tbk	9277.548	5.8	1.1
109	BFIN	BFI Finance Indonesia Tbk	9260.927	6.7	1.5
110	RALS	Ramayana Lestari Sentosa Tbk	9189.32	7.8	2.2
111	WSBP	Waskita Beton Precast Tbk	9173.682	12.5	1.2
112	LPPF	Matahari Department Store Tbk	9115.87	3.9	5.4
113	BBMD	Bank Mestika Dharma Tbk	9070.183	29.5	2.7
114	FILM	MD Pictures Tbk	9035.656	–	–
115	SCBD	Danayasa Arthatama Tbk	8969.648	112.5	2.4
116	SSMS	Sawit Sumbermas Sarana Tbk	8905.875	21.3	2.1
117	BCAP	MNC Kapital Indonesia Tbk	8792.839	86	1.8
118	SMBR	Semen Baturaja (Persero) Tbk	8641.304	129.3	2.5
119	MYRX	Hanson International Tbk	8496.915	101.9	1.2
120	INPP	Indonesian Paradise Property Tbk	8330.568	2.2	1.5
121	LSIP	PP London Sumatra Indonesia Tbk	8255.665	597.5	1
122	IPTV	MNC Vision Networks PT	8242.614	109.6	2
123	SMSM	Selamat Sempurna Tbk	8206.112	18.1	4.3
124	ASMI	Asuransi Kresna Mitra Tbk	8196.918	152.5	15
125	ROTI	Nippon Indosari Corpindo Tbk	7949.638	402	2.8
126	APIC	Pacific Strategic Financial Tbk	7942.034	168.8	4.7
127	JRPT	Jaya Real Property Tbk	7906.25	8.5	1.2
128	MPRO	Propertindo Mulia Investama Tbk	7854.575	−193.8	8.4
129	JKON	Jaya Konstruksi Manggala Pratama Tbk	7828.089	−240	3.1
130	PADI	Minna Padi Investama Sekuritas Tbk	7802	374.4	15
131	TINS	Timah Tbk	7782.902	6.5	1.1
132	SUPR	Solusi Tunas Pratama Tbk	7735.541	309.1	2.5
133	URBN	Urban Jakarta Propertindo Tbk	7724.772	70	6.4
134	TSPC	Tempo Scan Pacific Tbk	7672.5	11.7	1.5

135	NASA	Ayana Land International Tbk	7648.425	2440.6	7.1
136	TARA	Sitara Propertindo Tbk	7602.582	19625.7	7.3
137	BKSL	Sentul City Tbk	7294.143	27.3	0.8
138	INDY	Indika Energy Tbk	7216.115	20.8	0.6
139	PSAB	J Resources Asia Pasifik Tbk	7197.12	68	1.6
140	CLEO	Sariguna Primatirta Tbk	7140	59.5	10.3
141	SRIL	Sri Rejeki Isman Tbk	6994.644	4	0.9
142	BIRD	Blue Bird Tbk	6930.817	22	1.3
143	AUTO	Astra Otoparts Tbk	6675.33	13.9	0.7
144	CITA	Cita Mineral Investindo Tbk	6572.933	5.8	3.3
145	BALI	Bali Towerindo Sentra Tbk	6570.769	137.5	3.4
146	INAF	Indofarma Tbk	6446.476	−150.7	13.9
147	ERAA	Erajaya Swasembada Tbk	6380	28.5	1.3
148	KIJA	Kawasan Industri Jababeka Tbk	6372.415	77	1.2
149	PPRO	PP Properti Tbk	6352.594	26.3	1.2
150	EPMT	Enseval Putra Megatrading Tbk	6338.217	10.1	1.1
151	KRAS	Krakatau Steel (Persero) Tbk	6268.232	−1.7	0.3
152	ASRI	Alam Sutera Realty Tbk	6248.512	22.7	0.7
153	BUMI	Bumi Resources Tbk	6220.213	2.8	−3.8
154	NATO	Nusantara Properti Internasional Tbk	6120.646	1360.1	7.59
155	MDIA	Intermedia Capital Tbk	6078.408	105	2.5
156	RISE	Jaya Sukses Makmur Sentosa Tbk	6019.75	70.4	3.7
157	GMFI	Garuda Maintenance Facility Aero Asia Tbk	5929.037	35.3	1.3
158	RIMO	Rimo International Lestari Tbk	5815.397	84.9	1.1
159	MASA	Multistrada Arah Sarana Tbk	5739.341	−18.4	1.3
160	DLTA	Delta Djakarta Tbk	5724.712	20.3	5.5
161	TUGU	Asuransi Tugu Pratama Indonesia Tbk	5671.111	13.8	0.7
162	TURI	Tunas Ridean Tbk	5663.7	9.2	1.5

163	CTRS	CiputraSurya Tbk	5509.971	13.6	1.6
164	TRAM	Trada Alam Minera Tbk	5460.798	17.5	1.1
165	PNIN	Paninvest Tbk	5451.554	3.2	0.4
166	BMTR	Global Mediacom Tbk	5428.416	4.7	0.5
167	SDRA	Bank Woori Saudara Indonesia 1906 Tbk	5407.547	9	0.8
168	FAST	Impack Pratama Industri Tbk	5386.874	17.3	3.4
169	AGRO	Bank Rakyat Indonesia Agroniaga Tbk	5282.464	31.3	1.2
170	IMAS	Indomobil Sukses Internasional Tbk	5254.028	5.7	0.6
171	ABMM	ABM Investama Tbk	5217.247	36.4	1.4
172	SIMP	Salim Ivomas Pratama Tbk	5187.749	−8.6	0.4
173	BINA	Bank Ina Perdana Tbk	5177.993	364.4	4.3
174	WOOD	Integra Indocabinet Tbk	5171.125	22	2.1
175	CMNP	Citra Marga Nusaphala Persada Tbk	5069.164	8.3	0.8
176	IMPC	Impack Pratama Industri Tbk	5026.84	86.7	4.5
177	BHIT	MNC Investama Tbk	5014.787	18.5	0.4
178	HRME	Menteng Heritage Realty Tbk PT	5005.35	−235.3	7
179	ADHI	Adhi Karya (Persero) Tbk	4949.58	11.8	0.8
180	WTON	Wijaya Karya Beton	4749.929	14.6	1.6
181	TBLA	Tunas Baru Lampung Tbk	4727.757	6.6	0.9
182	HITS	Humpuss Intermoda Transportasi Tbk	4686.715	27.7	7.8
183	LAND	TrimitraPropertindoTbk	4593.859	411.3	8.5
184	SURE	Super Energy Tbk	4567.609	190.6	37.7
185	BRIS	Bank BRISyariah Tbk	4559.383	39.5	0.9
186	BWPT	Eagle High Plantations Tbk	4508.116	−4.8	0.9
187	BPII	BataviaProsperindoInt	4497.797	64.5	7.4
188	BCIC	Bank JTrust Indonesia Tbk	4460.401	−7	3.7
189	KINO	Kino Indonesia Tbk	4428.571	6.1	1.8
190	PBRX	Pan Brothers Tbk	4405.241	18.9	1.3

191	SGRO	Sampoerna Agro Tbk	4403.7	−116.5	1.1
192	CTRP	Citputra Property Tbk	4357.78	57.5	0.9
193	TGKA	Tigaraksa Satria Tbk	4353.655	9.9	3.6
194	DILD	Intiland Development Tbk	4312.195	26.1	0.7
195	NOBU	Bank Nationalnobu Tbk	4305.662	122.5	3
196	ANDI	Andira Agro Tbk PT	4263.6	228	17
197	KOTA	DMS Propertindo Tbk	4258.456	634.3	5.1
198	BISI	Bisi International Tbk	4200	24.1	2
199	STTP	Siantar Top Tbk	4192	8.5	2.2
200	ABDA	Asuransi Bina Dana Arta Tbk	4190.445	40.2	3.2

출처 : IDX, investing.com

부록 3

베트남 & 인도네시아 주요 지수

: 인도네시아 주요 지수 :

Indonesia Stock Exchange Indices

No.	인덱스 명	속한 기업 수
1	Jakarta Composite (IHSG)	644
2	LQ45	45
3	IDX30	30
4	IDX80	80
5	Jakarta Islamic Index (JII)	30
6	KOMPAS100	100
7	BISNIS-27	27
8	PEFINDO25	25
9	SRI-KEHATI	25
10	Indonesia Sharia Stock Index (ISSI)	405
11	infobank15	15
12	SMinfra18	18
13	MNC36	36
14	Investor33	33
15	PEFINDO I-Grade	30
16	IDX SMC Composite	358
17	IDX SMC Liquid	51
18	IDX High Dividend 20	20

19	IDX BUMN20	20
20	Jakarta Islamic Index 70 (JII70)	70
21	Main Board	327
22	Development Board	317
23	Agriculture	21
24	Mining	49
25	Basic Industry and Chemicals	70
26	Miscellaneous Industry	48
27	Consumer Goods Industry	53
28	Property, Real Estate and Building Construction	79
29	Infrastructure, Utilities and Transportation	74
30	Finance	89
31	Trad, Service and Investment	161
32	Manufacturing	171

출처 : IDX

: 베트남 주요 지수 :

HOSE INDEX of INDOCATORS

No.	Market	인덱스 명	속한 기업 수
1	HOSE	VNAllshare	249
2	HOSE	VN30	30
3	HOSE	VNMidcap	70
4	HOSE	VN100	100
5	HOSE	VNSmallcap	149
6	HOSE	VNAllshare Energy	7
7	HOSE	VNAllshare Materials	37

8	HOSE	VNAllshare Industrials	64
9	HOSE	VNAllshare Consumer Discretionary	31
10	HOSE	VNAllshare Consumer Staples	24
11	HOSE	VNAllshare Health Care	6
12	HOSE	VNAllshare Financials	24
13	HOSE	VNAllshare Real Estate	35
14	HOSE	VNAllshare Utilities	12
15	HOSE	VNAllshare Information Technology	4

HNX INDEX of INDICATORS

No.	Market	인덱스 명	속한 기업 수
1	Upcom	UPCOM Index	694
2	Upcom	UPCOM Large Index	58
3	Upcom	UPCOM Medium Index	90
4	Upcom	UPCOM Small Index	435
5	HNX	HNX Index	364
6	HNX	Large	48
7	HNX	HNX30	30
8	HNX	HNX30TRI	30
9	HNX	Mid / Small	316
10	HNX	Industry	124
11	HNX	Finance	22
12	HNX	Build	63

출처 : HOSE, HNX

부록 4

베트남 & 인도네시아 국내 펀드 종목 리스트

▶ 인도네시아 국내 펀드

	펀드명	순자산총액(백만)
1	NH-AmundiAllset인도네시아포커스증권투자신탁[주식]	15,391
2	키움인도네시아단기채권목표전환형증권투자신탁 1[채권-재간접형]	3,582
3	키움인도네시아증권투자신탁[주식]	255
4	한국투자KINDEX인도네시아MSCI증권상장지수투자신탁 (주식-파생형)(합성)	18,638

▶ 실제 펀드 투자 포트폴리오 :

NH-AmundiAllset인도네시아포커스증권투자신탁[주식]

	종목명	장부평가액(백만)
1	BankCentralAsiaTbkPT	1,362
2	BankRakyatIndonesiaTbkPT	1,354
3	ASTRAINTERNATIONALTBKPT	1,336
4	BankMandiriTbkPT	1,323
5	TelekomunikasiIndonesiaTbkPT	1,286
6	GUDANGGARAMTBKPT	1,282
7	예금잔고	1,138
8	UNITEDTRACTORS	1,057
9	XLAXIATATBKPT	888
10	USDCALL	856

11	XMSCIINDONESIASWAP1C	834
12	RAMAYANALESTARISENTOSAPT	705
13	MITRAADIPERKASATBKPT	571
14	LINKNETTBKPT	258
15	INDOFOODCBPSUKSESMAKMURT	247
16	ACEHARDWAREINDONESIA	187
17	ACSETINDONUSATBKPT	90
18	PTBankTabunganNegaraTbk	88

▶ 베트남 국내 펀드

	펀드명	순자산총액(백만)
1	한국투자베트남그로스증권모투자신탁(주식)	1,149,577
2	한국투자베트남증권모투자신탁(주식혼합)	332,222
3	유리베트남알파증권모투자신탁[주식]	312,023
4	미래에셋베트남증권모투자신탁(주식)	260,180
5	KB베트남포커스증권모투자신탁(주식)	95,260
6	IBK베트남플러스아시아증권투자신탁[주식]	60,257
7	미래에셋베트남증권투자회사1(주식혼합)	56,330
8	메리츠베트남증권투자신탁[주식혼합]	53,592
9	삼성베트남증권모투자신탁[주식]	42,293
10	KB베트남QVM증권모투자신탁(주식)	36,475
11	미래에셋베트남&차이나증권투자신탁 1[주식]	29,888
12	유리베트남공모주증권모투자신탁[채권혼합]	25,510
13	한국월드와이드베트남혼합증권투자신탁 2	23,164
14	미래에셋변액보험베트남증권투자신탁(H-USD)(주식-파생형)	22,278

15	동양베트남민영화혼합증권투자신탁1	13,310
16	한화베트남레전드증권모투자신탁(주식)	13,023
17	유리베트남스마트분할매수목표전환형증권투자신탁H[주식혼합-파생형]운용	8,316
18	동양베트남증권모투자신탁(주식혼합)	6,669
19	미래에셋베트남고배당IPO증권모투자신탁(주식)	4,866
20	KB스타베트남VN30인덱스증권모투자신탁(주식-파생형)	3,804
21	HDC베트남적립식증권투자신탁 1(주식)[운용]	3,358
22	신한BNPP베트남증권모투자신탁[주식]	3,162
23	동양베트남민영화혼합증권투자신탁2	1,255

▶ 실제 펀드 투자 포트폴리오 :

한국투자베트남그로스증권모투자신탁(주식)

	종목명	장부평가액(백만)
1	VINHOMESJSC	84,018
2	VINCOMJSC	65,340
3	MASANGROUPCORP	59,205
4	HoaPhatGroupJSC	56,603
5	JSCBANKFORFOREIGNTRADE	53,116
6	BANKFORINVESTMENTANDDEVE	49,092
7	PETROVIETNAMGASJOINTSTOCK	48,573
8	VIETNAMDAIRYPRODUCTS	42,682
9	PETROVIETNAMPOWERCORP	32,264
10	SAIGONBEERALCOHOLBEVERAGE	30,670
11	VIETJETAVIATIONJSC	30,627
12	HDBANK	27,587
13	COTECCONSTRUCTIONJSC	26,094
14	USDCALL	19,106
15	DATXANHREALESTATESERVICE	18,946
16	VIETNAMTECHNOLOGICAL&COMM	18,784
17	AIRPORTSCORPOFVIETNAMJSC	18,514
18	BAOVIETHOLDINGS	16,998
19	VietnamNationalPetroleumGroup	16,916
20	MILITARYCOMMERCIALJOINT	16,503
21	VietCapitalSecuritiesJSC	16,082
22	NOVALANDINVESTMENTGROUP	14,741
23	VNDMARGIN	14,437
24	KHANGDIENHOUSETRADINGAND	14,245
25	SaigonSecuritiesIncorporation	14,163

26	HOCHIMINHCITY	13,837
27	VietnamProsperityJSCBank	13,794
28	VIETNAMELECTRICALEQUIPMENT	12,858
29	SACOMBANK	11,120
30	미래에셋대우(콜)	9,674
31	HCMCityInfrastructureInvestmentJSC	8,733
32	VINCOMRETAILJSC	8,541
33	FinancingandPromotingTechnologyCorp	8,357
34	KIMINVVIETNAMGROWTH-XUSD	8,290
35	VIETNAMJSCCOMMERCIALBANK	8,163
36	PetroleumTechnicalServicesJSC	7,809
37	BINHSONREFININGANDPETROC	7,713
38	VNDCALL	7,611
39	VietnamRubberGroupLtd	7,519
40	롯데캐피탈293-2	7,361
41	PHUNHUANJEWELRYJSC	7,069
42	PETROVIETTRANSP	5,650
43	PetroVietnamDrilling&WellServicesJSC	5,500
44	한국투자신종법인용MMF1호종류C	5,047
45	NAMKIMSTEELJSC	4,160
46	KB증권(콜)	3,869
47	대신증권(콜)	3,869
48	MOBILEWORLDINV	3,515
49	VIGLACERACORP	3,440
50	HOABINHCONSTRUCTIONANDREALESTATECO	3,300
51	화승엔터프라이즈	2,432
52	SMCINVESTMENTTRADINGJSC	2,337
53	대구은행(콜)	2,011

54	ASIACOMMERCIAL	1,940
55	VFMVN30ETFFUND	1,927
56	DRYCELL&STORAGEBATTERYJ	1,899
57	LS전선아시아	1,832
58	한세실업	1,754
59	현대캐피탈1762-1	1,682
60	TRAPHACOJSC	1,346
61	한국투자크레딧포커스증권투자신탁1호(채권)(C-F)	1,340
62	SSIAMVNX50ETF	1,117
63	아이비케이캐피탈168-1	956
64	HANOIBEERALCOHOL&BEVERAG	779
65	VIETNAMINTERNATIONALJSB	651
66	화승인더	626
67	LIENVIETPOSTJOINTSTOCKC	584
68	예금잔고	568
69	PetroleumTechnicalServicesJSC(S.D)	546
70	GEMADEPTCORP	460
71	한국투자베트남IPO전문투자형사모증권투자신탁1호(채권혼합)(C-F)	282
72	VIETNAMINTERNATIONALJSB(RTS)	268
73	LIENVIETPOSTJOINTSTOCKC	169
74	LIENVIETPOSTJOINTSTOCKC(RTS)	29
75	DEVELOPMENTINVESTCONSTRUCT	2

▶ 미국 NYSE에 상장되어 구매 가능한 베트남, 인도네시아 단일 ETF

	국가	펀드명	순자산총액 (mil, USD)	순자산총액 (mil, KRW)
1	베트남	VanEck Vevtors Vietnam ETF	422.73	494,923.8
2	인도네시아	VanEck Vectors Indonesia Index ETF	41.71	48,833.2
3	인도네시아	iShares MSCI Indonesia ETF	418.2	489,620.2

*1,2의 Vaneck 세부 종목은 Top10까지만 공개해 책에 담지 않았음

▶ ETF 실제 투자 구성 종목 :
iShares MSCI Indonesia ETF

	종목명	장부평가액 (mil, USD)	장부평가액 (mil, KRW)
1	BANK CENTRAL ASIA	62.15	72,769.30
2	BANK RAKYAT INDONESIA (PERSERO)	47.40	55,499.13
3	TELEKOMUNIKASI INDONESIA	39.98	46,807.49
4	ASTRA INTERNATIONAL	30.28	35,451.24
5	BANK MANDIRI (PERSERO)	18.13	21,222.18
6	UNILEVER INDONESIA	16.24	19,014.54
7	BANK NEGARA INDONESIA	14.92	17,471.38
8	GUDANG GARAM	9.63	11,270.35
9	INDOCEMENT TUNGGAL PRAKARSA	9.26	10,838.55
10	CHAROEN POKPHAND INDONESIA	8.62	10,087.63
11	SEMEN INDONESIA (PERSERO)	8.30	9,722.14
12	HM SAMPOERNA	7.69	9,003.15
13	KALBE FARMA	7.18	8,411.20
14	INDOFOOD SUKSES MAKMUR	7.00	8,198.82

15	UNITED TRACTORS	6.59	7,714.19
16	INDOFOOD CBP SUKSES MAKMUR	5.78	6,768.05
17	PERUSAHAAN GAS NEGARA	5.55	6,497.75
18	IDR CASH	5.17	6,049.40
19	INDAH KIAT PULP & PAPER	5.06	5,918.58
20	BARITO PACIFIC	4.75	5,558.43
21	ADARO ENERGY TBK	4.70	5,501.67
22	ACE HARDWARE INDONESIA	3.61	4,221.53
23	PABRIK KERTAS TJIWI KIMIA	3.46	4,050.90
24	JASA MARGA	3.31	3,878.11
25	PAKUWON JATI	3.27	3,833.31
26	SUMMARECON AGUNG	3.08	3,607.31
27	PT BANK TABUNGAN NEGARA	2.82	3,306.37
28	BUMI SERPONG DAMAI	2.80	3,275.33
29	CIPUTRA DEVELOPMENT	2.75	3,225.11
30	MATAHARI DEPARTMENT STORE	2.59	3,028.33
31	SURYA CITRA MEDIA	2.52	2,951.42
32	TAMBANG BATUBARA BUKIT ASAM	2.45	2,865.58
33	WASKITA KARYA PERSERO CLS A	2.39	2,798.27
34	HANSON INTERNATIONAL	2.32	2,717.94
35	WIJAYA KARYA	2.21	2,586.39
36	KRESNA GRAHA INVESTAMA	2.10	2,458.41
37	MITRA ADIPERKASA	2.09	2,445.92
38	AKR CORPORINDO	2.09	2,442.55
39	TOWER BERSAMA INFRASTRUCTURE	2.08	2,439.40
40	MEDIA NUSANTARA CITRA	2.00	2,345.11
41	JAPFA COMFEED INDONESIA	1.93	2,262.76
42	ANEKA TAMBANG	1.81	2,122.48

43	PP (PERSERO)	1.80	2,110.44
44	BUMI RESOURCES	1.76	2,055.28
45	BANK TABUNGAN PENSIUNAN NASIONAL S	1.66	1,941.66
46	LINK NET	1.66	1,941.06
47	MEDCO ENERGI INTERNASIONAL	1.65	1,926.17
48	PANIN FINANCIAL	1.57	1,840.99
49	ALFA ENERGI INVESTAMA TBK	1.55	1,815.86
50	RAMAYANA LESTARI SENTOSA	1.47	1,719.62
51	SITARA PROPERTINDO	1.46	1,705.38
52	POOL ADVISTA INDONESIA	1.44	1,680.19
53	BANK PEMBANGUNAN DAERAH JAWA BARAT	1.37	1,608.58
54	WASKITA BETON PRECAST	1.37	1,598.13
55	PELAYARAN TAMARIN SAMUDRA	1.27	1,489.42
56	TRADA ALAM MINERA	1.25	1,458.54
57	LIPPO KARAWACI	1.23	1,435.16
58	PP LONDON SUMATRA INDONESIA	1.22	1,433.82
59	TIMAH	1.21	1,420.04
60	ALAM SUTERA REALTY	1.21	1,415.41
61	SAWIT SUMBERMAS SARANA	1.13	1,317.23
62	GLOBAL MEDIACOM	1.11	1,297.44
63	INDUSTRI JAMU DAN FARMASI SIDO MUN	1.08	1,267.01
64	SRI REJEKI ISMAN	1.06	1,242.07
65	PP PROPERTI	1.05	1,225.83
66	ADHI KARYA (PERSERO)	1.00	1,169.36
67	PT INDIKA ENERGY	0.99	1,158.12
68	DELTA DUNIA MAKMUR	0.96	1,124.29
69	PURADELTA LESTARI	0.95	1,108.09
70	SENTUL CITY	0.94	1,103.57

71	BANK PEMBANGUNAN DAERAH JAWA TIMUR	0.94	1,097.22
72	INTI AGRI RESOURCES	0.92	1,077.79
73	TUNAS BARU LAMPUNG	0.77	906.38
74	KRAKATAU STEEL (PERSERO)	0.73	851.04
75	EAGLE HIGH PLANTATIONS	0.51	593.07
76	SALIM IVOMAS PRATAMA	0.12	143.17
77	SEKAWAN INTIPRATAMA	0.08	96.94
78	PT BERLIAN LAJU TANKER TBK	0.07	85.10
79	BLK CSH FND TREASURY SL AGENCY	0.07	82.10
80	SUGIH ENERGY	0.01	16.21
81	INOVISI INFRACOM	0.00	0.00
82	IDR/USD	0.00	–0.76
83	USD CASH	–0.40	–463.29

베트남 & 인도네시아
주식투자
실전 가이드북

지은이 김재욱
펴낸이 이종록 펴낸곳 스마트비즈니스
등록번호 제 313-2005-00129호 등록일 2005년 6월 18일
주소 경기도 고양시 일산동구 정발산로 24, 웨스턴돔타워 T4-414호
전화 031-907-7093 팩스 031-907-7094
이메일 smartbiz@sbpub.net
ISBN 979-11-6343-020-9 03320

초판 1쇄 발행 2019년 10월 15일